名师工程
《基础教育课程》丛书

教育部基础教育课程教材发展中心
《基础教育课程》杂志社组编

基于核心素养的大单元和大概念教学

总 主 编　付宜红
本册主编　李文辉

西南大学出版社
SWUPG
国家一级出版社 全国百佳图书出版单位

图书在版编目（CIP）数据

基于核心素养的大单元和大概念教学 / 李文辉主编
. —重庆：西南大学出版社，2022. 12
（名师工程）
ISBN 978-7-5697-1711-2

Ⅰ. ①基… Ⅱ. ①李… Ⅲ. ①教学研究 Ⅳ.
①G420

中国版本图书馆 CIP 数据核字（2022）第 234722 号

基于核心素养的大单元和大概念教学
JIYU HEXIN SUYANG DE DADANYUAN HE DAGAINIAN JIAOXUE
李文辉 主编

责任编辑：牛振宇
责任校对：张 丽
出版发行：西南大学出版社（原西南师范大学出版社）
地址：重庆市北碚区天生路 2 号
邮编：400715 市场营销部电话：023-68868624
经　　销：新华书店
印　　刷：重庆正文印务有限公司
成品尺寸：170mm × 240mm
印　　张：18. 25
字　　数：320 千字
版　　次：2023 年 1 月 第 1 版
印　　次：2025 年 7 月 第 6 次印刷
书　　号：ISBN 978-7-5697-1711-2

定　　价：68. 00 元

Foreword 序

本丛书是由教育部基础教育课程教材发展中心《基础教育课程》杂志社策划编辑的系列教师读本。丛书中提炼的主题以及精选的文章聚焦当前教育重点、热点话题，体现了《基础教育课程》杂志的办刊理念，浓缩了《基础教育课程》杂志近年来的出刊精华，汇聚了全国一流专家学者、特级教师，以及教育行政、教研人员的科研成果与实践智慧。

课程是国家意志的体现，基础教育课程承载着国家对人才培养的目标、期盼与路径设计。2004 年，由教育部主管、教育部基础教育课程教材发展中心主办的《基础教育课程》杂志创刊，国务院前副总理李岚清同志亲笔题写刊名。当时的杂志从教育部为各课程改革实验区编发的《基础教育课程改革通讯》改编而来。十几年来，杂志秉承“专业引领、服务实践”的办刊理念，以全面贯彻新时期党和国家教育方针，坚守素质教育阵地，弘扬课程改革主旋律，落实立德树人根本任务为宗旨，聚焦基础教育课程改革的推进，记录、跟踪基础教育课程改革发展历程，权威发布并深度解读国家基础教育改革及课程教材建设相关政策文件，提炼报道地方及学校改革经验和动态，宣传推广基础教育课程教材、教学教研及评价领域最新成果。如今，

《基础教育课程》杂志已成为国内一流的课程教学专业期刊，是国家课程教材专业研究机构——课程教材研究所指定期刊，全国中文核心期刊，中国人民大学复印报刊资料重要转载来源，为中国核心期刊（遴选）数据库、中国学术期刊网络出版总库全文收录。

近年来，《基础教育课程》杂志聚焦教育部主责主业，依托国家教材委员会、教育部基础教育课程教材专家咨询委员会，国家课程方案、各学科课程标准以及中高考命题改革等权威专家力量，在学生核心素养发展、国家课程方案、课程标准、新教材解读以及教学研究、考试评价制度改革、深度学习教学改进、高中育人模式变革等方面做了系列重点报道，已成为地方、学校执行国家课程方案，探索育人模式变革，落实立德树人根本任务的高端交流与展示平台。为使期刊近年来策划组织的相关重大选题和文章发挥更大的辐射作用，在西南大学出版社的支持下，我们策划编撰了此丛书。

此丛书共有两个系列，分别是“基于核心素养的新时代课程建设系列”和“基于核心素养的教学改进系列”。“基于核心素养的新时代课程建设系列”包含《新时代的劳动教育》《新时代的校本课程建设》《新时代的主题教育课程》和《新时代的教研工作》四个分册。“基于核心素养的教学改进系列”涵盖《基于核心素养教学改进的落地导引》《基于核心素养的大单元和大概念教学》《基于核心素养的深度学习》《基于核心素养的项目式学习》《基于核心素养的跨学科学习》《基于核心素养的任务驱动与问题解决式学习》及《基于核心素养、着眼未来的学习》等热点教学策略。此外，“基于核心素养的教学改进系列”还聚焦普通高中新课程标准（2017 年版 2020 年修订）和新高考，涉及语文、数学、英语、思想政治、历史、地理、物理、化学、生物学 9 个学科的新课标、新教材及其对应的新教学策略与教学设计和考试评价等内容。

有别于名家、名师的个人专著，本丛书具有作者众多，研究视角多样，案例丰富、典型，特别是导向前瞻，既有理论指导性又有实践可操作性等鲜明特点，希望能为广大教师在落实立德树人根本任务，构建“五育”并举的学校课程体系，开展基于核心素养的教学以及探索新中高考改革的路上提供切实的引导与帮助！

《基础教育课程》杂志社主编　付宜红

Preface 前言

党的十八大提出“要坚持教育优先发展，全面贯彻党的教育方针，坚持教育为社会主义现代化建设服务、为人民服务，把立德树人作为教育的根本任务，培养德智体美全面发展的社会主义建设者和接班人”。作为教育根本任务的“立德树人”如何落地落实？作为学校教育重要组成的教学、评价等环节如何进行改进优化？2016 年 9 月 13 日，中国学生发展核心素养研究成果发布。学生发展核心素养的概念及其 3 个方面、6 大素养、18 个基本要点深入回答了“培养什么人、怎样培养人”的基本问题。核心素养主要是指学生应具备的能够适应终身发展和社会发展需要的必备品格和关键能力，具有宏观指导性和引领性。这种品格和能力显然是一种综合品质，这种综合品质的培养需要大的主题、项目和任务来承载，一个个小知识点很难与核心素养建立关联，因此需要构建核心素养与小知识点之间的“中观概念”，即相对于小知识点的“大概念”“大单元”。而教师在课堂教学中容易出现“只见树木，不见森林”的弊病，通常着重考虑的是学生在这节课上该学习哪些内容、哪些内容适合这个学段的学生学习，较少从学生的学习基础、学习过程、学科知识系统等方面来系统考虑，对知识与知识、知识与生活的关联关注度不够，导致学生学习、教师教学的目标性和系统性不够强。因此，大概念、大单元所指向的教学目标和学习目标，具有非常重要的积极意义。

首先，通过大概念、大单元的构建，可以对课程内容、教材内容进行重新架构，以学生的需求、实际生活需要来组织教学内容、学习内容，达到连接知识、情境和学生的目的。这些大概念、大单元能够实现核心素养的分解，从而不断增强学生核心素养培养的效果。

其次，大概念具有深层次、有意义、结构化、可迁移等特点。大概念是基于小知识点而形成的更加上位的概念，是学科知识深层次的凝练；大概念能组织和解释大量的生活现象，是连接学科与生活的桥梁；大概念反映了本学科的基本知识和思维结构，能统整零散的概念；大概念能够统领学科内的核心内容，联结学科间的知识，有助于学生使用迁移能力来解决遇到的新情境中的新问题。

最后，每个学科的大单元就是落实学科核心素养、锚定大概念的有力抓手。结构化地编排单元内容是教材编写的典型特征，这种结构性、整体性、系统性的设计使教材的单元设置、编排具有明确的目的性。教师在教学过程中围绕教材的单元内容进行深层次分析和重构，使对应的大概念逐渐明晰、明确，是大概念、大单元教学落实的必由之路。

为落实好当前新课标、新教材、新教学、新评价以及对教师的新要求，《基础教育课程》杂志走访课改名家，征集一线优秀学科教研员、特级教师等的科研与教学成果，刊发了大量针对大概念、大单元教学研究与实践的文章。本书遴选其中精华部分，精心编排，奉献给读者。

全书共分三个部分。第一部分："核心素养与大概念、大单元"，主要介绍核心素养与大概念、大单元之间的关联，阐述了大概念、大单元可以促使核心素养落地的积极意义，涉及了大单元的内涵和分类、基本路径和方法、应注意的问题等内容。本章是全书的引领章节，解决为何进行大概念、大单元教学的基础问题。

第二部分："什么是大概念和大单元"，这一章主要包括大概念和大单元的概念辨析、教师与大单元两部分内容。既有何为学科大概念、学科大概念与单元教学设计的关系、如何以大概念为统领进行单元教学设计的思考，又有单元学习活动计划的编制要领、以主题任务融合大单元学习的驱动策略、结构化视角进行单元整体设计、大概念教学设计工具等实施层面的具体指引。

同时，还从教师视角阐释了如何用研修的方式改进“单元备课”、如何用单元整组备课的教研方式强化单元整体意识等。本章注重从理论层面进行思想引领，注重创新方式方法的探索与实践。

第三部分：“如何进行大概念和大单元教学”，精选了不同学科的28篇教学案例研究论文。其中语文学科14篇，主要聚焦统编教材、情境任务活动、素养为本、真实情境、单元整合阅读、高中语文“学习任务群”等教学目标的落实，聚焦生动活泼地学、学生阅读思维典型问题等教学方式方法的创新改进，聚焦单元任务的设计特点和操作空间、任务群落实与拓展教学、单元课时教学设计优化、价值功能与单元教学设计、信息技术支持等具体操作路径的实施。数理化学科8篇，主要以课例的形式提供大概念和大单元教学的实施参考，涉及“二元一次方程组”“认识万以内的数”“密度”“化学实验”等学科知识点，上述知识点围绕大单元的目标、实施、评价、逆向教学等教学设计展开。其他学科6篇，涉及思想政治、历史、美术、体育、地理等学科，从议题、任务导向型评价、教学中存在的典型问题、山水画、概念为本等不同角度阐释如何实施大概念、大单元教学。

本书的编排力求理论与实践相结合，全方面呈现大概念、大单元教学的新发展、新思考、新实践，既有理论内涵的介绍与剖析，又有实践应用的策略与方法，期待能够为广大教师的教学实践提供参考。

李文辉

2021年9月

Contents 目　录

第一章　核心素养与大概念、大单元

第二章　什么是大概念和大单元

第三章　如何进行大概念和大单元教学

第一章

核心素养与大概念、大单元

“大”时代的到来

李文辉[①]

一、把握大概念、大单元有助于理解、实施新课程标准、新教材

《普通高中课程方案（2017 年版）》指出：“重视以学科大概念为核心，使课程内容结构化，以主题为引领，使课程内容情境化，促进学科核心素养的落实。”长期以来，教师在课堂教学过程中存在“只见树木，不见森林”的弊病。在现实的教学中，仅仅停留在零散事实和孤立知识点记忆层面的浅表学习很常见，其本质原因就是犯了“抓小放大”的方法论错误，没有厘清课程的整体脉络，没有理解并把握大概念、大单元。对于大概念、大单元的重新认识和审视是“抓大放小”的必然方法要求，是深度理解学科核心素养的必备教学素养，是明晰课程标准、教材赋予课堂教学任务、教学目标的备课基础。“抓大”就是搞清楚学科知识的脉络、搞清楚重难点和课堂教学目标；“放小”就是不要局限于某一个细小的知识点，而应该在宏观的知识系统中去认识这些细小的知识点，审视这些知识点所形成的重要概念和大概念。

二、大概念、大单元是学科知识点联结的纽带

学科内通常具有若干个知识点，处于散状分布状态，一般概念、重要概

---

① 李文辉，教育部基础教育课程教材发展中心、课程教材研究所博士后。

念、大概念构成了三级概念体系。一个小的教学单元包含若干个知识点，即一般概念。以数理化学科为例，一个教学单元通常是由几个一般概念构成。若干个教学单元合力解决几个重要概念，一个重要概念的主要内容主要分布于一个学段的临近几册教科书里。而一个学科的重要概念会构成若干个大概念，这些大概念的主要内容会分布在不同年级的相关教学单元中。学生一旦理解了大概念，就能理解不同年级、学期、单元内的知识点的内在联系，就不必再面面俱到地学习大量的浅表知识，而能做到“抓大放小”“触类旁通”，有效提升学习效率，进而减轻学业负担。

三、大概念、大单元是学科知识点迁移的桥梁

“最有价值的知识是关于方法的知识”，方法知识就是若干年后，学生忘记了具体的学科内容，但仍然能够用于探索新知识的学科方法类知识，是学科思想方法和学科理论体系的外显物和负载体。通过对大概念的迁移应用，不仅能够解释与学生生活和生产实际密切相关的问题，能解决新情境中的新问题，还能够使学生在未来的工作、学习中掌握并运用这些内在联系和规律，以解决实际问题。在课堂教学中，知识迁移能够缩短学习时间、提升学习效率，更能够帮助学生逐步建立起宏观的知识脉络和体系，举一反三、融会贯通就能实现。对于大概念、大单元的理解和把握，是学生实现知识迁移的重要基础。有效的知识迁移不仅能够帮助学生熟练掌握现有的学科知识，对于“未知的”学科知识，利用大概念也能进行有效的探索，进而达到进阶拓展、认知深化等目标。

四、大概念、大单元是落实学科核心素养的必由之路

传统课堂学习中，学生对学科知识的学习容易出现碎片化、只记忆繁杂的事实和表象性概念、缺乏对知识的深层理解等浅表学习现象。促成知识学习向素养培育的转化是现阶段课程改革的总体要求，是核心素养和学科核心素养落地的必然要求。那么，如何使素养培养成为现实呢？对于学科核心素养而言，每个学科的大概念、大单元就是落实学科核心素养的“抓手”。教师在组织教学内容时要摒弃碎片化知识结论的堆砌，重视以大概念为统摄的知识结构化设计是我们落实学科核心素养的必由之路。

重构学习单元，促进核心素养落地

程　菊[①]

核心素养是个体在解决复杂的、不确定性问题过程中表现出来的综合性品质，这种综合性品质的培养需要稍大的主题、项目、任务承载，一个个知识点很难与核心素养建立关联，因此课程需要变革、需要重构。学生是学习的主体，课程内容要依据学生的发展需求进行架构，引导学生建立起知识、情境与生活的联结。在以往课程内容的建构中更多考虑的是学生该学习哪些内容、哪些内容适合该学段的学生学习，更多关注的是单个学习任务的结构与设计，较少从学生的认知水平、学习基础、学习过程等方面考虑课程内容的建构顺序与水平，对知识与知识之间的关联、知识与生活之间的关联关注度也不够，导致学生学习的系统性不够强。通过"学习单元"对课程内容进行重新架构，以学生的需求、实际生活需要为核心组织教学内容，达到连接知识、情境和学生的目的，从而不断增强学生面对不可预知的未来的高级素养，特别是解决问题的能力。

一、学习单元重构的内涵与分类

1. 学习单元重构的内涵

学习单元是以学习者为核心，以学生的知识背景为基础，以学科核心素养及其进阶发展为目标，在细化课程标准的基础上，系统分析课程内容所承载的学生素养发展价值和社会应用价值，并根据学生的实际情况，将教学内容整合为具有一定主题的、结构化的学习单元。在学习单元中引导学生针对某一主题所涉及的重要概念、原理和问题进行深度探讨，将学科相关知识整合在主题所形成的脉络与情境下，使学生获得综合、系统的知识、能力和态度，并最终聚焦到家国情怀和完整人格培育上。目前多数研究集中于传统意义上的"单元教学"中，传统意义上的单元教学多以单元中的教学内容为载体，教师制订相应的教学目标或学习任务来进行教学。与传统意义上的、内

① 程菊，山东省济南市教育教学研究院正高级教研员，特级教师，普通高中地理课标组核心成员。

容为王的“单元教学”不同的是，“学习单元”将以学科核心素养为依据，更加关注学生的认知水平与认知特点，依据学生的发展现状与发展潜力进行知识、技能以及情感等各要素的重组，突出学生的主体地位。

2. 学习单元重构的分类

学习单元是一组知识与技能之间彼此关联的、结构化的系列教学方式，在遵循课程重构的目的性、综合性和开放性的原则下，按照学习单元主题所涉及的情境、目标和内容的不同，将学习单元重构分为以下几种类型：

（1）以学科知识体系为主题进行学习单元重构

此种学习单元重构是按照教材的章节框架来组织，与教材的章节框架基本一致，更多地关注知识点与知识点之间的内在逻辑关系，具有层次性和递推性，呈现教材单元的特点[1]。按照学科知识体系进行学习单元重构的目的在于帮助学生形成完整的学科知识体系，促进知识的系统化与逻辑化。

（2）以核心任务为主题进行学习单元重构

核心任务紧密关联本学科的核心内容。教师通过确定本学科的核心任务，将教材中相似的主题教学内容进行整合形成学习单元，使学习单元呈现结构化、整体性和可操作性，进而促使学生发生学习迁移。以《普通高中地理课程标准（2017年版）》中关于必修二的内容为例，多条课程内容涉及“区位选择”的相关内容，我们可以结合课程标准中的相关要求，将学习内容进行整合，重构学习单元。在“区位选择”的主题下又可以包含工业、农业与服务业的区位，交通运输路线、交通运输站点的区位。

（3）以生活中的现实问题为主题进行学习单元重构

按照生活中的现实情境进行学习单元重构需要学生运用跨学科的知识和技能，打破学科之间的界限，有利于更有效地培养学生的综合思维。以现实中的问题“海绵城市”的学习单元为例，学生为了研究海绵城市建设的原因、效益等问题，需要调用城市规划、水循环的过程和环节、地势地形的特点、岩石类型等相关知识，具备野外考察、社会调查与实验模拟等多种能力，以及参政意识、建设家乡的意识，在学习单元中这些知识、能力与情感也会得到进一步培养与升华。

纵观三种学习单元重构方法，我们倡导基于核心任务或现实问题情境的学习单元重构。在深入研究课程标准、教材和学生实际情况的前提下进行学习单元分析、重构与整合，体现学习内容的“内在关联性”，让学生在单元中进行探究、表达与体验，充分发挥学生的主体地位。在此过程中引导学生发现知识、技能、素养之间横向与纵向的联系，培养学生的跨学科能力。学习单元重构的关键在于如何引导学生将这些零散的知识系统化、结构化，建构起学科大概念，培养学生的学科核心素养。这就需要教师研读课程标准、精选学习单元主题、充分考虑学生的认知特点与个性发展需求，凸显学生的学习过程，让学生在学习过程中逐渐培养起学科核心素养，建立对知识与技能的理解，把学生的思维带到从未到达的地方，让学生感受到自我生命的成长与潜能的发挥。

二、学习单元重构的基本路径及方法

学习单元重构涉及学习单元情境、学习单元目标、学习单元活动、学习资源与评价等诸多要素，如何处理好各要素之间的关系是完成学习单元重构的基础（图 1）。如何形成解决问题的思维方式、建构解决问题的基本路径是未来学习的重要方向，因此学习单元重构尤其重视情境的选择、目标的确定，以及任务的设置，在学习过程中让学生依据学习资源、评价量规等进行学习体验活动，通过厘清“清单式”课堂体系（目标清单——课堂要达成什么？任务清单——课堂要完成什么？资源清单——课堂要利用什么？工具清单——课堂要借助什么？诊断清单——课堂要测量什么？负面清单——课堂要规避什么？）来达成促进学生核心素养发展的目的。下面提供一个学习单元重构的基本路径（图 2），并逐一介绍其操作方法。

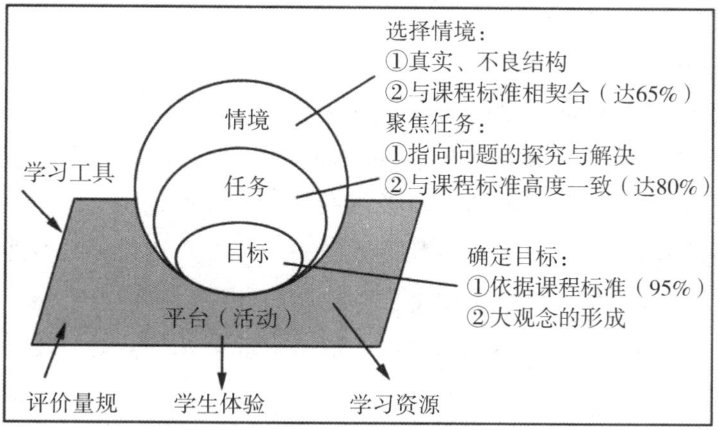

图 1 学习单元重构要素关系示意图

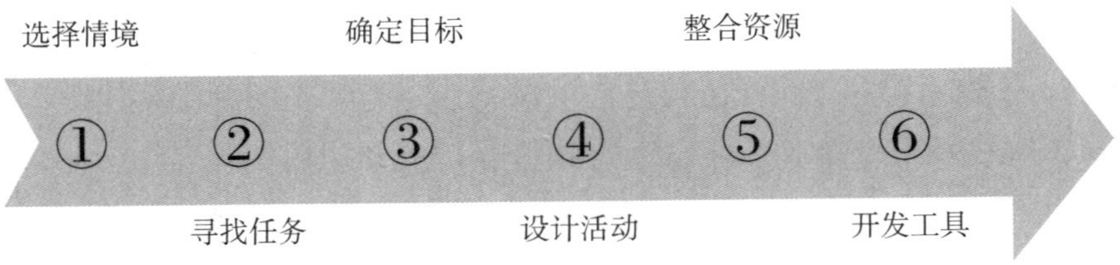

图 2　学习单元重构的基本路径

1．选择学习单元情境

学习情境是教学活动的起点，学习单元重构需要借助真实的问题情境，这个情境与社会生活相关联，通过真实的情境不仅能够让学生“知晓什么”，而且明白“能做什么”[2]，学习单元情境是将知识、技能与素养联结起来的纽带。从更深层的角度来看，学习情境同时也隐含了本节课的教学目标与学习任务，所以学习情境的选择应该是来源于真实情境的，更是与课程标准相契合的。例如，在“探究农业区位因素的变化”一课中设置如下情境。

2018 年以来，济南市南部山区管委会就卧虎山水库周边农业对产业结构进行调整，支持苗木花卉和林果产业，鼓励群众通过内部土地流转建设苗木基地，逐步减少蔬菜种植面积。

此情境与生活息息相关，并且符合课程标准的要求，通过设置这样的学习情境引导学生对农业区位因素进行探究，在真实的案例情境中发现影响农业区位变化的因素；通过这种真实情境培养学生关心、热爱家乡和参政议政的意识；同时，将社会主义核心价值观自然渗透在教学中，完成教育的育人功能。

2．寻找学习单元任务

学习单元任务指向问题的探究与解决，任务的确定必须与课程标准的要求高度一致，此外还要考虑到学生的认知基础与发展潜力、学科教学的基本要求。同时，学习单元任务的确定必须来源于学习单元情境，学生通过对真实情境的探究分析，从中确定出若干子任务，并依据相关要求整理建构成任务群，在完成任务群的过程中学生会整合相关知识，建构思维路径。学习单元任务不仅是对不良结构情境的提炼，更是实现单元目标的载体，学生在任务中会不断地完成一个又一个学习目标。因此，任务是情境与目标的联结，既要关联情境，又要隐含学习单元目标的达成，从学习单元情境中衍生出来，又派生到学习单元目标中去。通过对学习单元任务的分析，准确把握学科教学的重难点、学科核心素养的要求，以及教学课时的安排。如在上述情境中确定以下任务。

任务一：回首过去——探究早期卧虎山周边农作物种植类型的转型；任务二：发展花卉种植 vs 扩大蔬菜种植论证会；任务三：我为“三农”献计策。

通过一系列任务引导学生加深对区位因素的认识，突破教学的重难点，让学生在做中完成学习任务。

3. 确定学习单元目标

学习单元目标要立足于学生，着眼于学生的持久理解，并能够迁移应用到新情境中，通过学习目标的达成度来衡量学生核心素养的发展水平与程度。在确定学习单元目标时我们可以采用逆向思维，即首先确定预期的学习结果，学生在学习活动中应该知道什么、理解什么，或者能够做什么；其次为了衡量学生学习目标的达成度，需要给予学生资源的支持，并确定合适的评估证据，如在学习活动中设置社会调查报告、实验探究、作品制作等环节，通过收集评估证据确定学生是否已经达到了预期的理解目标。下面为重构学习单元目标基本路径示例。

学习目标：能运用×××规律，解释所调查的×××；通过分析调查结果×××，加深对×××的理解；能够正确解释、评价×××。

⬇

预期目标：能在×××环境下，完成调研任务，通过观察、分析、比较、判断×××，呈现一份内容翔实、图文并茂、有分析、有推理×××的调研报告。

⬇

过程支持：量规——帮助大家更好地规划和完成任务；调研报告形式——标题、摘要、调查内容、对比结果、参考文献等；参考资源——调查前需要思考的问题、脚手架、工具等。

另外，教师还要明确学习单元目标的表述方式，依据课程标准分析行为表现，确定行为条件，以及行为表现程度，设定层次清晰、有力可行的学习单元目标。

4. 设计学习单元活动

在明确了学习单元目标后，教师需要全面考虑学生将通过何种学习活动获得相关的知识与内容，重构学习单元重视学生能力与素养的自主生成，因此，核心素养的培养、知识的习得都需要借助各种学习探究活动来实现。在设计学习单元活动时教师要着重思考以下问题：哪些活动可以使学生获得所需的知识和技能？在学习活动过程中学生需要哪些支持性的资源？需要指导学生做什么？如何借助最恰当的方法开展教学？[3] 因此这就需要教师寻找1~2个适切的真实情境，通过引导学生对真实问题情境的分析提出基本问题，并进一步将基本问题转化为任务群，确定核心任务。在上面提到的学习任务中可以设置以下活动：社会调研——探究影响农作物区位选择的因素有哪些；开展论证会——说明你的观点并阐述理由，论证其可行性（在说明可行性的过程中着重阐述蔬菜或者花卉种植的有利条件或不利条件）；探究卧虎山水库周边农业的发展方向，引导学生通过小组合作探究的方式，实现卧虎山农业的可持续发展。依据核心任务设计学习活动，在学习活动中充分激发学生的积极主动性，让学生通过体验去建构自己对知识的理解。

5．整合学习单元资源

在学习过程中，为保证学生探究的高效性、合理性，教师需要对各种学习资源进行有效配置，为学生提供支撑性的材料和资源，如学习资源、开发工具、开发评价量规、创造性地使用教材等（图3），通过资源的配置引导学生的探究方向。

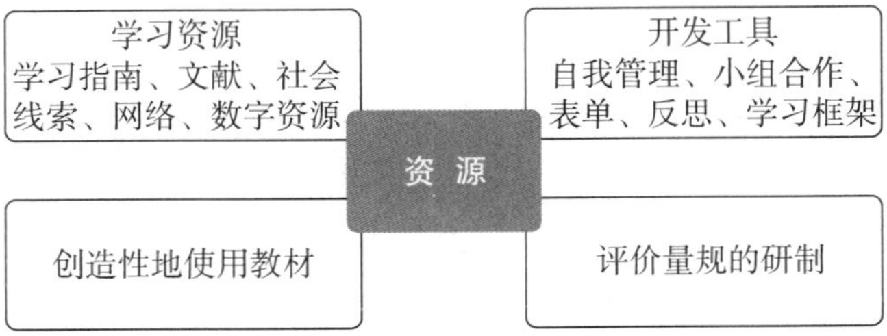

图3 学习单元资源配置

6．开发工具（实施学习单元评价与反馈）

学习单元评价与反馈包括两层含义：一是根据学习单元目标要求以及不同的学习情境，对学生的学习结果、行为、情感与态度所进行的价值判断；二是对学习单元重构的效度进行评价，评价重构的学习单元在引导学生知识学习的系统性、大观念的建构，以及核心素养发展状况等方面的作用，引导教师对不适合的学习目标或任务及时进行修正。学习单元评价的方式可以以编制的量规为载体，采用表现性评价、思维结构评价等评价方式，引导学生和教师总结、反思所获得的经验，并对所获得的经验进行加工与重组，实现教师与学生双方的共同成长与进步。

三、学习单元重构应注意的问题

重构学习单元以落实学科核心素养为目标，在细化课程标准的基础上系统分析课程内容所承载的价值，根据学生实际情况整体设计以主题为中心，实现学生学习的学习单元。在学习单元重构的过程中要注重从整体上架构，使其具有结构化和可操作性，具备相关性、阶梯性和整体性，并注意遵循以下基本思路：

1. 不脱离学科课程标准，注重课程标准内部各要素之间的一致性

课程标准对学生学习的内容以及学习程度都做出了明确的规定，课程标准是进行学习单元重构的基础，任何学习单元都不能脱离学科课程标准而存在。为了有效帮助学生发现知识之间的关系，完成教学目标，往往需要对课程标准或教材进行改造，突破教材的约束，创造性地对课程标准的内在逻辑和联系进行分解和设计，找出课程标准中具有共性或者具有递进性的要素，进行学习单元重构的整体设计。

2. 融入核心素养，明确学科核心素养的要求

学科核心素养是新一轮基础教育改革要求学生所具备的关键品格与必备能力，在学习单元中要融合学科核心素养的要求，以核心素养的落实为引领，引导学生充分体验学习过程，聚焦知识建构，学会分析问题、解决问题的思维方法，让学生发现意义，培养学生迁移应用的能力与开拓进取、知难而进的意志品质，进而撬动课堂转型。

3. 凸显学科大观念，促进学生的深度学习

在进行学习单元重构时，需要重新对学习内容与学习要求进行审视，重点思考以下几个方面：最重要的学习内容是什么？各部分之间是如何衔接的？我最应该关注哪些内容？哪些内容是最不重要的？如何通过学习单元培养学生的大观念？通过对知识的灵活处理架构整合不同的学习单元，打破碎片化的知识状态，让学生在学习单元中建构大观念，发挥大观念的教育价值。

参考文献：

［1］李莉．单元活动：连接知识、情境与儿童——研制《学科单元教学指南》的思考与实践［J］．上海课程教学研究，2017（2）：29－32.

［2］钟启泉．单元设计：撬动课堂转型的一个支点［J］．教育发展研究，2015（24）：1－5.

［3］格兰特·威金斯，杰伊·麦克泰格．追求理解的教学设计［M］．上海：华东师范大学出版社，2017.

第二章

什么是大概念和大单元

第一节 大概念和大单元的概念辨析

大概念统摄下的单元教学设计

顿继安① 何彩霞②

围绕大概念进行单元教学设计已成为当前学科教育的发展趋势和热点问题[1][2][3]，2018 年初颁布的普通高中各学科课程标准中“凝练了学科核心素养”“重视以学科大概念为核心，使课程内容结构化”。那么，如何理解学科大概念及其在教学中的作用？学科大概念与单元教学设计有何关系？如何围绕大概念开展单元教学设计？本文拟对此进行探讨。

一、何为学科大概念

大概念（big ideas）也被译为大观念、核心观念、核心概念等，依据所适用的范围不同，大概念有学科大概念和跨学科大概念之分。所谓学科大概念，是指能反映学科的本质，居于学科的中心地位，具有较为广泛的适用性和解

① 顿继安，北京教育学院数学与科学教育学院院长，教授。
② 何彩霞，北京教育学院数学与科学教育学院教授。

释力的原理、思想和方法，其主要特征为：（1）能反映学科的主要观点和思维方式，是学科结构的骨架和主干部分；（2）能统摄或包含大量的学科知识，具有普遍性和广泛的解释力；（3）能提供理解知识、研究和解决问题的思想方法或关键工具，可运用于新的情境，具有持久的可迁移应用价值。

学科大概念并非指学科中某一具体的概念或定理、法则等，而是指向这些具体知识背后的更为本质、更为核心的概念或思想，如化学学科大概念“物质的组成结构决定性质”，揭示了不同物质具有不同性质和相似性质的根本原因，成为人类理解和研究物质性质的思维结构；生物学科大概念“生物体的形态结构与其生活环境相适应”则可以解释变色龙的体表颜色随季节而发生变化、兔子的眼睛长在头部的两侧等很多现象，为人类认识和研究生物提供了基本思想。

以学科大概念来统摄和组织教学内容，能更为充分地揭示知识间的纵横关系。知识间的横向联系揭示了不同知识的形成过程的共同之处，使得先前所学的知识对后继所学的知识起到启发（非特殊迁移）的作用，有利于培养学生利用已有知识解决问题，进而生成新知识的能力；对具体的事实、概念进行抽象概括、一般化或系统化等思维加工活动，可以帮助学生形成知识间纵向向上的联系，让学生能够从中获得更有普遍意义的大概念，实现知识的拓展和知识结构的改造；将抽象概括获得的大概念用来指导或运用于解决具体问题，是知识纵向向下联系的过程，也是促进学生将知识转化为能力的重要途径。[4]

二、学科大概念与单元教学设计

单元教学是近些年的热点问题，随着中国学生发展核心素养的落地，单元设计被认为是撬动课堂转型的一个支点。[5]但“教学单元”并无统一标准，单元有大小，当下普遍关注的“大单元”也具有相对性，且与大概念紧密相关。

1. 有意义的单元教学设计需要围绕大概念进行

单元教学被关注的原因是“以课时为单位的教学导致知识碎片化”。然而我们必须客观地看到，无论以何种理念、何种目标为取向开展单元教学设计，在对知识进行重组与整合后，常规学科教学都要尊重当前和以后相当长一段时间内学校教学以“课”为时间单位进行组织的现实，最终必须将重组的内容按照课时进行安排，也就是转化为课时设计。因此，解决知识碎片化问题的出路并非设计教学所需要的时长，而是要揭示教学内容之间的关系，这就要求教师必须能够看到具体知识背后的大概念，进而围绕大概念组织教学。

以初中生物“动物的行为”单元为例。有教师按照动物的摄食行为、防御行为、攻击行为、领域行为、节律行为、繁殖行为依次进行教学，对于每种行为，都是先给出其定义，再分析该种行为对动物的意义。[6]这样的教学以动物的每种具体行为的学习作为独立单位，40 分钟的课由 6 个时长5 ~ 6分钟的“微课”拼接而成，不同动物的行为以孤立事实的形象留在学生头脑中，必然是碎片化的知识。如果教学围绕生物学科大概念“动物借助行为适应多变的环境，提高存活和繁殖的机会”进行，动物这些摄食行为、防御行为、节律行为等就有了深层联系。对这些动物行为的学习不必平均着力，通过对一些动物行为的深度分析，学生将学到从动物行为与环境相适应的角度认识动物的各种行为，动物行为的意义和各个行为之间的相互关系，以及认识动物行为、动物与环境关系的分析思路和探究方法。这样，当遇到课本中没学过的动物行为时，学生也能够自主分析和解释其意义。

围绕大概念开展的教学对于非连续单元也有重要影响。例如，初中数学中，一元一次方程、二元一次方程组、分式方程、一元二次方程的学习在时间上是非连续的，每种方程的解法可以自成系统，成为教学设计的独立单位。如果以“方程就是含有未知量、表达等量关系的式子，通过运算和等式性质可以使未知量成为可知”这一大概念为统领，这些具体方程的具体解法的一致性将得到关注，而经由这些具体方程的学习，学生也有可能解决课本以外的一些方程问题。

2. 有了大概念视角，单元教学才可能变为现实

单元教学希望解决的另一个问题就是以课时为单位的教学“难以给学生足够的思考与交流空间”。单元教学设计通常要对知识进行整合，也要为学生提供更多的自主探究的空间。而教师的教学设计是否愿意和敢于给学生自主解决挑战性问题的机会，与其对知识间联系的认知紧密相关，如果教师孤立地看待知识点，就会高估学生的困难，不敢给学生探究的机会。

笔者曾经在培训活动中问在场的初中数学教师：如果没讲有理数加法法则，假设学生也没有预习，你们觉得学生能否解决如下这些有理数加法的问题？

$(+7)+(+8)$；$0+(-4)$；

$(+3)+(-3)$；$(-2)+(+1)$；

$(+1)+(-3)$；$(-2)+(-3)$。

许多教师认为学生不会，甚至有教师感到很奇怪："没学过，学生凭什么会？"许多教师教有理数加法法则时，会按照两个加数分别为同号、异号、一数为零的情形，分三个阶段逐次进行，每个阶段的学习，都以特定现实情境的实践意义和细碎问题为引导。

然而，笔者的调研却表明，有相当高比例的学生不需要教师的引导，就能够给出上面这些算式的答案，而且方法多样。这意味着教师低估了学生。而低估学生的根本原因在于教师没能看到有理数加法法则这一新知识与此前已经学过的有理数（负数）的概念、加法的概念间的内在关联对于解决新问题的意义，没能看到这一运算与此前学生学过的诸如分数运算、小数运算一样，都是"对象拓展型新运算"这个学科大概念统摄下的具体知识。如果教师具有大概念的视角，就会将新知识的学习看成学生经由先前所学的知识而形成的大概念的一个新的特例，也就会更为积极、理性地对学生进行预判，从而更倾向于为学生提供自主探究的空间。

三、如何以大概念为统领进行单元教学设计

1. 以大概念为视角分析教学内容确定单元

以大概念为视角分析教学内容是确定单元的重要环节，其基本思路如下：首先，立足学科整体高度，从具体内容出发，分析和挖掘具体内容背后的大概念，并以大概念为视角来梳理相关内容，形成有意义关联的结构化的知识整体；其次，根据学科课程标准的要求和学生的不同学习阶段，梳理大概念的进阶发展，明辨大概念的学习进程及其重要节点；再次，依据学生的实际情况和发展需要，结合教学内容的特点来确定大概念的解构程度和单元的大小及形态。

如"物质的组成结构决定物质的性质"是化学学科的一个大概念。物质由元素组成，从元素视角认识物质性质及物质的转化，能够揭示元素与物质性质及物质转化的关系及规律，为认识和研究物质及其转化提供认识角度和思维方法。以此为统领来梳理初中化学课程"身边的化学物质"[7]和高中必修课程"常见的无机物及其应用"[8]等主题中的相关内容，可以构筑起知识之间

有着内在本质联系、大概念的内涵进阶发展、认识角度逐渐丰富和认识持续深入的整体框架（图1）。

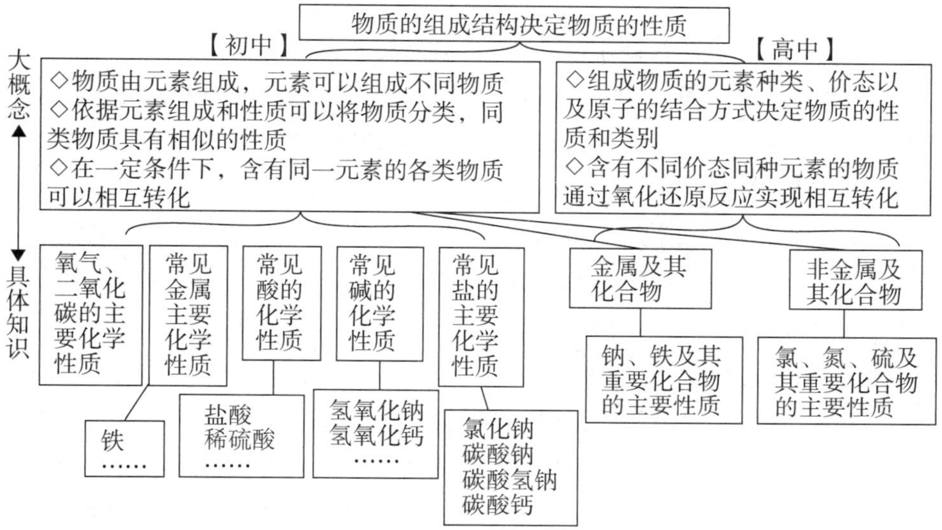

图1　大概念引领下的“从元素视角认识常见无机物性质及转化”知识框架

以此框架为依据，根据课程标准的要求，结合具体内容特点和学生的实际情况，在初中可以确定“基于物质分类认识物质的化学性质及反应规律”单元来统整金属、酸、碱、盐相关知识，在高中必修课程中可以确定“基于物质类别和元素价态认识物质及其转化”单元来统整铁及其重要化合物相关知识。从实施形态上看，前者是跨越不同学习内容的非连续的大单元，后者为连续的小单元。也可将上述初中、高中的相关内容统整起来构成跨越学段的、非连续的“元素与物质”大单元。

2. 围绕大概念系统规划进阶式教学目标

单元目标的规划需要着眼于学生的深入学习和长远发展，兼顾学生的知识、思维、能力和情感等多个层面，明确单元教学要使学生达到怎样的学习结果和发展水平即单元目标，以及围绕单元目标来细化具体课时的目标进阶。

大概念引领下的单元教学，重在促进学生形成对大概念的理解，使其能够形成以大概念为统摄的结构化的学科知识，并能将之转化为解决具体问题的思路与方法，即在完成单元学习后，学生知道或能做与之相关的事情。以此核心目标为导向来系统规划进阶式单元教学目标，需要基于大概念的发展历程，分析学生所处的学习阶段，并结合具体内容特点来系统考虑。对于大概念的理解，其进阶目标可以是内容拓展，如从单一维度到多个维度，也可以是单一维度的认识深化等。

如在高中化学必修课程中，以铁及其重要化合物相关知识为载体，确定“基于物质类别和元素价态认识物质及其转化”单元，按照如图 1 所示的大概念及其知识框架，该单元教学目标确定如下：（1）能从物质类别、元素价态的角度，列举铁元素的典型代表物，能依据复分解反应和氧化还原反应预测铁及其重要化合物的化学性质和变化，能设计实验进行初步验证，能分析和解释实验现象；（2）能从物质类别和元素价态变化的视角说明铁及其重要化合物的转化途径，能利用 Fe^{2+}、Fe^{3+} 的典型性质和反应，设计物质的制备、转化、分离和检验等简单任务的方案；（3）能说明铁及其重要化合物的实际应用及其在社会发展中的价值。其中，（1）为学习理解，（2）为实践应用。与之相对应，具体课时目标的认识和研究对象（如单质铁、铁的氧化物和氢氧化物、铁盐）不断变换，学生的学习按照基于物质类别、元素价态的角度识别和预测物质的性质与反应，并运用于解决简单问题的目标进阶来逐渐展开。

3. 确定单元教学结构

“怎样组织单元是创造课程的中心问题”[9]，大概念的学习是一个循序渐进、不断拓展和深入的过程，“并需要以适合学习者不同认知发展阶段的方式来表达”[1]。在教学中，根据教学内容的特点以及学生的认知基础和发展需要，教师可通过增加其内容维度、认识深度和复杂性来反复呈现大概念，以持续、递进的方式来促进学生的理解和迁移应用。

围绕大概念开展的单元教学，将突破常见的教学按照知识点在知识体系中的顺序展开、学生在知识的链条上爬行、在学习了所有知识点后再解决综合性问题的“分—总”型教学结构，并以驱动重要知识产生的大问题的解决过程为线索形成教学结构。由于“大问题”的解决经常需要基于多个具体知识，每个具体知识都需要学生熟悉、理解、掌握，以便更好地应用其解决其他问题，故而针对具体知识点的专项练习也是必需的，因此，这样的教学会表现为“总—分—总”型结构。

4. 实施单元教学评价

除了要评价学生已经学习过的具体的知识及有关技能掌握情况外，围绕大概念开展的单元教学评价还有其必须关注的评价内容，就是学生对“大概念”的理解和应用情况。大概念的意义在于“能提供理解知识、研究和解决问题的思想方法或关键工具，可运用于新的情境，具有持久的可迁移应用价值”，因此，指向大概念的单元教学评价需要关注学生解决新情境中新问题的能力，这种倾向在中高考试题中已见端倪。

参考文献：

[1] 温·哈伦. 以大概念理念进行科学教育 [M]. 韦钰，译. 北京：科学普及出版社，2016.

[2] 邵朝友，崔允漷. 指向核心素养的教学方案设计：大观念的视角 [J]. 全球教育展望，2017 (6)：11 – 19.

[3] 崔允漷. 如何开展指向学科核心素养的大单元设计 [J]. 北京教育（普教版），2019 (2)：11 – 15.

[4] 何彩霞. 化学观念统领下的知识结构及认识思路——以“物质组成”知识为例 [J]. 化学教学，2015 (8)：10 – 14.

[5] 钟启泉. 单元设计：撬动课堂转型的一个支点 [J]. 教育发展研究，2015 (24)：1 – 5.

[6] 胡玉华. 基于核心素养的初中生物课堂教学改进探讨 [J]. 课程·教材·教法，2017 (8)：69 – 73.

[7] 中华人民共和国教育部. 义务教育化学课程标准（2011 年版）[S]. 北京：北京师范大学出版社，2012：18 – 22.

[8] 中华人民共和国教育部. 普通高中化学课程标准（2017 年版）[S]. 北京：人民教育出版社，2018：14 – 17.

[9] 佐藤学. 静悄悄的革命——课程改变，学校就会改变 [M]. 李季湄，译. 北京：教育科学出版社，2014.

单元设计：理据、目标、课题

钟启泉[1]

在进行单元设计之前，为了捕捉教育目标与当下儿童之间的落差，就得记述“教师的意图”与“儿童的实态”。“教师的意图”从“教学内容”“指导概略”“儿童面貌”三点加以描述。亦即，指导怎样的内容；展开怎样的问题解决活动；作为结果，希望儿童有哪些成长。学科教学当然需要根据课程标准的规定来设定单元教学的内容，根据问题解决的阶段简洁地写出指导的概略，描述通过这种教学所要达成的儿童面貌。“儿童的实态”指从所要培养的面貌来看问题的实态，不是泛泛而谈，而是紧贴单元教学的要求来描述，可能的话，最好能够描述儿童生活的背景性的问题。重要的是从单元教学的视点出发来发现儿童的实态。比如，儿童已经学过了哪些内容，因而有了怎样的经验；是否牢牢掌握了学过的内容；对单元学习有多大的学习动机与积极性。借助这种描述，有助于明确单元教学的目标与儿童的实态之间的落差，从而得以聚焦单元目标。

教师的意图与儿童的实态之间的落差一旦明确，就得考虑消解这种落差、达成目标需要采取怎样的手法，就单元教学的目标具体地做出描述。既有用一句话简洁地做出描述的，诸如“通过怎样的活动，发现什么，表现什么，能够怎样”，也有根据评价的“四个视点”，即“兴趣、动机、态度”“思考、判断、表达”“技能”“知识与理解”写出教案的。

设定了单元目标之后，就得描述实施的课题。构想实施的课题之际，就得具体地勾画达成了教育目标的儿童的面貌，考虑能够体现这种儿童面貌的课题，并叙述其脚本。实施课题的特征：（1）现实性，（2）开放性，（3）学习意义明确。

现实性的课题即依据对儿童而言是现实的与切实的问题，来设定真实性的课题。所谓“真实性”即不是假问题，而是真问题。对于儿童而言，唯有从事贴近其生活的、现实的、合适的课题的探究，才有助于促进真才实学的

① 钟启泉，华东师范大学终身教授，华东师范大学课程与教学研究所名誉所长，博士生导师。

培育。非预先设定了答案的课题，叫“开放性课题”。在学校教育中，像考试题那样已经确定了一个标准答案的场合居多，但走上社会，碰到的几乎都是没有答案的课题。可以说，开放性课题是面向社会的开放式课题。开放性课题即学习意义明确的课题。儿童常常持有这样的疑问：“为什么学习这个？”“学校里学习的东西，到社会上管用吗？”学习意义明确的课题将会带来教学的转型，即从“关于学科的学习”转换到“学习学科”。

编制实施课题之际，必须先明确达成了目标的儿童的面貌，然后编制引出这种面貌的实施课题的脚本。包括：目的——实施的目的是什么？角色——儿童承担怎样的角色？听众——实施的对象是谁？情境——儿童在怎样的情境中从事怎样的课题？产出的作品、成绩、标志——课题探讨的结果、最终会产出什么成果？成功的标准与规程——实施的课题必须合乎怎样的标准？要使得学习具有意义，就得使学习的成果能够迁移。要有迁移的可能，就得通过现实课堂的探究，加深理解。这里所谓的“理解”指知识、技能得以结构化地掌握的状态。因此，在编制实施课题之际，作为体现可迁移的真正的学力，可参考如下六个指标，即“理解的六个侧面”：（1）说明——能够基于适当的知识和清晰的理由，就事件、行为与思考，做出解释；（2）阐释——能够打比喻、说故事，并解释其背后的意涵；（3）应用——能够在新的情境与种种现实境脉中有效地运用知识、解决问题；（4）预见——能够从不同视点、用不同方法去把握主流的脉络，具有批判性洞察力；（5）共鸣——能够从他人的角度，设身处地地感悟他人的生活、情怀与他人的世界；（6）自觉——能够反思自己的无知、思维的偏差与行为范式，具有元认知意识。

单元学习活动的设计

钟启泉①

单元学习活动的计划从哪里切入？应当考虑到儿童的实态、学校与社区的特征、教学内容，从如何使儿童获得经验的学习活动着手。因此，在构想学习活动之际，首先，应探讨通过该活动需要学习的教学内容，布局单元教学计划的格式与编制要领；其次，确认相当于设计学习活动框架的问题解决学习的阶段，即情境问题的形成、假设的形成与基于行为的假设的验证，梳理所解决的情境问题。整个学习活动根据课程标准和内容系列表来设定教学内容。为了有效地教学，就得制订单元学习活动计划。

单元学习活动计划的编制要领可以概括成如下几点：（1）对象学年、学科及承担者的决定。（2）关于单元名称与学习活动的构想。需要考虑儿童的实际、学校与社区的特征、教学内容等，记述总课时，根据问题解决学习，构想大体的学习活动的框架。（3）关于单元设定的“教师愿望”的记述。（4）关于单元设定的“儿童实际”的记述。（5）单元目标的确定。需要明白地写出单元的活动、指导的重点与所期待的儿童面貌。（6）实施课题的设想需要以具体的儿童达成教育目标的面貌出发，构想引发儿童以怎样的姿态去实施课题。（7）单元评价标准的确定。需要从达成了目标的儿童的具体面貌出发，看其形成了怎样的“兴趣、动机、态度”，想培育他们怎样的“思考、判断、表达”，掌握怎样的技能与知识、理解能力。（8）学习活动与支援的构想需要在构想学习活动的同时，考虑促进儿童的思考力、学习方式与协同学习方面的指导，并在“学习过程与评价计划”中，具体地叙述“学习活动”与“支援”。（9）评价计划的构想。需要把旨在考察评价规程的实现状态作为指标性的评价标准，设定 A（3）B（2）C（1）三个等第。它由“学习活动”“学习活动中的具体的评价规程”“评价资料”“评价等第”各栏目构成。

单元学习活动的设计。学校教育的目的在“问题解决学习”的创造，在培育“核心素养”。问题解决学习的理论基础是探究理论。所谓“探究”，在

---

① 钟启泉，华东师范大学终身教授，华东师范大学课程与教学研究所名誉所长，博士生导师。

杜威看来是基于“阶段”“操作”“态度”三个要素的问题解决思维。其一，问题解决的阶段，即问题的情境问题的形成、假设的形成基于行为的假设，验证解决了的情境；其二，问题解决的“操作”，包括从观察（事实、感知、回忆、确认）到“推理”（知识的分类、比较、关联揭示、运用、类推、推论）；其三，问题解决的“态度”，包括“心胸豁达”（开放、协调、谦逊）、“诚心诚意”（持续性、集中性、积极性）、“责任心”（自主性、自立性、多面向、钻研精神）。在设计问题解决之际，如下三点值得注意。

1. 在问题解决学习中，如何基于问题情境是一个关键。教师提示课题的实践，往往不属于儿童的问题解决。要形成儿童的问题，就得让他们自身去直接面对题材、设定问题情境。

2. 问题解决活动不至于形式化是一件大事。在问题解决活动中，实际上达到问题解决所需要的时间是各不相同的。因此，需基于问题解决的阶段，重视儿童的探究，以免问题解决活动形式化。

3. 在问题解决学习中，教师的指导极其重要。以为问题解决活动无需教师的指导是一种误解，在问题解决的各个阶段都需要教师的指导。诸如，在形成问题的过程中，把握问题的背景与前提所需的知识与技能的习得；在假设、计划中引发假设的生成与问题解决方略的思考；在假设验证中信息收集的手法与验证的实施的考量；在问题解决情境中归纳与结构表达的方式、知识、技能的巩固等。在探究性的问题解决过程中，教师进行包括知识、技能的习得与应用在内的适当的指导，是十分必要的。

以主题任务融合大单元学习的驱动策略

严育洪①

心理学家安杰拉·达克沃思在《坚毅》一书中将兴趣分为两种：一种是初学者的兴趣，即你看到一个新奇的东西觉得挺有意思，想要去了解一下，这个兴趣是肤浅的，不能支持你走很远；还有一种是专家的兴趣，这种兴趣是只有你深入一个领域之中，才能体会到的那些很“微妙”的东西。这种“微妙”与表层肤浅的新奇刺激完全不同，外行根本无从体会，只要你了解了，它就会强烈吸引你继续钻研。你会越钻研越感兴趣，越感兴趣越钻研。[1]

在传统教学中，情境设计大多表现为“初学者的兴趣”，更多地只是为了使学生“觉得挺有意思”而想学习新知识。正因为“这个兴趣是肤浅的，不能支持你走很远”，学生往往缺乏足够的动力维持学习行为。

学生学习的“浅尝辄止”，除了兴趣肤浅的原因外，知识的肤浅也能导致学习“不能支持你走很远”，要让学生具有“专家的兴趣”，我们应该让学生的兴趣能够“深入一个领域之中”去体会知识的“微妙”。对此，我们可以不局限于寻找知识之间的联系，还可以通过寻找学习情境之间的联系以及学习方式之间的联系，把一个单元的知识甚至不同单元的知识围绕一个主题融合成新的学习单元。

在任务驱动学习中，我们所设计的融合性任务主题，不再是原来单纯的以知识组织的学习单元，而更多地变成了用任务组织的学习单元，它可能会融合其他单元中不同领域的知识，这个学习单元中的每一节课都统领于任务活动主题，也就是说这个主题不仅包含学习的知识，还可能反映学习的目标、方式和成果。

钟启泉教授认为，单元设计是撬动课堂转型的一个支点，是课程开发的基础单位，是课时计划的指引，它的起点是学生的认知。[2]在任务驱动学习中，任务是撬动课堂转型的一个支点，用任务组织学习单元，也可能撬动传

① 严育洪，江苏省无锡市锡山区教师发展中心师训部主任，江苏省小学数学特级教师，正高级教师。

统单元设计的转型，因为它更强调知识方法的融会以及学习情境、学习方式的贯通。这种实景性和全景性的学习，强调的是能力的学习，让学生的兴趣能够“深入一个领域之中”，而不是仅仅关心教材的分量与知识的堆积。下面具体论述以主题任务融合大单元学习的一些驱动策略。

一、创研式

脑科学的研究表明，人类学习的本质是以模块的方式进行复杂学习。模块通俗地讲就是“概念”，就是以概念的方式产生各种各样的联结。在数学中，知识是不断“生长”的，数学学科知识之间往往具有亲密的姻缘关系。在任务驱动学习中，我们可以设计知识的研发任务，引导学生从概念出发，根据知识之间的关系不断创造出新的知识，或者把分散于不同单元的知识融合在一起整体化理解与记忆。

例如，除法、分数和比的知识，虽然身处不同年级、不同单元之中，但教师只需在每个单元教学的第一节课沟通它们之间的关系，后续相关知识的学习就可以让学生成为“创客”，由“商不变规律”研发出“分数的基本性质”和“比的基本性质”（图 1），这样的课就成了“创课”，学生完全有能力设计和当“小老师”。

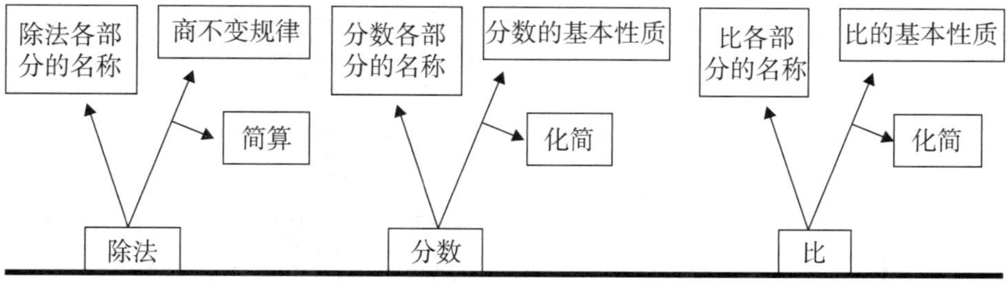

图 1　除法、分数与比之间规律对比图

更重要的是，在知识的研发过程中学生会自觉发现问题，最终明白“为何商不变规律称之为规律”，是因为它是上位知识，由它推导出了“分数的基本性质”和“比的基本性质”。当学生有了这样更深刻的理解后，就会呈现这样的知识谱系图（图 2）。

当然，我们也可以“后发制人”，通过知识回顾，引导学生寻找知识的“血缘”关系，重新组建成知识融合的学习大单元。此时，学生具备了知识的全景意识，看到的就不再是一棵棵“知识树”，而是一片“知识林”。

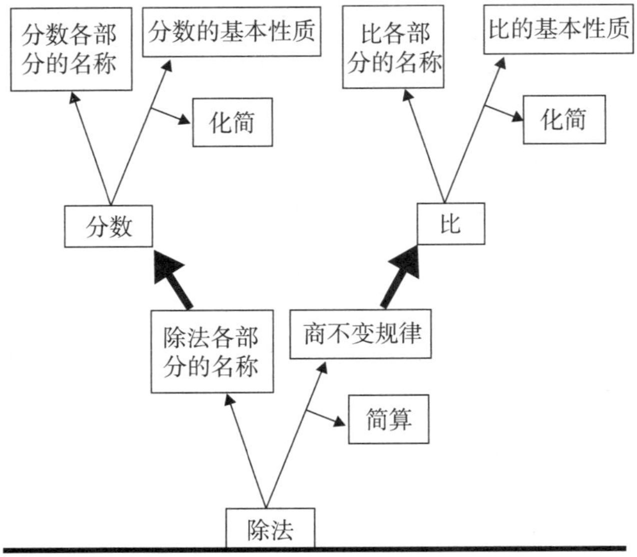

图 2　除法、分数与比之间规律生长图

二、对比式

在数学中，存在着许多容易混淆的概念。在单个概念教学的时候，因为对象比较“专一”，学生思维不会混乱，此时教学的即时效果往往很好。但很多时候，这只是一种表面现象，因为等到把两个相似的数学概念放在一起的时候，学生的认知有时候就会发生混淆。比较着学、融合着学是解决这一问题的有效策略，这样可以在第一时间暴露学生的问题，使学生在且行且思中逐步明晰概念。

例如，学生在学习“面积”的时候，常常与“周长”纠缠不清，而教材中的“面积”并不与“周长”进行辨析。对此，我们采取了带着“周长”教“面积”的对比融合策略，组建了综合性学习新单元。

课始，教师把一个长方形金属框“压扁”成平行四边形，让学生发现变化前后图形的周长相等，但面积变小了，从而打破开始所持有的“周长相等的图形面积也相等”的错误想法，使学生注意“面积”与“周长”所表示的不同意义。

在练习环节，教师又借题发挥（图 3），在解答原有题目之后，让学生继续观察其中的第一个图形和第三个图形，让学生发现“面积相等但周长不相等”，与课始发现的“周长相等但面积不相等”形成完整的认识，再次感受到周长与面积意义的不同。

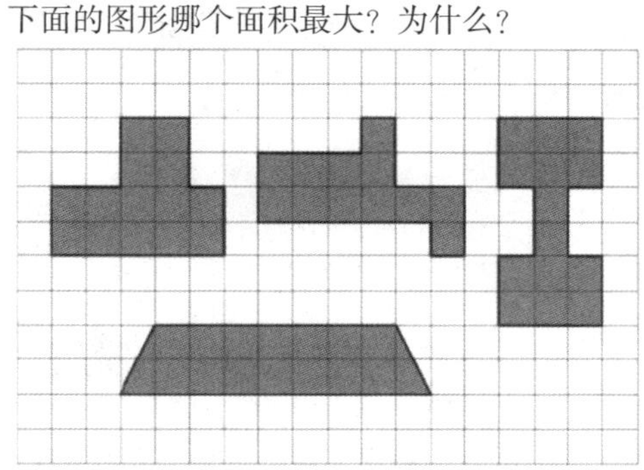

图 3　"面积的意义"教材练习题

随后，又设计了"画一条线，把长方形分成两个图形，要求新得到的两个图形周长相等"的探究任务，从"画对角线"到"过中心点画直线"，直至"在对角之间画曲线"（图 4），学生的思维慢慢从"关注面积分成两个相同图形"的思维中跳出来，最终能够直接抓住周长的意义来寻找更多答案。

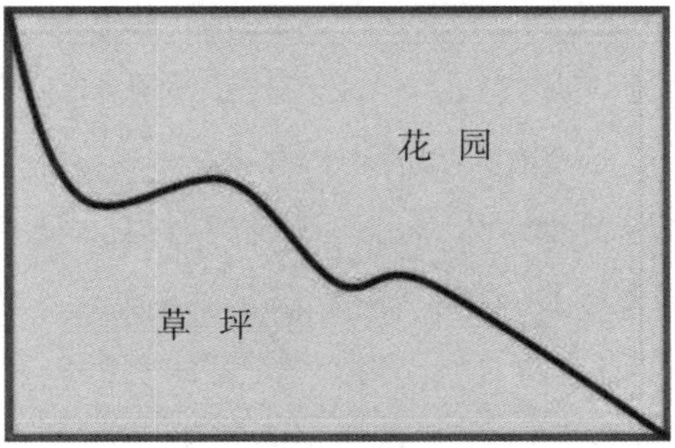

图 4　学生作业示例

继而，又设置了"两根绳子长 22m 和 24m，分别围成边长是整米数的长方形，哪根绳子围出的长方形面积大?"的探究任务。完成这样的"面积"与"周长"的融合教学后，教师"趁热打铁"，连接到苏教版第九册的"解决问题的策略"一课（图 5），提前整合到一个学习大单元之中，这样的教学更具针对性和时效性。

三、挖井式

荷兰数学教育家弗赖登塔尔认为：数学化分为横向数学化和纵向数学化。[3] 在任务驱动学习中，我们可以将横向数学化和纵向数学化融合起来，设

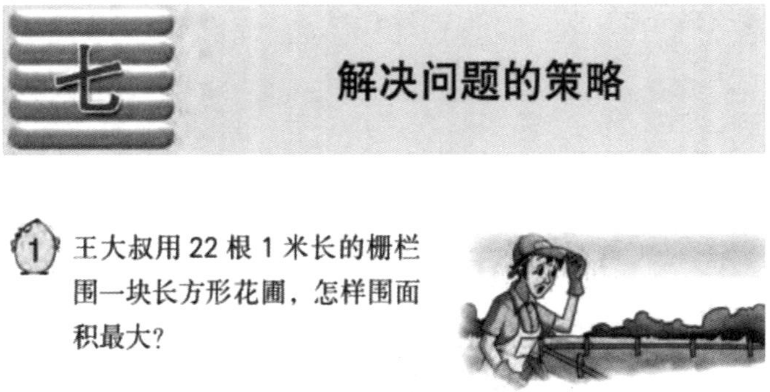

图 5　“解决问题的策略”教材例题

计出结合现实生活的挑战性任务，引领学生不断深挖知识，实现深度学习。一旦学生的深挖触及其他单元中的知识，此时的学习将开启新单元与新气象。例如，学生学习“长方体和正方体的体积计算”之后，我们通过不断变换情境和条件，层层设阻，使学生的探究层层深入。

第 1 步：设计“如何计算不规则的橡皮泥的体积”的延伸性任务，学生想到了将其捏压成长方体或正方体“等积变形”的转化方法。

第 2 步：把橡皮泥换成石头，学生在捏压方法行不通的情形下，想到了排水法，把石头浸入量杯后看上升的水的体积。

第 3 步：把量杯换成长方体容器，学生同样可以使用排水法，但需要事先测量长方体中原有水的长、宽、高以及浸入石头后水的高度，通过计算得到石头的体积。

第 4 步：把工具改成长方体容器和量杯，就有学生想到了在长方体容器中装满水，放入石头，用量杯测量溢出的水的体积。

第 5 步：只给学生一个圆柱体容器，此时自然连接到了下一册教材“圆柱的体积计算”的教学内容，留给了学生新的学习期待。

第 6 步：既没有量杯也没有别的容器，或石头无法放进容器，只有一块规则的长方体石头，引导学生通过称重的方法间接求出不规则石头的体积，其原理不仅“跨界”到了正比例知识，还“跨界”到了中学物理知识，后一种不求甚解让学生带着疑问走入中学物理学习。

“数学王子”高斯说：“我们需要的是想法，不是符号。”数学不只是计算、测量和公式的应用，它更是一个充满变化和新发现、新发明的领域。随着上述挑战性任务“战线”的拉长和加深，学生思维的触角也不断延长和深入，伸向四面八方，寻求或融合更多的本学科甚至外学科知识，获得更多的新发现和新发明。如此情境下的练习功能有了衍生性，它不再是单纯的练习，还发生了新的学习，这是挑战性任务生发出来的强劲学习驱动力。

四、物联式

在生活中，我们常听家长和教师感叹："如果孩子能像看电视连续剧那样学习，还会学不好吗?!"感叹之余，我们需要思考的是能否让数学课像"连续剧"一样深深吸引学生学习?

日本教育学家佐藤学把单元设计提炼为两种不同的单元编制：一是以"目标—达成—评价"方式来设计的学科课程的单元编制，二是以"主题—探究—表达"方式来设计的活动课程的单元编制。在任务驱动学习中，我们可以使用后一种单元编制方式来设计主题性任务，用一条情境线串联起被一节节课分割的一个个知识点，使一节节课的教学成为有情节甚至有故事的"连续剧"，从而成为一个学习单元。

时任山西省教育厅副厅长、国家教育考试指导委员会专家张卓玉认为"要落实培养核心素养，关键是知识的融通和应用"，"把你所学的知识、能力、价值观能够用它去解决问题，融合在做一件事情的过程里边，这个就是素养"。我们所设计的知识"连续剧"要能够吸引学生的注意和引发学生的注意，除了有戏可看的"看得见"，最好还是有事可做的"摸得到"和"用得着"，也就是使学生不仅能学出名堂，而且能做出名堂。例如，我们把上述"如何计算不规则的橡皮泥的体积"的延伸性任务置于更有故事性的现实情境中，在知识的源头就把"长方体和正方体"单元教学设计成一部《做一只金鱼缸》之"生活情境连续剧"。此中，"学会做一只金鱼缸"，是学生感兴趣的有着实用价值的"大任务"。

第1集，也就是第一节课，开场任务情境是："明明准备做一只金鱼缸，想先用金属条做一个金鱼缸框架（图6）。现在知道金属条每米12元，接头每个4元。明明想知道购买这些材料需要多少钱?"此预算任务涉及长方体的特征等知识点。

第2集后续任务情境是："接着，明明要给金鱼缸配玻璃，玻璃大约每平方米80元，要配齐所需玻璃他还要花费多少钱?"此预算任务涉及长方体的表面积计算等知识点。

图6　金鱼缸框架图

第3集后续任务情境是："鱼缸做好了，明明很得意：'爸爸，快点放满水，把金鱼放进去，明天我要搬到班级生物角去让同学们羡慕一下！''别高兴得太早，'爸爸说，'你能轻松抱动这个放满水的鱼缸吗？再说水也不能放满，最多放八成。1升水大约重1千克，不算玻璃，你先算下水的重量！'"如此称重任务，涉及长方体的体积与重量计算等知识点。

至此，"生活情景剧"《做一只金鱼缸》基本完成了"长方体和正方体"单元知识的教学任务。我们还可以让《做一只金鱼缸》这一"生活情景剧"连续下去，拓展和深化知识：

第4集后续任务情境是："爸爸买来几条金鱼，问明明：'你知道金鱼会占用金鱼缸多大空间吗？'明明把金鱼放入金鱼缸中，测出水面上升了0.4cm，明明兴奋地告诉爸爸：'我可以算出金鱼的体积啦！'爸爸点点头，又拿来一个小玩意儿（图7），问明明：'它的体积有多大？如果把它放进鱼缸作为装饰物一起陪伴金鱼，水会不会溢出鱼缸？'"这些测算任务的完成，涉及组合物体体积计算和不规则物体体积计算等知识点。

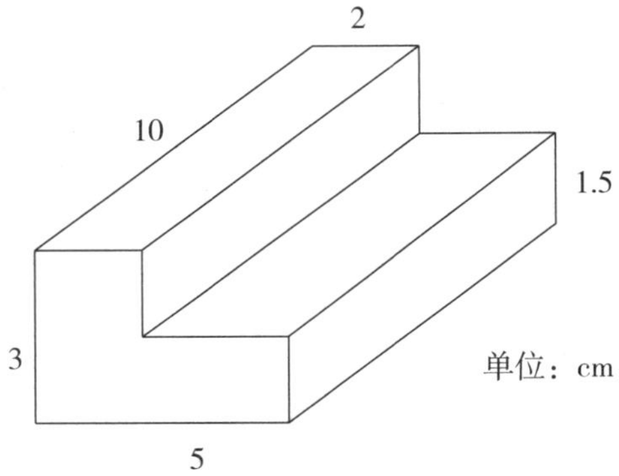

图7　鱼缸装饰物

第5集后续任务情境是："明明把金鱼缸拿到学校后，老师和同学们赞不绝口。同学佳佳想请明明帮她家也做两个这样的金鱼缸，明明愉快地答应了。两个新金鱼缸做好了，为了方便运输要包装在一起，明明想：'怎样包装最节省包装纸呢?'"这一包装任务的完成，涉及长方体拼合后表面积计算等知识点。

为了让"生活情景剧"《做一只金鱼缸》内容更丰富，我们补充了《世界上最小的鱼缸》这一富有趣味的资料："俄罗斯著名微观艺术家 Anatoly Konenko 创作的一只鱼缸大小只有 30mm × 24mm × 14mm，虽然它容积很小，里面却格外丰富，微型植物、石头样样不少，甚至还放置有真正的小鱼，人们需要用放大镜才能看清楚里面的景观。另外，为了尽量不打扰到生活在这小小世界里的鱼儿们，Konenko 每次需要用注射器给鱼缸换水，而且他还专门制作了一个小巧的渔网，来与迷你鱼缸配套。"之后，我们设计了一些情境题："这只最小的鱼缸可以装多少水？如果使用2毫升容量的注射器给鱼缸换水，一共需要注射几次?"等等，这成为"生活情景剧"《做一只金鱼缸》的第6集。

如果看得更远，我们还可以有"生活情景剧"《做一只金鱼缸》的第7集，使之连接到"圆柱和圆锥"单元知识："明明后来看到圆柱体金鱼缸，他开始盘算：'圆柱体金鱼缸又该怎样设计和制作呢？要正好装下原来长方体金鱼缸中的水、金鱼和装饰物，这个圆柱体金鱼缸又该做多大呢?'"

如此"连续剧"形式的任务驱动，符合华东师范大学崔允漷教授提出的形成学生的学科核心素养要从单元学习设计到课时设计……每一个单元都要有一个教学情境[4]的设想，使学生能够一开始就看到知识的远景，从而明确学习的愿景，产生强劲的学习驱动力。

五、穿越式

一般情况下，不同领域的数学知识分布于不同的知识单元中，很多时候彼此"不相往来"。在任务驱动学习中，如果我们在设计任务情境时，能够沿用学生感兴趣的以往知识，特别是不同领域知识的情境，就可能勾起学生对"往事的美好回忆"，此时的学习可能有一种穿越感，也可能有一种亲切感和新奇感。此时，传统的知识单元之间就不再那么界线分明，知识也可能得以融合。

例如，苏教版第七册“可能性”一课中的例题（图8），当学生学完这一课之后，到五年级时，我们借用这个情境进一步设计游戏任务：在每个球上写上一个数，让学生任意摸出2个球，如果2个球上数的和是奇数，就可赢得一份奖品。以此替代苏教版第十册“和与积的奇偶性”中的例题（图9）。学生更喜欢在玩中学，关键还能赢得奖品。

图8 “可能性”教材例题

和与积的奇偶性

你能说说奇数和偶数各有什么特点吗？

任意选两个不是0的自然数，求出它们的和，再看看和是奇数还是偶数。

加数	加数	和	和是奇数还是偶数

观察填好的表格，说说你的发现。

图9 “和与积的奇偶性”教材例题

为了能让游戏具有戏剧性，也为了激发学生主动探究的兴趣，我们一开始在球上写的都是偶数，学生在“总是赢不了”中自觉思考“为什么”，最终获得“偶数+偶数=偶数”的结论，之后我们让学生自己修改游戏规则，有的学生提出都放入写着奇数的球，在其他学生的反对中得到“奇数+奇数

=偶数”的结论。大家经过讨论，一致认为必须同时放入写着奇数和偶数的球，这样摸出的2个球的和才有可能是奇数。在活动中，学生除了发现“奇数+偶数=奇数”的结论，还发现摸出的2个球之和是偶数的可能性比和是奇数的可能性大。

上述教学设计把教材单纯的摸球变成摸奖，游戏的刺激程度得到了提升，学生的积极性也得到了提高，知识从四年级穿越到了五年级，也从统计与概率领域穿越到了数与代数领域，情境的延续给了学生知识“血肉相连”的学习一体感。

把知识无痕地融于日常学习中，让学生慢慢悟得知识，这是教学的更高境界。上述关于“可能性知识”就可以融于日常学习生活，例如，我们设计了日常课堂抽签提问，也就是谁回答问题不再由教师指定，而采用抽签的方法，有“抽后放回”与“抽后不放回”两种方式，等到教学“可能性”一课时，学生已经有了深刻的体验甚至有了深刻的认识。

又如，我们还把可能性知识设计成对学生奖励的摸奖活动：教室里放有3个不同的摸奖箱，中奖概率分别为“2中1”“5中1”“10中1”，根据进步的大小进行摸奖。如果中奖，奖品可以是小礼物，也可以是做小老师，还可以是与老师合影、与老师同桌吃饭等精神激励。

六、积淀式

华东师范大学教授杨向东对教师的教学设计提出三点建议：超越课例设计，开发促进核心素养发展的单元案例；创设整合性的、真实的现实情境或主题；强调任务或问题驱动的深度学习过程。

我们认为，基于“大任务”设计的“大单元”学习，很多时候需要“超越课例设计”，从更大层面看，需要教师的“长线投资”意识，也需要学生的自觉意识，进行“聚沙成塔”的积累式学习。

例如，我们在学生踏入一年级的第一天开始，就在教室前面挂一只时钟，时不时地询问学生“现在什么时间了？”促使学生求助于父母或已经会看时间的同学，一个月下来，老师不教，学生自己就慢慢学会了如何看钟表；接着教师换了一只电子钟，让学生慢慢熟悉“24时计时法”。可以说，这样的长线任务设计，时间就成了教师，达到了“让时间帮你教”的效果。

这样的长线任务，设计的时间还可以更长，例如，我们设计了“找一找哪里运用了转化策略?”的长线任务，贯穿在所有年级的数学学习之中，经过六年的积累，教授苏教版第十二册“解决问题的策略”时已无须教师新授，学生有足够的经验自学，此课成了复习课。

这样的长线任务，除了设计的时间跨度可以更长，涉及的知识领域也可以更宽。例如，我们设计了“你会购物吗?”的长线任务，从低年级的“认识人民币”一课开始，到中年级的“认识小数”和“常见的数量关系”一课中开发票时需要的“单价、数量、总价”，最终到高年级的“打折”等知识，都融合在了一起；又如，我们设计了“寻找植物中的数学”的长线任务，涉及“图形的认识”“图形的周长和面积”“角的测量”“轴对称图形”等各个年级教材的连续以及综合实践活动“树高的测量”“树叶中的比”等内容。

总之，在任务驱动学习中，设计的长线任务，如同“放长线钓大鱼”，想要钓到“大鱼”，一是必须“水面”宽广，也就是我们要开展有利于学习的大单元设计，二是必须引进“活水”，也就是我们要融合不同领域的知识来设计学习活动。

参考文献：

[1] 安杰拉·达克沃思. 坚毅 [M]. 安妮，译. 北京：中信出版社，2017.
[2] 钟启泉. 单元设计：撬动课堂转型的一个支点 [J]. 教育发展研究，2015 (24)：1-5.
[3] 弗赖登塔尔. 作为教育任务的数学 [M]. 陈昌平，唐瑞芬，等编译. 上海：上海教育出版社，1995.
[4] 崔允漷. 学科核心素养呼唤大单元教学设计 [J]. 上海教育科研，2019 (4)：1.

基于结构化视角的单元整体设计路径

席爱勇① 吴玉国②

基于结构化视角的单元整体设计能有效突破因课时设计导致知识碎片化，从而不利于学生形成良好的知识结构、认知结构和素养结构的倾向。以下，笔者以苏教版数学五年级上册第二单元“多边形的面积”为例，尝试从结构化视角进行单元整体设计。

一、发现单元核心元素，建构知识关联结构

教学中，教师应让学生发现并提炼单元核心元素和意义关联，把握单元知识的本质要素和内在联系，使单元知识具有更强大的结构迁移力和整体生长力，生成单元网络化、模块化知识意义关联结构。

（一）理解单元核心元素，建构本质意义结构

单元核心元素是彰显单元知识本质内涵的关键点，理解了单元核心元素，就把握了单元知识的本质要义，也就明晰了认识单元知识本质内涵和内在关联的认知通道。

首先，教师要善于引导学生发现单元核心元素。例如，求多边形的面积，需要引导学生发现：需紧抓底和对应的高两个核心元素。平行四边形面积公式推导，需要紧紧抓住其底和对应的高，想方设法建构其底和高与拼成的长方形的长和宽的对应关系，这样就可以根据长方形面积公式推导出平行四边形面积公式。

其次，教师要善于引导学生从众多元素中筛选出核心元素，去除非核心元素。例如，要求图1阴影三角形的面积，学生需要筛选出核心元素：阴影三角形的底和对应的高都是小正方形的边长，去除与阴影三角形不相关的大正方形边长这个非核心元素，这样，学生才能顺利解决问题。

---

① 席爱勇，江苏省淮安工业园区实验学校副校长，高级教师。
② 吴玉国，江苏省南京市游府西街小学副校长，特级教师。

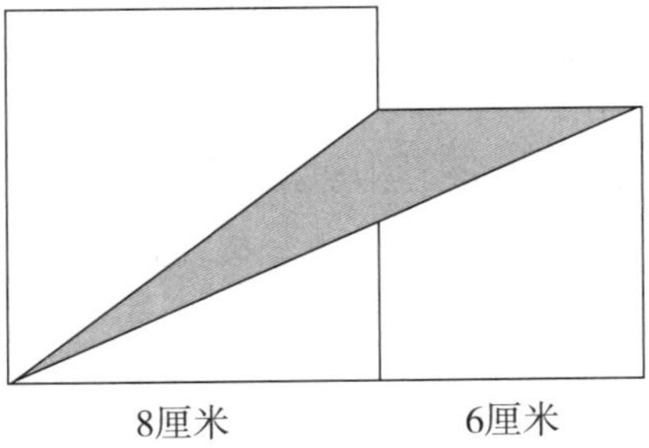

图 1

（二）挖掘单元元素关联，建构立体关联结构

单元学习不仅要理解其核心元素，更重要的是要理解其元素之间的关联，这样才能让知识生长出更多的“突触”，以便于形成交错联系的立体式知识结构。[1] 正如美国认知心理学家布鲁纳所说：“掌握事物的结构，就是以允许许多别的东西与它有意义地联系起来的方式去理解它。简单地说，学习结构就是学习事物是怎样相互关联的。”[2] 笔者在教学“多边形的面积”这个单元时，结合图 2 引导学生：平行四边形的底相当于拼成的长方形的长，其高相当于拼成的长方形的宽，其面积相当于拼成的长方形的面积，从而沟通平行四边形面积、底和高与长方形面积、底和高之间的元素关联，为平行四边形面积公式推导做好铺垫。

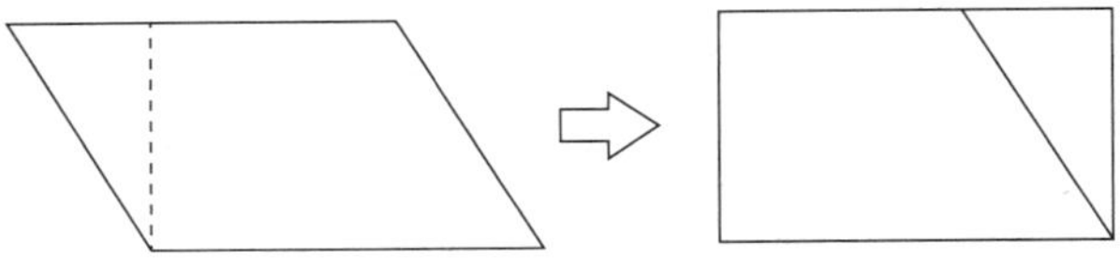

图 2

同样，结合图 3、图 4 引导学生理解三角形（梯形）面积、底（上底和下底）和高与拼成的长方形面积、长和宽，或者与拼成的平行四边形的面积、底、高之间的元素关联，在长方形、平行四边形、三角形和梯形之间建构关于面积计算核心元素的关联。

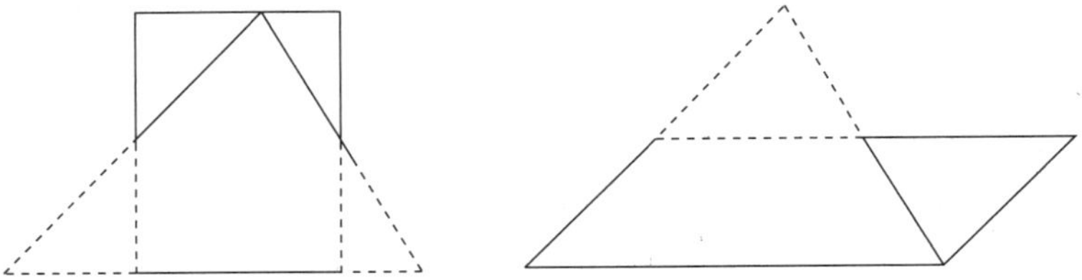

图 3

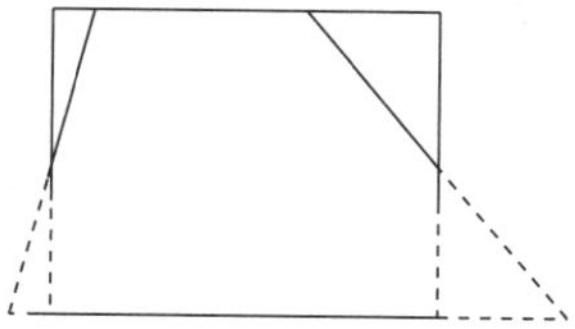

图 4

这样，学生在解决类似于如下问题时，就能够灵活运用图形变化过程中元素关联的规律顺利进行解答。

1．一个三角形和一个平行四边形面积相等，底也相等，平行四边形的高是 12 厘米，三角形的高是多少厘米？

2．一个三角形和一个平行四边形面积相等，高也相等，三角形的底是 12 厘米，平行四边形的底是多少厘米？

3．用细木条钉成一个长方形框，长 12 厘米，宽 7 厘米。它的周长和面积各是多少？如果将其拉成一个平行四边形，周长变了没有？面积呢？（图 5）

图 5

4．把 20 本练习本摞成一个长方体（图 6），量出前面长方形的长和宽，算出它的面积。

再把这摞练习本均匀地斜放，这时前面变成了一个近似的平行四边形，你能测量有关数据，并算出它的面积吗？

比较两次测量和计算的结果，你有什么发现？

图 6

针对第 1、2 个问题，学生会根据图 3 正确理解并运用三角形和平行四边形（长方形）面积和底相等的情况下其高的数量关系，以及它们的面积和高相等的情况下其底的数量关系进行解答。第 3 个问题，引导学生抓住图形核心元素，即平行四边形的底、高、周长和面积，发现在图形形状变化过程中，相邻两边长度没有变，正确判断其周长不变，发现图形的高不断变小，平行四边形面积也在不断变小。第 4 个问题，同样引导学生抓住图形核心元素，即平行四边形的底、高和面积，根据图形形状变化过程中平行四边形的底和高都没有变，从而发现其面积始终没有变的规律。

二、单元核心方法统整，建构方法策略结构

教师在教学中应引导学生超越知识内容的限制，将同一单元不同的知识用相同的方法策略统整起来，生成方法策略结构，从而在更高层面上理解和应用学科方法策略解决生活实际问题。

（一）归纳单元方法，逐步形成方法结构

单元方法的结构化，需要教师引导学生站在更高的视角审视学习过程，在不断反思学习过程中逐步归纳总结。例如，教师在借助图 2 引导学生反思平行四边形面积公式推导过程中，得到用割补的方法，在不改变图形面积的情况下，通过改变图形的形状，建构平行四边形的底和高与长方形的长和宽的元素关联，推导出平行四边形面积公式；三角形、梯形也可以采用割补的方法，在不改变图形面积的情况下，通过改变图形的形状，建构三角形、梯形和平行四边形（长方形）的元素关联，推导出三角形和梯形面积公式；甚至组合图形、不规则图形都可以采用割补的方法求面积。这样，教师就可以引导学生突破知识结构的限制，从知识结构走向方法结构，促进学生方法结构的建构。

（二）单元方法迁移，逐步完善方法结构

学生一旦形成单元方法结构，就会具有很强的迁移能力和灵活的应用能力，可以将其迁移到其他类似单元、类似问题的学习中去。例如，学生一旦掌握关于图形的割补方法，以后遇到类似的问题，如圆的面积公式推导，甚至圆柱体体积公式推导，自然就会想到用割补的方法，从而很容易把新知纳入原有认知结构中去，形成新的认知结构。

方法不仅可以迁移到类似单元中类似问题的学习内容中去，还可以迁移到其他领域不同单元不同类型问题的学习中去。例如，割补的方法不仅可以用于同领域“图形与几何”同类型问题上，还可以迁移到不同领域“数与代数”不同类型的问题上。如，简便计算 999 + 99 + 9 + 3 时就可以把 3 割成 3 个 1，补到 999、99 和 9 上，分别合成 1000、100 和 10，这样就很容易算出结

果是1110，这个简便计算的过程和图形的割补方法有异曲同工之妙。这样的方法迁移，可以有效打通知识之间的内在联系，不断完善学生的方法结构，拓展学生学科思考的空间，提升学生学科思考的品质，促进学生学科素养的提升。

（三）单元方法统整，逐步形成策略结构

单元方法结构是具体多样的，经过统整可以逐步形成更加系统的策略结构，就会具有更强的包摄性和转化力。例如，三角形和梯形面积公式推导既可以用割补的方法，还可以用借来还去的方法（图7、图8）。

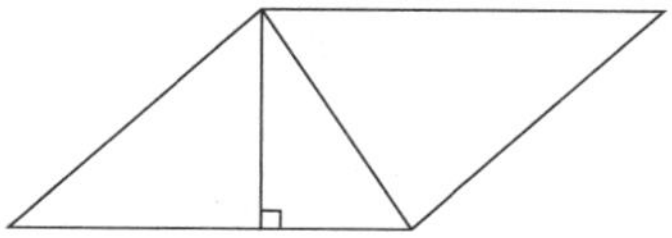

图7

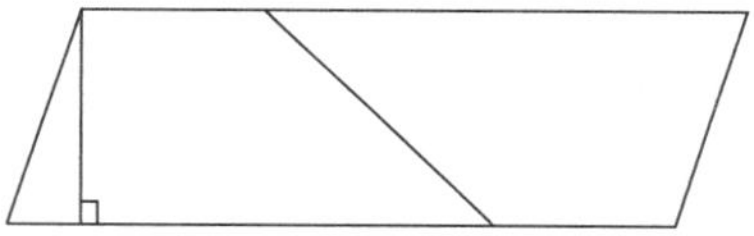

图8

图7可以看作借来一个与原来三角形完全相同的三角形，拼成一个平行四边形，通过建构三角形的底和对应的高与平行四边形对应的底和高的元素关联，推导出三角形面积公式。同样，图8可以看作借来一个与原来梯形完全相同的梯形，拼成一个平行四边形，通过建构梯形的上下底之和、对应的高与平行四边形对应的底和高的元素关联，推导出梯形面积公式。割补和借来还去，尽管方法不同，但上升到解决问题的策略层面则是相同的，即转化的策略，都是把一个有待解决的问题转变成已经解决或者比较容易解决的问题，从而解决原来的问题。因此，不断统整方法结构，就会逐步形成策略结构，不断完善学生学科能力结构的建构，促进学生学科素养的不断生长。

三、凝聚单元核心思想，建构思想素养结构

以数学为例，PISA2015将数学素养界定为："数学素养是指一个人能在多种不同的情境之下，将情境问题转化成数学问题、使用数学及解释数学的能力。"这就需要引导学生凝聚数学知识、方法、策略背后的思想，实现在多种不同的情境（包括个人的、社会的、职业的、科学的）下灵活转化、应用

和阐释，才能逐步形成数学素养，从而改变看待问题和处理问题的思维方式，改进生活方式甚至人生态度，形成思想结构，并逐步从数学思想结构走向学生数学核心素养结构，最终实现从数学核心素养结构走向人的发展核心素养结构。

（一）情境变换，逐步形成思想结构

从策略结构走向思想结构，教师不能局限于本学科领域，还要引领学生走向更广阔的科学、生活和社会领域，在多种不同的情境下灵活实践应用策略，逐步将学科策略凝聚为学科思想，融入生活中，成为一种思维方式、生活方式甚至人生的智慧，逐步形成学科思想结构。例如，当转化的策略上升到思想层面，就变成了学生重要的化难为易、化繁为简、化整为零等思维方式，变成了他们灵活应对各种人生问题的态度和智慧，使其逐步形成各自独特的思想结构，从而不断提升思想境界，获得核心素养的发展。

（二）思想积淀，不断完善思想结构

思想的积淀，需要靠人生阅历的不断丰富；而人生阅历不断丰富的过程，就是知识、方法、策略不断实践应用的过程。因此，思想的不断积淀，思想结构的不断完善，同样离不开知识、方法、策略的广泛应用作支撑。反之，思想结构的循环应用，能有效促进学科知识结构的自我建构，并不断内化上升为有益的方法结构、策略结构，促进学科能力结构、思想结构的不断完善，驱动未来发展的生活习惯、思维方式、情趣精神和价值取向。

从结构化的视角看，单元整体设计从单元核心元素发现开始，可以有效建构单元知识关联结构；在此基础上，进行单元核心方法的提炼、归纳、迁移、应用和有效统整，形成方法策略结构；并不断内化为学生的核心思想结构，逐步转化为学生的核心素养结构。

参考文献：

［1］钟启泉，崔允漷．核心素养与教学改革［M］．上海：华东师范大学出版社，2018.

［2］凯·斯泰西，罗斯·特纳．数学素养的测评：走进 PISA 测试［M］．曹一鸣，等译．北京：教育科学出版社，2017.

指向理解的大概念教学设计工具研究

孙 漪① 肖龙海②

新修订的普通高中课程方案明确指出："重视以学科大概念为核心，使课程内容结构化，以主题为引领，使课程内容情境化，促进学科核心素养的落实。"[1]可见，大概念的提出为核心素养的落地提供了路径。然而关于如何围绕大概念组织教学，依然缺少有效的实践和解决方案，因此我们需要从理论出发，厘清大概念的内涵和意义，在此基础上探索大概念教学设计工具，以推进大概念教学的应用与实践。

一、大概念的基本内涵

大概念（big idea），也被译为大观念，其根源可以追溯至1902年，杜威谈及与教师相关的学科知识，从而引出了大概念，并强调远离那些限制学生思考的传统事实和观念。[2]此后，美国教育心理学家布鲁纳在概念获得和螺旋式课程方面所做的工作[3]，正式让概念学习进入人们的视野。从历史上看，课程组织的逻辑似乎一直陷于心理逻辑和学科逻辑两极摆动的"钟摆困境"，然而杜威和布鲁纳分别作为持心理逻辑和学科逻辑两端的代表人物，他们实际上都非常重视学科逻辑和心理逻辑，且认为它们是不矛盾的。[4]可以说，大概念的提出，正是建立在这二者统一的基础之上，从而为课程编制和教学设计提供了新的思路。

当下越来越多的学者开始重视大概念的作用，并对大概念做出了不同的解释和界定。克拉克引用了布鲁纳的论述，他将"大概念"等同于"概念"（concept），强调大概念的作用是能够连结许多的小概念，以此为学习者提供一个框架或结构，就像一个文件夹，可以在其中归档几乎无限数量的信息。[5]查尔斯结合自己对数学学科的理解和实践，认为大概念是将众多学科理解联

① 孙漪，浙江大学教育学院课程与教学论专业硕士研究生。
② 肖龙海，浙江大学教育学院课程与学习科学系教授、博士生导师。

系在一起的关键概念。[6] 威金斯则认为，大概念并不是指学科中的基础概念或重要概念，也不是包含了很多内容的词语，而是指核心概念，是通过深入探究得到的来之不易的结果，体现了专家的思维和感知方式。[7] 埃里克森着眼于大概念与思考的联系，指出大概念是统整思考以达到概念性理解（通则及原理）的概念性想法。[8]

此外，针对大概念的特征和属性，不同研究者也对大概念做了分类。查尔默斯等人从概念形式的角度，将大概念分为内容大概念和过程大概念；并从与学科关系的角度，将大概念分为学科内大概念、跨学科大概念和包容大概念。[9] 米切尔等人从概念内涵的角度，将大概念分为关于内容的大概念、关于学习的大概念和关于领域的大概念。[10] 埃里克森从概念范围的角度，将概念分为宏观概念和微观概念，宏观概念可以解决广度问题（更强的跨情境迁移性），微观概念可以解决深度问题，因而在单元设计时，应该有一至两个宏观概念，而多数的单元概括需使用微观概念以保证理解深度。[11] 哈伦同样也从概念范围的角度，将概念分为大概念和小概念，但与埃里克森不同的是，哈伦并不建议学习时有过多的小概念，因为这样可能会失去概念之间的联系，导致难以聚合成大概念。[12]

由此可见，大概念是一个具有复杂教育内涵的当代术语，只有深入把握和理解大概念，才能更好地在实践中以大概念来统整课程与教学。基于以上梳理，大概念的内涵可以概括为以下几点：第一，大概念是具有概括性、生成性和真实性的上位概念。大概念超越特定的知识范围，也不局限于具体的事实和技能，而是关注更大的概念、原则和过程，并将其运用到真实的情境之中，它既能纵向联系起学科内部知识，又能横向联系起跨学科知识，还能沟通学校教育与现实世界，是持久的、可迁移的。第二，大概念并不是无限大的。从理论上说，大概念可以高度抽象至用一个概念解释一切事物，但过大的概念不利于指导教学和关注具体的课堂活动，因而要从实际的教学情况出发，选择适当水平的大概念。第三，大概念有多种表现形式。大概念并不局限于“概念（concept）”，只要符合大概念的关键特征，能够促进学生理解与迁移的概念、原理、原则、策略乃至技能，都可以称为大概念。

二、大概念指向学生的理解

新修订的布鲁姆教育目标分类学将知识分为四种类型：事实性知识、概念性知识、程序性知识和反省认知知识，并提出理解是将新知识整合进原有图式和认知框架的过程，而概念是图式和框架的砖瓦，所以概念性知识是理解的基石。[13]但是该分类几乎没有阐明事实性知识、概念性知识、程序性知识和反省认知知识之间的关系，也没有深入解释每种类型知识的本质，甚至给人一种错觉，即四种类型的知识是完全独立的实体。相较之下，埃里克森对知识结构的分类则更为简单，并指明了事实性知识和概念理解之间的关系：埃里克森认为事实对应知识，概念对应理解；事实性知识不会迁移，但概念理解会迁移。[11]

《学习、教学和评估的分类学》中有这样一个问题："比如，数学是一些要去识记的、孤立的知识，还是一种要被理解的、有组织的和连贯的概念系统？"[13]答案显然是后者，因为我们如果把教学内容当作一系列需要学习和应用的步骤，这样的教学往往包含的理解力有限。而我们强调和重视大概念，就是因为它能帮助理解。"大概念是理解的建筑材料，它们可以被认为是有意义的模式，使人们能够连接原本支离破碎的知识的点。"[14]正如《人是如何学习的：大脑、心理、经验及学校》中所说，"为了发展在探究领域的能力，学生必须在概念框架的情境中理解事实和观念"[15]。

早在三十多年前，珀金斯和萨洛蒙就指出，迁移涉及从一个情境中抽象出来并寻求与其他情境联系的反思性思维，如果所教授的知识和技能是局部而琐碎的，那么即使是最巧妙的教学设计，也不会引起迁移。[16]换句话说，理解必然是超越知识本身的，它是关于知识迁移的，所以我们必须围绕抽象概念来组织我们的课程和教学，因为"只有在概念理解的层次上，迁移才会发生"[11]。达林－哈蒙德也强调了概念学习之于理解的重要性，提出要围绕核心概念和联系去组织知识，以帮助学生明白那些看起来好像没有联系或是没有意义的事实。[17]因而我们的课程以及教学都需要在概念框架内进行，围绕大概念去建构知识，从而促进学生的深度学习和理解。

三、大概念教学设计工具

以大概念来组织教学，在我国教育界大有风云乍起之势，然而我国的研究似乎更注重学理阐释，大概念教学真正落地却困难重重。原因是多方面的，我们认为，其中一个重要的因素是教师缺乏实用、具体的大概念教学工具。由此，我们从目标、活动、评价设计出发，在总结国内外教学理论与实践的基础之上，设计了几大工具，以期为教学实践提供参考。

（一）目标设计

确定大概念目标是进行大概念教学设计的起点和关键，也是一大难点。如果学习目标停留在覆盖事实和技能而不追求深入的理解，用新的实践来包装旧的目标上，这样的教学只能说是打着大概念旗号的传统灌输式教学。确定合适的大概念目标可以采用以下工具。

1. 工具一：追问法

通过连续的追问来确定大概念，比如，为什么要学习这个内容？学习后学生能获得什么？确定的大概念能引起有意义的联系吗？能够促进学生的积极探究和思考吗？与该大概念目标相关的知识和技能目标是什么？等等。例如，《科学的五个大概念》（*The Five Biggest Ideas in Science*）就通过一系列的问题来确定科学学科中的大概念：①物质的基本组成部分是否存在？如果存在，它们长什么样？答：原子的物理模型（大概念 1）。②不同种类的原子（宇宙的基本组成部分）之间存在什么关系（如果有的话）？答：化学周期律（大概念 2）。③宇宙中的原子从何而来，它们的命运是什么？答：天文学的宇宙大爆炸理论（大概念 3）。④宇宙物质在地球上是如何排列的？答：地质学的板块构造模型（大概念 4）。⑤地球上的生命是如何起源和发展的？答：生物学的进化论（大概念 5）。[18]

2. 工具二：高频法

寻找课程标准或教材中高频率出现的名词或短语，以此作为大概念。以高中语文实用文为例，“实用性阅读与交流”是我国《普通高中语文课程标准（2017 年版 2020 年修订）》中提出的任务群之一，其中明确指出“本任务群旨在引导学生学习当代社会生活中的实用性语文，包括实用性文本的独立阅读与理解，日常社会生活需要的口头与书面的表达交流……增强适应社会、服务社会的能力”[19]。我们应该能够敏锐地抓住其中的高频关键词“社会生活”“生活需要”，明确让学生学习实用文的最终目的是为了应用，指向真实的生活情境，由此可以确定实用文教学的大概念是“实用文的目的是为了解决生活中的实际问题”。

3. 工具三：归纳法

大概念可以从课程标准、政策文件、核心素养、教科书等多个来源获得，但显然不能照搬照抄，而当相关内容在不同材料中都有涉及时，我们就可以采用归纳法来确定大概念。例如，查尔默斯等人在设计“多地形救援车的设计”的 STEM 课程单元时，就通过分析机器人学的相关知识和 STEM 课程文件、网站、文本和期刊文章等资料，归纳了以下大概念：齿轮、速度和扭矩（科学）、传动比（数学）以及电子数据处理和平衡（技术/工程）。[9]

（二）活动设计

为了让学生对大概念有深入的理解，我们的立足点需要放在学生的学习活动上。教师不是面面俱到、浅层次地讲授所有知识，而是通过设计学习活动激发学生的思考，促进学生的主动学习，由学生自己理解基本概念并加以迁移运用。学习活动的设计并不是一件容易的事情，我们提供了以下工具为教师设计学习活动打开思路。

1. 工具一：假设模式

马扎诺总结自己的研究指出，通过学习活动或任务，为学生提供产生假设和检验假设的机会，已被证明能产生实质性的学习收益。[20]这很可能是因为生成和验证假设的过程涉及学生对概念原先的看法，所以从学生的假设可以看出他们对概念最初的理解，而验证假设则是使他们意识到新知识是如何挑战或者证实他们之前的理解的过程。

大概念下的假设模式教学不是简单的“提出问题—回答问题”的过程，更不是“教师问—学生答”的过程，它强调学生的探索和实践。在这一模式之下，首先教师要设定相关的情境，使大概念教学目标贯穿其中，引导学生自己提出相关假设。其次教师要为学生的探究提供“脚手架”，例如，马扎诺和肯德尔提出了一个针对中学生假设学习的框架，即假设的提出和验证都需要有根据、支撑和限制条件，[21]从而使探究更有针对性。学生验证假设是该模式最重要的一环，因为对学生而言，他们做出预测并努力证实或推翻这些假设的过程，是一种强有力的学习经验。[22]教师可以通过实验探究、解决问题、制定决策、调查发现等活动和任务让学生检验他们的假设，从而使学生对概念之间的关系有更细微或更复杂的理解，达到概念迁移的目的。

2. 工具二：工作坊模式

工作坊（workshop）一词最早出现在教育与心理学领域，是一种共同思考、探讨和交流，以鼓励参与、创新并找出解决对策的方法，将工作坊模式引入教育教学领域，已经成为国际上十分流行的教学模式。[23] 作为一种参与式、互动式的教学模式，以此来组织大概念教学，特别是针对语言、艺术、社会等学科，尤为有效。

在工作坊模式下，教师在上课开始时提供相应的指导和策略，然后在剩下的时间里由学生自己进行练习和思考。以议论文写作教学为例，教师可以先提出一个论点，然后简短介绍如何进行议论文的写作，接着让学生自己练习，之后教师对涉及的相关大概念再次进行讲解，比如，如何写出强有力的论点，如何进行驳论等。工作坊模式的重点在于“工作”，因此教师的讲解应少而精，课堂的大部分时间都要用于学生的“工作”和练习，教师则需要提供具体、积极的反馈。

3. 工具三：项目式学习模式

项目式学习能为学生提供意义，使学习更具组织性和真实性，是一种更具相关性和包容性的教学。理解可以通过进行富有挑战性的活动来发展：与一群学生共同完成一个项目（对教师来说，这同样是一次具有挑战性的表现性任务）[24]，所以项目式学习与大概念教学是完全兼容的。那么教师应该怎样创设适合的问题情境和项目呢？我们可以借助威金斯的 GRASPS 模式（图1）来设计。教师在创建情境的过程中，应注意所有的任务都是紧密围绕着大概念进行的，而非零散的活动。此外，还需要认识到，一个项目并不是短短的一两节课就能完成的，短时间内也无法实现大概念的深入发展，更遑论知识的迁移和应用了，因而我们建议在单元教学甚至更长时间的项目中使用这一模式。

目标

- 你的任务是________________。
- 目标是________________。
- 困难和挑战是________________。
- 需要克服的障碍是________________。

角色

- 你是________________。
- 你被要求去________________。
- 你的工作是________________。

对象

- 你的客户是________________。
- 要服务的对象是________________。
- 你需要说服________________。

情境

- 你发现你所处的情境是________________。
- 挑战包括处理________________。

产品、表现和目的

- 你将创造一个________________，

为了________________。

- 你需要开发________________，

以使________________。

成功的标准与指标

- 你的表现需要________________。
- 你的工作通过________________来判断。
- 你的产品必须符合以下要求________________。

图 1　GRASPS 模式[25]

4. 工具四：个性化学习模式

个性化学习通常被认为需要科技的支持。科技的确能够帮助学习者更好更快地学习知识，但这并不是绝对的。我们需要思考如何在不依赖技术的情况下，通过合理的教学手段和方法达到个性化教学的目的。大概念教学能够为学生提供更多的话语权和选择权，从而实现学生的个性化学习。因为教师可以利用概念性问题进行丰富的讨论，不同的学生可以通过自己的思考和探究得出不同的结论，正如埃里克森所说："概念为本的课程为有效实施差异化教学提供了肥沃的土壤。"[11]只要始终保证概念理解是目标，教学个性化与差异化的实现就不是难题。学生在特定情境中使用事实基础来揭示概念关系，通过讨论和活动进行价值和意义建构，并将理解迁移到新情境中去。学生迁移的实践越多，他们的学习就越深入。

个性化学习包含四个要素：素养本位的进步（Competency - Based Progression）、灵活的学习环境（Flexible Learning Environments）、个人学习路径（Personal Learning Paths）以及学习者档案（Learner Profiles）。尤为重要的是，个性化课堂的教学目标需要通过大概念贯穿始终，根据学生不同的理解层次，使学生能够按照自己的节奏和顺序进行学习。

（三）评价设计

大概念教学需要我们将目标、教学、评价视为一个系统，在这个系统之中，每个相互依赖的方面对学生的知识获取都十分重要。评价对学生的认知发展起着重要的作用，其设计需要遵循以下原则：（1）设计在智力上具有挑战性的表现性评价，允许学生真实与规范地学习和运用所需的概念和技能；（2）以评价工具的方式为学生努力提供指导；（3）使用形成性评价指导师生对教学决策的反馈。[17]需要注意的是，有效的评价并不是单一的，在我们倡导表现性评价的同时，并不意味着要完全摒弃传统的标准化测验以及一些非正式检查（如口头提问、观察、对话等），表1总结了在大概念教学中可以使用的一些评价工具，设计者应该根据教学内容选择合适的评估类型，综合使用各种评价方式。

表 1 评价设计工具

工具	内涵	示例
表现性评价	通过真实的表现性任务，要求学生进行研究、解决复杂问题或创造性地写作，并在项目、论文、展览中展示他们的学习结果	加拿大安大略省某位四年级教师，结合本省教学大纲的要求，设计了“假设你是某省份的大使，写一封信给你异国他乡的亲朋好友，向他/她介绍你热爱和代表的省份”的表现性任务，并通过“怎样才是一封成功的介绍自己国家某一省份的书信”的概念性问题，引导学生自己总结评价标准，促进学生概念的生成与应用[26]
量规	量规由固定的测量等级组成，依据不同等级拟定出不同的表现行为，并对其进行详细描述。从理想上来说，量规是由学生和教师共同设计的，量规常与表现性评价相结合	英国国家课程标准中包含了一套关于各学科的纵向量规和学生作品范例。例如，对大概念目标“科学探究”的评价，该标准提供了 5 岁至 16 岁学生的理解水平的量规，共分为 8 个水平，并描述了杰出表现的标准[7]
班级讨论	通过班级的结构化讨论来审查观点及解释，以讨论和对话来引起学生的认知冲突从而帮助其纠正错误概念，获得新的观点。教师观察学生的讨论和互动，建立规范并给出非正式评价和反馈	在一个为期一个月的“扔鸡蛋”项目中（小组为生鸡蛋设计容器，使生鸡蛋从二楼落下而不被摔碎），全班有三次机会聚在一起讨论他们的进展。讨论由教师引导，通过讨论引出学生对关键概念（压力、运动、重力、加速度）、混淆概念、误解、进度及经验的理解，并鼓励小组在讨论中使用“工作”中遇到的具体实例[27]
写日志	学生将学习过程中的感受、疑问、联想、总结、反思等以日志的形式记录下来，教师予以批阅和记录，这是一种师生平等对话的评价方式	在学习化学必修 1“硫和氮的氧化物”一课中，教师采取探究实验教学的方法，让学生分组完成二氧化硫水溶液的性质实验后，写下反思日志。学生根据所学，针对实验给出了自己的猜想，并自主设计了验证实验，体现出了对概念的深度理解和迁移。教师在班级展示优秀的反思日志，并提出学习其钻研和思考的态度及方法[28]
档案袋评价	对学生的代表作品进行归档，涵盖了一项任务从开始到完成阶段的学生作品、反思和评价，为评价学生过去一段时间的表现和所取得的进步提供参考	在“艺术 + 过程”的项目中，学生创造一个艺术作品，以认识当代艺术家和探索艺术过程的重要概念。学生创建自己的艺术作品，并使用教育发展中心提供的在线档案袋评价工具与大家进行分享

参考文献：

[1] 中华人民共和国教育部. 普通高中课程方案（2017 年版 2020 年修订）[S]. 北京：人民教育出版社，2020.

[2] Smith III J P, Girod M. John Dewey & psychologizing the subject – matter: big ideas, ambitious teaching, and teacher education [J]. Teaching and Teacher Education, 2003, 19 (3): 295 – 307.

[3] 布鲁纳. 教育过程 [M]. 邵瑞珍，译. 北京：文化教育出版社，1982.

[4] 刘徽. "大概念"视角下的单元整体教学构型——兼论素养导向的课堂变革 [J]. 教育研究，2020 (6): 64 – 77.

[5] Clark E. Designing and implementing an Integrated Curriculum: A Student – Centred Approach [M]. Brandon, Vermont: Holistic Education Press, 1997.

[6] Charles R I, Carmel C A. Big ideas and understandings as the foundation for elementary and middle school mathematics [J]. Journal of Mathematics Education, 2005, 7 (3): 9 – 24.

[7] 格兰特·威金斯，杰伊·麦克泰格. 追求理解的教学设计（第二版）[M]. 闫寒冰，宋雪莲，赖平，译. 上海：华东师范大学出版社，2017.

[8] 琳恩·艾瑞克森，洛蕙丝·兰宁，瑞秋·法兰琪. 创造思考的教室——概念为本的课程与教学 [M]. 刘恒昌，译. 新北：心理出版社，2018.

[9] Chalmers Chalmers, Merilyn Carter, Tom Cooper, Rod Nason. Implementing "Big Ideas" to Advance the Teaching and Learning of Science, Technology, Engineering, and Mathematics (STEM) [J]. International Journal of Science and Mathematics Education, 2017, 15 (1): 25 – 43.

[10] Mitchell I, Keast S, Panizzon D, et al. Using 'big ideas' to enhance teaching and student learning [J]. Teachers and Teaching, 2017, 23 (5): 596 – 610.

[11] 林恩·埃里克森，洛伊斯·兰宁. 以概念为本的课程与教学：培养核心素养的绝佳实践 [M]. 鲁效孔，译. 上海：华东师范大学出版社，2018.

[12] 温·哈伦. 以大概念理念进行科学教育 [M]. 韦钰，译. 北京：科学普及出版社，2016.

[13] 安德森. 学习、教学和评估的分类学——布卢姆教育目标分类学修订版（简缩本）[M]. 皮连生，主译. 上海：华东师范大学出版社，2008.

[14] Whiteley M. Big Ideas: A Close Look at the Australian History Curriculum From a Primary Teacher's Perspective [J]. Agora, 2012, 47 (1): 41 – 45.

[15] 布兰思福特. 人是如何学习的：大脑、心理、经验及学校（扩展版）[M]. 程可拉，孙亚玲，王旭卿，译. 上海：华东师范大学出版社，2012.

[16] Perkins D, Salomon G. Teaching for transfer [J]. Educational Leadership, 1988, 46

（1）：22 -32.

[17] 琳达·达林·哈蒙德. 高效学习：我们所知道的理解性教学 [M]. 冯锐，等译. 上海：华东师范大学出版社，2010.

[18] Charles M. Wynn, Arthur W. Wiggins. The Five Biggest Ideas in Science [M]. New York: John Wiley & Sons, 1996.

[19] 中华人民共和国教育部. 普通高中语文课程标准（2017 年版 2020 年修订）[S]. 北京：人民教育出版社，2020.

[20] 罗伯特·J. 马扎诺. 教学的艺术与科学：有效教学的综合框架 [M]. 盛群力，唐玉霞，曾如刚，译. 福州：福建教育出版社，2014.

[21] Robcrt J. Marzano, John S. Kendall. The New Taxonomy of Educational Objectives [M]. Newbury Park: Corwin Press, 2006.

[22] Jerome S. Bruner. Beyond the Information Given [M]. New York: W. W. Norton & Company, 1973.

[23] 葛桦. "实践教学工作坊"的设计与应用 [J]. 教育理论与实践，2011，31（6）：45-47.

[24] Blythe T. Teaching for Understading and Other Educational Practices [A]. Blythe T. & Associates, The teaching for understanding guide [C]. San Francisco: Jossey - Bass, 1998: 157 -170.

[25] 格兰特·威金斯，杰伊·麦克泰格. 追求理解的教学设计（第二版）[M]. 闫寒冰，宋雪莲，赖平，译. 上海：华东师范大学出版社，2017.

[26] 陈晓晶，张丰. Success Criteria：学生主导的学习任务评估 [J]. 基础教育课程，2016（1）：82 -88.

[27] The emergence of mathematical meaning: Interaction in classroom cultures [M]. London: Psychology Press, 1995.

[28] 张晓花，王伟群. 高一新生化学反思日记的应用研究 [J]. 化学教学，2018（12）：13 -17.

基于核心素养的学科大概念及其教学策略

胡玉华①

为了避免学生对科学内容知识的学习出现碎片化、只记忆繁杂的事实和表象性概念、缺乏对知识的深层理解等表浅学习现象，国内外学者提出了大概念的教育主张[1][2][3]，强调在教学内容的选择、组织和设计过程中以大概念为核心，实现教学内容的“少而精”，这样才有助于学生的深度学习，促成知识向素养的转化。“什么是大概念、大概念有什么教学价值、如何围绕大概念组织教学”成为教育工作者共同关注的热点话题，也是一线教师必须面对和亟须解决的问题。

一、对大概念及其内涵的理解

英国教育专家温·哈伦指出，科学教育绝不是学科事实和基本理论的简单堆砌，而是实现一个向大概念逐渐趋近的过程，这样才有利于学生解决与他们生活紧密相连的问题。[1]2017 年颁布、2020 年修订的普通高中各学科课程标准不约而同地提出“以大概念促进学科核心素养的落实”，强调教师在组织教学内容时要摒弃碎片化知识结论的堆砌，重视以大概念为统摄的知识结构化设计。可见，以大概念为核心开展各学科教育教学活动已成为当前教育的发展趋势和热点议题，也是各学科落实核心素养的重要途径。

那么，什么是大概念？在科学教育中，要帮助学生建构整合各个信息片段的、具有逻辑内聚力的知识结构，并将各个片段汇集到上述的全信息结构之中，而这个结构体系的核心就是大概念。[4]美国课程专家马克·威森指出大概念居于学科知识领域的中心，具有普适的、持久的解释力。它们是学科中各种概念、原理、规律建立内在联系的根源。学生对大概念的理解应该随着认知能力和经验的增长而逐级加深。[5]梅查尔斯认为大概念是学科知识的主干，是学生忘记了具体的学科内容后仍然能够继续探索的知识。他强调大概念可以揭示知识之间的联系并会随着学生年级的增长而被以更复杂的方式深入理解。[6]

---

① 胡玉华，北京教育学院教授。

我国学者形象地将大概念比喻为细胞中的细胞核[3]，从结构上看它位于细胞中心，外围有细胞质和细胞膜；从功能上看它是生命活动的控制中心，控制着生物的生长、发育、遗传、变异等全过程。大概念正如细胞核，位于学科知识结构的核心，统摄着学科的其他概念与事实。其他知识的学习逐渐向大概念趋近，最终实现对大概念的深度理解和掌握。

笔者认为，大概念是居于学科中心构成学科骨架的、能反映学科本质特征的概念。它不同于普通的科学概念，它是学科思想方法和学科理论体系的负载体，能揭示学科知识内容之间的普遍联系并能反映学科本质。例如，生物学学科大概念“细胞是生物体结构与生命活动的基本单位”，不仅揭示了形态各异的生物体在结构和功能上的本质特征，还揭示了认识生物体结构及其生命活动的思维路径；既是生物学学科知识，又反映了学科思想方法。

不难看出，大概念不同于一般的科学概念，它相当于学科知识的“聚合器”，能把不同的知识聚合起来，揭示知识之间的内在联系。

大概念具有三个基本特性：一是思想方法性。大概念反映学科本质，本身就蕴含着学科的思想方法，是认识学科问题的一种视角和方法。例如，“细胞是生物体结构与生命活动的基本单位”这一大概念，反映的是自然界中形形色色的生命存在形式和生命活动现象的根本属性、基本规律，不仅揭示了生命及其活动的本质特征，还为我们提供了分析生命现象的思路和视角。二是普适性。大概念是具有广泛解释力的概念，不仅可以用于解释、理解现实生活和生产实际中遇到的各种学科问题，还可以对一些现象做出预测和推断。例如，依据“生物体结构与功能相适应”这一大概念，当我们观察到某动物的脚趾间长有蹼时，可以推测它生活在水中或湿地，还可以推测它会游泳。三是统摄性。大概念是学科的骨架，可以统摄其他的学科概念和相关事实，使它们构成一个有机的整体。例如，“生物与其生存环境相适应”这一大概念，可以统摄种群、群落、生态系统、食物链、食物网等诸多概念，使其成为以大概念为核心的整体结构。

依据诺瓦克概念地图模型以及各学科的课程标准对大概念及重要概念的描述，笔者构建了大概念统摄下的知识层级结构图（图 1）。该结构图强调了知识不是概念与事实的简单堆积，而是一个有机的整体，知识之间存在着不可裂割的相互连接。

该结构图由四个层级组成，呈现了从事实开始，依次递进，直至大概念

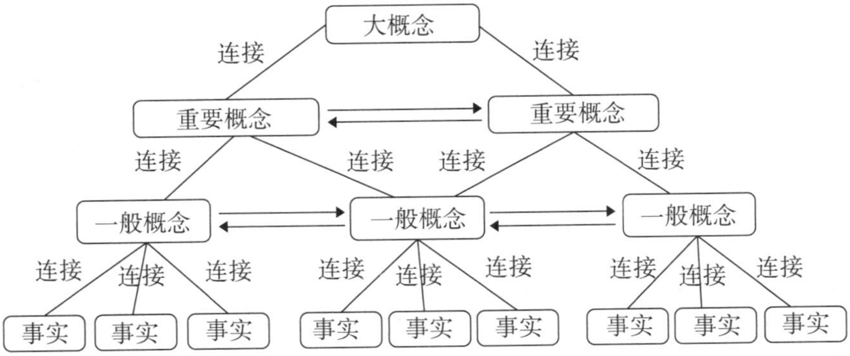

图 1　大概念统摄下的知识层级结构图

的过程，层级越高，解释力越强。

在这个层级结构中，事实是认识科学现象的基本起点，通过对相关事实的认知归纳概括出一般概念。这里的事实包括了大量的具体的客观事件（如洋葱的表皮是由扁平状的细胞构成的、人的口腔上皮细胞没有细胞壁等）以及实验数据结果（如洋葱表皮细胞直径约为 50μm、正常人体细胞含有 23 对染色体等）等，其特点为：（1）可通过直接的观察测量获取，（2）可被反复证明。

一般概念与事实直接连接，但概括性高于事实，需要对事实加以分析归纳，得出一个客观的结论。例如，植物细胞具有细胞壁而动物细胞没有细胞壁，大多数细胞都具有细胞膜、细胞质、细胞核等结构，等等。两个或两个以上的一般概念按照一定的逻辑关系连接在一起形成重要概念。重要概念具有更高的概括性，它不仅可以揭示一般概念之间的内在联系，还具有一定的普适性和迁移应用价值，例如，“细胞是构成生物系结构的基本单位”这一重要概念，从结构角度阐释了不同形态生命体的本质特征。由于重要概念更接近大概念，其解释力比一般概念有更大的空间。大概念位于知识层级结构的最高层，埃里克森将其称为“概念聚合器”[7]，它将相关的事实和不同层级的概念聚合为一个统一的整体，即将大量的知识聚合成少量的普适性的认识，这种普适性认识的解释力和迁移价值会更高，学生一旦理解了大概念，不仅能解决新情境中的新问题，通过大概念的迁移应用，还能解释与他们生活和生产实际密切相关的问题。这样一来，学生不但减轻了学业负担，不必再面面俱到地学习大量的表浅知识，而且提升了分析问题、解决问题的能力，这正是大概念受到国内外学者广泛关注的原因所在，也是大概念的教学价值所在。

二、围绕大概念组织教学的策略

大概念是表浅学习向深度学习转化的一个抓手，国内外学者普遍认为，围绕大概念组织教学是一种经济且有效的教学方式；教学内容围绕大概念展开，教学活动帮助学生建构大概念，有助于学生对学科内容的深度理解和迁移应用。

依据埃里克森概念教学模式，笔者构建了围绕大概念的教学设计程序和方法，由四个主要环节构成，具体如图2所示。

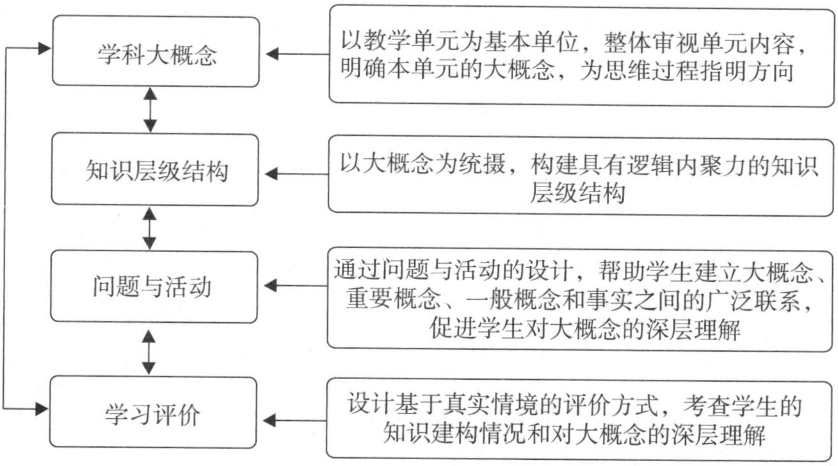

图2　围绕大概念的教学设计程序和方法

（一）审视单元知识内容，明确学科大概念，把握教学核心

在审视单元知识内容时，我们首先要考虑的是，什么知识是最有价值、最能转化为素养的知识？围绕大概念组织并开展教学活动，有助于学生对知识的深入理解和迁移应用，也有助于发展学生的学科核心素养。因此，单元知识中大概念是核心，教学应该直接指向大概念的形成。

但现实的教学中，仅仅停留在零散事实和孤立知识点记忆层面的表浅学习并不少见。这与部分教师对大概念的理解不到位、对教学核心把握不准确有直接关系。

1．案例分析

以生物学学科中的“细胞”概念教学设计（图3）为例加以阐释。

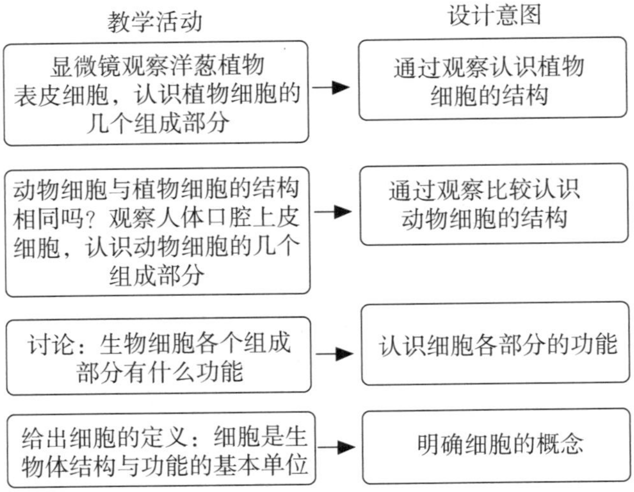

图3　“细胞”概念教学设计图示

该教学尽管设计了学生的观察体验活动，也引导学生进行了比较分析，但教师基本的关注点在于让学生记住植物细胞有哪些结构、动物细胞有哪些结构、各结构分别有什么功能，最后让学生死记硬背细胞的定义。这样的教学没有让学生体验到细胞（微观）与生物体（宏观）之间的联系，学生只记下了动植物细胞的组成、功能等零散的知识和细胞的定义，而没有理解概念的本质（细胞的“单位”属性），也就不能从生物体这个宏观的视角去理解它的微观本质。这样的定义在学生的头脑中只有短暂的寿命，很快就会被遗忘，不利于学科核心素养的提升。“科学教育不是给学生讲授一些零碎的、不连贯的知识片段和堆积在一起的科学定律，而是需要围绕涉及重要科学领域的有结构、有联系的科学核心概念和模型——大概念来进行学习。”[2]

2. *教学改进*

如果是围绕大概念的教学，首先，要以“自然界中有多种多样的生物，其结构的基本单位是什么”为驱动性问题，引导学生通过类比活动感知细胞的存在，并认识到身边的动物、植物以及人体本身都是由细胞构成的，从而认识到“各种各样的生物体本质上有着共同的结构基础，细胞是构成它们的基本单位”。其次，在此基础上，使学生通过学习，了解“尽管组成不同生物体的细胞在形态上有所差别，但基本结构都包括了细胞膜、细胞质和细胞核三个部分，不同的部分具有不同的功能”。最后，提出问题：“细胞能进行生命活动吗?”引导学生认识“每一个细胞都相对独立地生活着，是有生命的，正因为如此，生物体才表现出生命现象”，帮助学生在宏观现象与微观本质之间建立起联系。改进后的教学思路如图 4 所示。

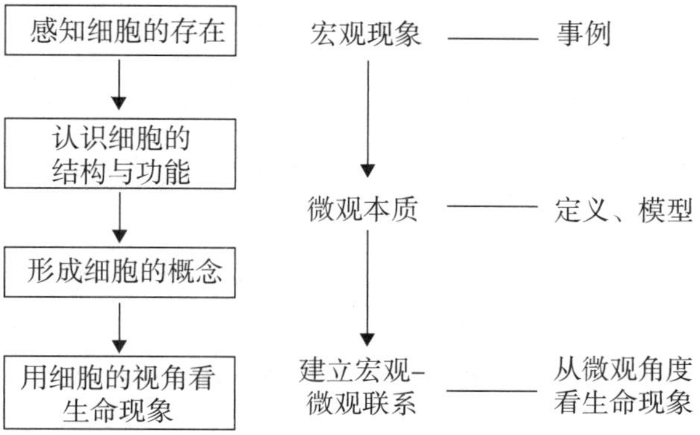

图 4　改进后的“细胞”概念教学思路

可见，围绕大概念的教学并不是孤立地记忆概念定义，而是首先要明确本单元的大概念是什么，然后自始至终都要以这个大概念为核心，让学生认识概念的本质和概念间的联系，促进学生对大概念的深层理解。

（二）以大概念为统摄，构建具有逻辑内聚力的知识层级结构

1. 构建方法

首先，审视单元知识内容，明确这些知识之间存在怎样的层级关系，并区分出不同知识在教学中的地位，即区分出本单元的大概念是什么，这些大概念又可分解为哪些重要概念，支撑重要概念建构的一般概念和事实又有哪些。其次，以大概念为统摄，将单元知识内容按照内在逻辑关系建立起合理的连接。

2. 案例分析

依照上述方法和图 1 的模式，建构“细胞”单元的知识层级结构，具体如图 5 所示。

以大概念“细胞是生物体结构与生命活动的基本单位”为统摄，把单元中各个层级的知识内容聚合成一个具有逻辑内聚力的整体，知识之间的普遍联系被整体呈现出来。这种围绕大概念建构的知识层级结构能够把零散的事实、一般概念和重要概念等信息连接起来，并解释它们之间的相互关系。学生拥有这样的知识结构更易洞察事物的本质，也能把所学知识迁移应用到新情境中，从而真正促进素养的提升。

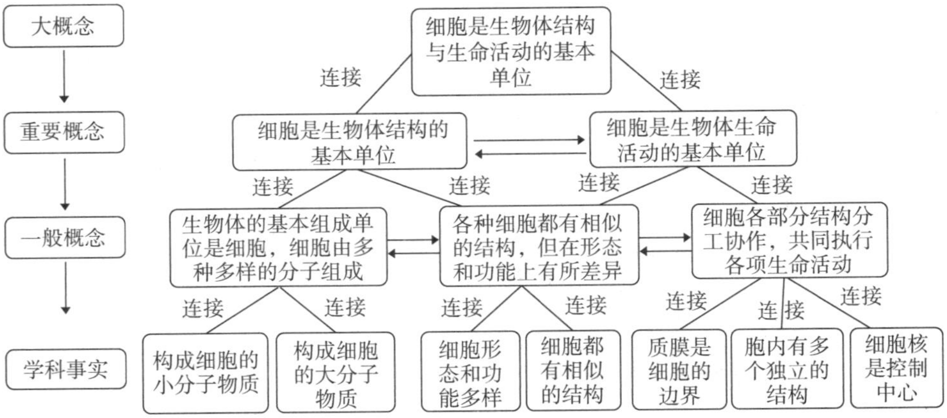

图5 大概念统摄下的“细胞”单元知识层级结构图

（三）通过驱动性问题与活动设计，促进学生对大概念的深层理解

在组织教学时，教师要引导学生自下而上地进行归纳概括，即从学科事实出发，去分析与之相对应的一般概念，一般概念又可汇入具有更大解释力的重要概念，不同的重要概念相互关联形成大概念。所以，整个教学过程就是向大概念逐级趋近的过程，重在帮助学生形成合理的知识结构以及分析、解决问题的视角与方法。

可采取以问题为驱动、精心设计多样化活动的教学策略，促进学生对大概念的理解。例如，生物学学科中“空中飞行的动物”单元，教师围绕大概念“生物体结构与其功能相适应”进行了如表1所示的问题与活动设计。

表1 “空中飞行的动物”单元问题与活动设计

驱动性问题	活动设计	学生认识发展
问题1：哪些动物能够飞行	观看不同类群的动物图片，观看鸟类飞行的录像	在观察中感受鸟类具有飞行功能
问题2：像家鸽这样善飞行的鸟类体形是怎样的，这与飞行功能又有怎样的关系	图片观察与资料分析：家鸽体形特点、羽毛类型	从家鸽的外部体形、羽毛等方面思考鸟类在形态上如何适应飞行功能
问题3：为什么鸟扇动翅膀能飞，与扇动翅膀有关的内部结构是什么	观看家鸽飞行的录像、资料，分析鸟类的骨骼和肌肉的特点	由表及里分析家鸽的运动系统适于飞行功能

续表

驱动性问题	活动设计	学生认识发展
问题 4：鸟类在空中飞行需要消耗大量的能量，能量来自哪里	阅读资料，分析鸟类消化系统的特点，比较鸟类消化系统结构与其他类群动物消化系统结构上的异同	由现象到原因深入思考家鸽的消化系统、呼吸系统、循环系统如何适于飞行功能
问题 5：鸟类通过什么结构来满足在飞行时对氧气的需要量	播放鸟类气囊的解剖录像，播放鸟类双呼吸过程的模拟动画	
问题 6：发达的心脏所完成的双循环对飞行有什么意义	观察鸟类心脏和血液循环的图片，阅读相关资料，分析鸟类血液循环的特点	
问题 7：鸟类的身体各部分是如何协调配合共同完成飞行的	播放鸟的飞行录像，观察分析其身体各部分如何协调配合共同完成飞行	归纳总结、抽象概括
问题 8：家鸡和家鸭能长途飞行吗？为什么	观察家鸡和家鸭的外形图和解剖图，验证所得结论	迁移应用

可见，围绕大概念组织教学，其教学策略关注的不是具体知识的简单记忆，而是通过设计与大概念相呼应、具有挑战性的驱动性问题和学习活动，组织学生经历观察体验、分析推理、抽象概括等思维过程，促进学生认知活动经验的积累，提升学生分析和解决问题的能力，促进知识向素养的转化。

学生认识的发展是在一系列问题的驱动下进行的，因此，问题系列既是教学中教师引导学生进行积极思维的手段，也是实现教学目标的策略。针对驱动性问题设计多种多样的体验性活动，引导学生通过观察、比较、概括、迁移等思维活动，经历“直观（形成表象认识）—抽象（概括出本质特征、建构概念）—应用（解决、解释问题）”的过程，将相关知识建立联系，形成知识结构，这样的设计改变了以往以具体事实记忆为主的教学，使学生在解决问题的过程中提升了认识能力，逐步加深了对大概念的理解。

（四）设计基于真实情境的评价方式，考查学生对大概念的深层理解

由于素养是学生面对真实、复杂情境时解决问题的能力和表现出的品格，因此基于真实情境的评价成为核心素养评价的主要方式。其特点为：（1）真实情境，（2）聚焦学科核心素养以及支撑该素养的大概念，（3）富有挑战性的复杂任务。评价的方式可以是制作、项目、设计、课题、论文以及开放性测试题等。

例如，在考查学生对“生物进化”概念的理解时，教师设计了以下的情境和问题。

现代马的体形多为流线型，且可以快速奔跑。科学家找到了与现代马相似的动物骨骼化石并认为它们可能是现代马的祖先，表格中提供了三种化石和现代马的资料。

动物名称	始马	中马	草原古马	现代马
生存的时期	5000 万到 5500 万年前	3100 万到 3900 万年前	1100 万到 1900 万年前	200 万年前到现在
腿的骨骼（相同比例）				

问题 1：表格中的什么证据证明了现代马是从其他三种动物随时间演化而来的？

问题 2：要想证明现代马是如何进化来的，科学家还需要做哪些研究？

问题 3：下列关于进化论的四个描述，你认为哪一个最准确？

A. 该理论不可信，因为不可能看到物种是怎样进化来的

B. 进化论只适用于动物，不能应用于人类

C. 进化论是迄今为止建立在广泛观察基础上的科学理论

D. 进化论是得到了科学实验验证的理论

从这个测试题可以看出，该评价不偏重于具体的、零散的知识再现，而是让学生面对复杂的、富有挑战性的任务，考查他们对概念的理解程度以及利用证据做出解释的能力。要想解决问题，学生需要利用情境中的信息和学过的知识进行推理、论证，做出符合逻辑的回答。

同样是评价学生对“生物进化”概念的理解，我们通常的做法如下：

判断题：生物进化的观点被广泛接受，是因为有大量证据的支持。

填空题：按生物进化理论，生物的发展规律是：从（　　）到（　　），从（　　）到（　　）。

两种评价方式的差别显而易见。我们通常的这种评价方式脱离了知识的生成和呈现情境，只能考查学生是否“记住”，并不能反映学生对概念的理解程度和思维过程。

基于真实情境的评价方式给教学的提示就是要聚焦对概念的深刻理解和对学生应用知识解决问题能力的培养，而不是具体知识点的简单记忆。只有这样才能让具体知识的学习更好地服务于学生学科核心素养的提升。

综上所述，学科知识是培养学科核心素养的基础和载体，但需要考虑什么样的知识最有助于学生学科核心素养的形成。事实和一般概念的价值有限，要使其变得真正富有意义，就必须将其纳入学科的知识结构中。以大概念为统摄，将事实、概念与学科中更具普适性的大概念建立关联，形成知识层级结构，既能帮助学生从本质上理解学科知识，提升思维水平，又有助于学生将知识结构化，而这种结构化的知识是实现知识向素养转化的关键。

参考文献：

[1] 温·哈伦. 科学教育的原则和大概念 [M]. 韦钰，译. 北京：科学普及出版社，2011.

[2] 韦钰. 以大概念的理念进行科学教育 [J]. 人民教育，2016 (1)：41 - 45.

[3] 余文森. 论学科核心素养形成的机制 [J]. 课程·教材·教法，2018，38 (1)：4 - 11.

[4] 胡玉华. 科学教育中的核心概念及其教学价值 [J]. 课程·教材·教法，2015，35 (3)：79 - 84.

[5] Mark R. Wilson. System for State Science Assessment [M]. Washington, D. C.: the National Academies Press, 2005.

[6] Michaels S. Putting Research to Work in K - 8 Science Classrooms [M]. Washington, D. C.: the National Academies Press, 2007.

[7] Erickson H. Lynn. Concept - Based Curriculum and Instruction: Teaching Beyond the Facts [M]. Newbury Park: the Corwin Press, 2002.

第二节　教师与大单元

用研修的方式改进“单元备课”

柳敏敏[1]　戴慧琴[2]

单元备课是一项不可或缺的教学常规，是用结构化视角进行单元教学整体设计的一种备课方式。纵观一线教师的单元备课，往往站在教材和教师的视角，缺失学生立场，缺乏系统规划，尤其对学情诊断、单元内容整合拓展、单元检测等板块“备”得甚少，使单元备课在一定程度上停留在静态的“形”上。

如何改善一线教师的“单元备课”观？近年来，我们以北师大版小学数学教材的重点单元为例，尝试以研修的方式带领教师进行单元备课改进，着力从学生立场、单元视角进行单元研究，以整合与拓展的方式进行单元重构，以资源包建设的形式进行单元呈现，不断让教师在单元备课中寻找“知识序”与“认知序”的最佳结合点，实现“形”与“质”的有机融合。下面以北师大版二年级上册第七单元“分一分与除法”为例，具体阐述如何用研修的方式改进单元备课。

一、以体验式研修改进“单元的视角与样例”

“单元备课”的改进首先要破解两大问题：如何改变传统的单元备课视角？单元备课的新样例又是怎样的？破解问题需要具体的抓手，我们寻求以体验式研修活动为载体，让教师在三个阶段的体验过程中主动更新观念、生成策略。

1.“初构”阶段：直奔任务，独立思考，分组讨论，人人试讲，梳理单元备课的原型和问题。这个阶段安排分散研修，发布单元备课任务，先给每

① 柳敏敏，浙江省景宁县教育研训中心党支部书记，高级教师，浙江省特级教师。
② 戴慧琴，浙江省丽水市小学数学教研员，高级教师。

位教师独立思考、查阅资料的时间，再给他们同伴互助、小组交流的机会。实行异质分组，由教学名师担任小组长，引领小组讨论与试讲。这个阶段要求人人独立备、人人上台讲，每位教师自始至终都处于思考、对话的参与状态，这样才能充分展现每位教师已有的单元备课经验，梳理出单元备课的思路与问题。

2. “重构”阶段：直击问题，抽签说课，专家引领，头脑风暴，明确单元备课立场与关键要素。这个阶段安排集中研修，现场分组编号、抽签说课、点评质疑等方式交替进行。这个过程最关键的是需要专家现场诊断与专业引领，基于教师的原有经验，用问题和实证引发教师的认知冲突。如“分一分与除法”单元说课，几位教师都按照教材的编排，通过“分物游戏”“分苹果”“分糖果”三个分物活动引出除法算式。针对这一现状，浙江省小学数学教研员斯苗儿抛出问题：“学习除法一定要先平均分吗？”问题直戳教师的经验点，触动他们进行思辨与讨论：（1）学生对平均分有经验吗？有哪些经验？（2）关于除法，学生感到陌生吗？有哪些经验基础？（3）除法与平均分之间有什么关系？怎样帮助学生打通这一关系？在思辨讨论中，大家豁然开朗，思考再进一步：教育变革时代，单元备课的立场是什么？该备什么？进而重构基于学生立场的单元备课样例。

3. “再构”阶段：直面思考，通过个体反思，实证研究，再度梳理，完善单元备课的新样例。这个阶段安排自主研修，教师进行独立反思与修正单元备课环节，在此基础上，以小组为单位抽取学生样本进行单元前测研究，用数据和事实印证研修中教师们提出的问题（图 1）。

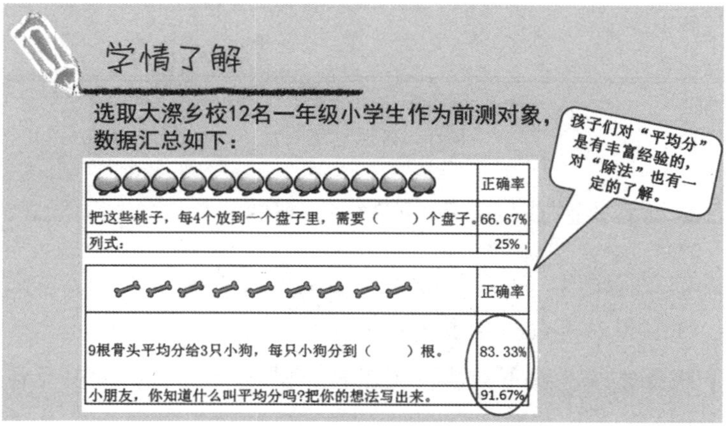

图 1　单元前测

同时，根据学情进一步研究与规划：哪些内容可以整合？哪些内容需要安排适当拓展？如“分一分与除法”单元，教师根据学生对平均分的经验以及对除法的了解做了如下的整合与拓展（图2）。

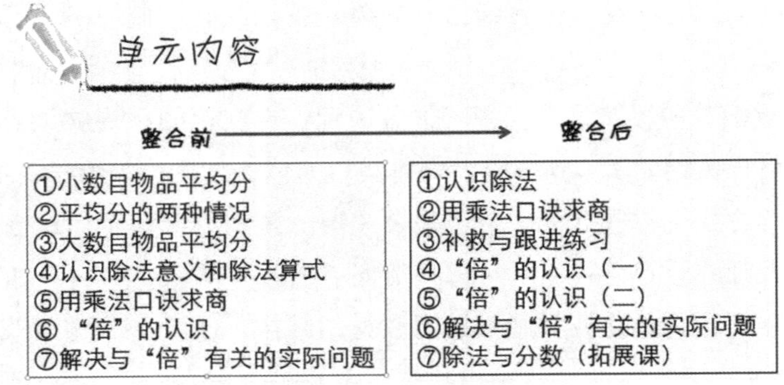

图2　单元内容整合前后对比

“听了就忘了，看了就记住了，做了就理解了。”这种体验式研修让参与者不再是一个听者，而是一个研者。虽然这个过程很“折磨人”，但能真正撬动教师的固有经验和做法，促使其重新审视单元备课的立意，从教师立场走向学生立场，将教参模式创造性地改进成为基于学生立场的单元备课新模式（图3）。

教参的模式		学生立场的单元备课
一、单元学习目标	➡	一、单元教材研读，明确知识点和重点
二、单元学习内容的前后联系		二、学情诊断，明确起点和难点
三、单元学习内容分析		三、重构单元体系，设置课时
四、课时安排建议		四、设定单元目标
五、知识技能评价要点		五、设计重难点课
		六、编制单元检测题

图3　备课立场对比

二、以研磨式研修加工“单元的疑点与重点”

从备课的意义上看，“单元备课”比“课时备课”更关键，它对单元的整体把握，尤其是对重点与疑点的精准把握直接影响整个单元乃至后续的学习。我们积极探索线上线下混合交融的研磨式研修，以促进单元备课的深度加工。

线上研磨主要是在柳敏敏名师网络工作室开辟的“单元备课”话题栏目中进行，利用栏目中的评论功能对“单元备课”重点环节进行跟踪点评和疑难问题随时支招。围绕单元学习目标的拟定进行讨论（图4）：目标可以怎样调整？为什么可以这样调整？重点目标是什么？这种问题导向下的评论，切入点小，易聚焦，可随时介入与跟踪，既促进思考又利于修正。

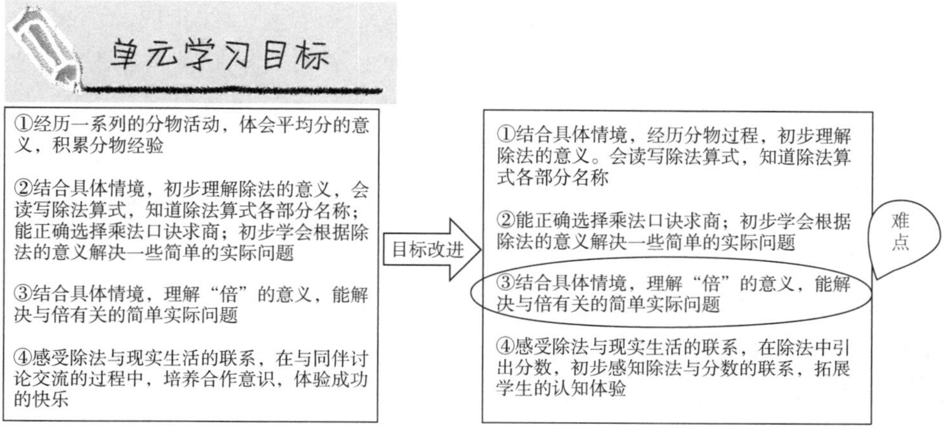

图4 “单元备课”前后单元学习目标对比

线下研磨主要依托课堂实践和联合教研两大载体进行。课堂实践有两种形态，一种是以单元重点课展开，以“分一分与除法”单元为例，选择“认识除法”这一重点内容，在团队带领下由一位学科带头人不断研磨除法与平均分的关系，不断研磨除法的本质意义；另一种是以单元序列课展开，设计“认识除法”“倍的认识”“除法与分数”的连续课教学，用结构化的视角把单元零散的课时串起来，并把视角延伸到更远的关联性知识，进而更好地把握学情和核心目标，优化重点课例的设计思路。如果说课堂实践是优化“单元备课”的催化剂，那么联合教研则是深化“单元备课”的润色剂。我们依托浙江省小学数学教研员斯苗儿领衔的浙江省乡村教研共同体，定期进行“单元备课”的联合教研，交流分享团队的思考和实践成果，从中汲取更多的精华并注入单元备课实践中。

这种线上线下混合交融的研磨过程使“单元备课”更加有用、有结构、有挑战性。

三、以分享式研修建设“单元资源包”

“单元备课”最终要有一个较完整的资源包呈现，资源包应该有些什么？以什么方式呈现？围绕这些问题，我们策划了分享式研修，通过专题报告、单元说课、单元课例展示、互动交流等系列分享活动，唤起教师对“单元备课”专题资源的需求和认同，获取教师对“单元资源包”建设的意见和建议。通过杭州、台州、丽水等地的相关学校的分享式研修，初步形成了北师大版小学数学单元备课资源包的关键内容及呈现体例，着力将单元备课PPT、单元重难点课例设计、单元拓展课例设计、单元检测卷、重点课例视频、“单元备课”相关案例文章等内容有机整合成资源包，为一线教师提供研究的样例和应用的资源，也为新入职教师解读教材、开展备课提供范例。

总之，用研修的方式改进“单元备课”，使教学方式得到转型，转变了教师视角，积累了优质的备课资源，促进了教师的专业成长，同时也让我们获得了重要的经验。

1. “单元备课”的改进需要一个“体验 + 思辨”的过程。传统的单元备课更关注教材的知识序，备课模式比较程序化。基于学生立场的单元备课更关注学生的认知序，需要根据学情、学力来整合单元内容、拓展关联内容，让学生的学习富有挑战性和结构性。对于一线教师来说，这个视角的转变无疑是一种挑战，需要他们经历参与体验、自我感悟、反复思辨、总结概括的过程，这个过程其实就是自我建构的过程，不断让教师想明白为什么要改进，如何改进。理念到位了，行动便可成为自觉。

2. “单元备课”的改进需要一个“原型 + 问题”的支架。一是要基于教材的蓝本，基于真实学情，基于教师已有的备课经验，这些基础就是改进的原型；二是要有促进原型改进的关键问题，如前面提及的“学习除法一定要先平均分吗?”就是一个关键问题，促使教师经历“困惑—思辨—讨论—实证—修正”的过程，实现“真没想到”的顿悟。

3. “单元备课”的改进需要一个“引领 + 研究”的团队。这是“单元备课”改进的保障。一个研究团队懂合作、善思考，会营造一个积极向上、共享共进的环境，而团队中的引领者，会带领教师朝着正确的方向出发，少走弯路。

教研变革：强化单元整体意识

查建华[①]　夏　天[②]

随着课程改革的深入推进，涪陵城区实验小学校（以下简称“涪陵实验小学”）认为，要改变传统的分离式教学，必须以整合的视角研究学科，以整合的观念开展教学设计。为此，学校提出单元整组备课的尝试。

单元整组备课即把整个教学单元作为备课对象，对单元全部内容进行统筹安排和整合设计，同年级同学科的教师共同参与，它本质上是一种集体备课。在实践中，我们摸索出了有效的“四三”举措。

一、三读定位

“三读定位”即通过研读课标、教材、单元，准确地把握单元在整个学段、级段、学期中的性质与地位。

（一）研读课标

课标体现了国家对小学阶段学生的基本规范和要求，对整个小学阶段的教学具有权威性的指导作用，是教师教学必须遵循的纲领性文件。研读课标是准确把握单元所在学段在整个学科课程系统中的地位及作用的基础。涪陵实验小学每学期都会组织教师认真研读课标，其中重点研读学科总目标、级段目标，准确把握级段要求，为本学期的教学把握好方向。通过经常读、反复读，教师养成了读课标的习惯与自觉，提高了对课标的敏感性，树立了课程结构意识，在单元整组备课中能自觉地把备课单元与整个学科课程体系结合起来。

（二）研读教材

如果把学科课程比作一个坐标系，研读课标是从纵轴定位，找准备课单元在整个学段学科课程中的位置，那么研读教材则是从横轴定位，找准备课单元在学期课程中的位置。读懂教材，把握教材的编排结构，准确定位备课

① 查建华，重庆市涪陵城区实验小学校校长及项目负责人。

② 夏天，重庆市涪陵城区实验小学校教学校长及“深度学习”教学改进项目语文学科实验教师。

单元在教材结构中的作用与功能，这是单元整组备课的必修课。涪陵实验小学每学期都会组织教师讨论教材编排体系，认真分析教材，准确把握教学的重点，讨论研究学生学习过程中可能遇到的难点、易干扰混淆的地方或不易把握的地方，确定本学期教学的侧重点，进而形成学科教学计划。

（三）研读单元

如果说研读课标、研读教材分别从宏观、中观的角度对备课单元进行定位的话，研读单元则是从微观的角度对其进行定位。宏观和中观的定位更具理论性，微观定位侧重实践性。这种实践性直接决定单元教学是否能很好地实现学科课程的育人价值。如小学语文的教学单元一般都围绕主题组织教材内容，这种编排方式重点突出，序列清晰。在单元整组备课时，涪陵实验小学组织年级学科组全体教师认真研读单元结构与内容，准确把握单元主题，提炼单元本身具有的育人功能。

二、三析定标

单元整组备课要明确单元的编写意图，并以学生的视角对单元内容进行解析，准确把握其中蕴含的学生发展所需的学科核心素养，从而形成相应的单元教学目标。

（一）析内容

析内容就是对教材内容的解读。单元整组备课中的内容解读主要从以下几个方面着手：一是研读课文标题。标题是课文的重要组成部分，解读内容要关照标题中蕴含的信息及主题提示。二是研读关键内容。涪陵实验小学倡导在单元整组备课中要加强文本细读，品味和推敲字、词、句等言语材料，并将其与整个文本、单元主题结合起来，层层解剖言语内在的组织结构，充分揭示文本内涵。三是课后练习。课后练习是依据单元教学目标而设计的，既是对学生学习成果的检测，也体现着单元目标对教学活动的要求，单元整组备课中应该带着课后练习进行思考和设计。

（二）析学生

单元整组备课明确提出了析学生的要求：一是明确学生的最近发展区。教学要取得有效的成果，必须把教学内容及其难度控制在学生的最近发展区，让学生“跳一跳”就能摘到“桃子”。二是考虑学生可能存在的解读误区。学生根据成长过程中获得的经验来分析课文的价值取向，这就可能存在解读误区，单元整组备课时，教师要预设解读误区并提出应对措施。三是关注学生兴趣。单元整组备课中的教学设计具有多端性和灵活性，这些多端性和灵活性的产生基于学生的兴趣爱好，以充分调动学生的好奇心和求知欲。

（三）析编者

单元中的文本组合体现了编者的编写意图。文本的价值取向具有内敛性，使读者的价值解读具有了多重性，同时，选入教材的文本具有多方面的示范性。如何在这些多重性和多面性中进行取舍？涪陵实验小学认为：编者的编写意图基于课标并体现课程价值，对单元教学具有重要的指导性作用，因而是进行取舍的重要依据。单元整组备课要在单元主题、单元结构、单元内容以及课后练习等细节中把握编者意图，准确拟定单元教学目标。

三、三课定教

为帮助学生构建合理的单元认知结构，形成完整的思维导图，涪陵实验小学提出“三课定教”的教学框架，把单元教学分解为导读课、分课、总结课三种课型，这种设计体现了整体—具化—整体的教学逻辑，更符合学生的认知规律。

（一）导读课

导读课重在让学生对单元学习进行初步的整体感知，其设计理念来源于奥苏贝尔的先行组织者策略。奥苏贝尔强调个体的认知结构对学习的重要影响，认为先行组织者策略是改进认知结构和促进新知识建构的有效手段。导读课就是在实施具体教学之前让学生掌握有利于单元学习的具有概括性、包摄性的引导性材料，使其在接下来的学习过程中充当知识“挂钩”的作用。

（二）分课

分课设计是单元教学内容的具体展现，也是教学设计的重心。在分课学习中，学生在教师的指导下深入开展学习，积累知识，掌握方法，形成能力，养成习惯。分课学习可以依据教材特点顺课次学习；也可从多数学生最感兴趣的一课开始，进行精读训练，其余内容则根据深浅难易度酌情采用不同学习方式；还可根据学生学习需要进行学习内容的重组。涪陵实验小学将分课设计与学校已有的“四环四重”基本教学模式结合起来，体现了明显的校本化特征。

（三）总结课

单元学习结束时，教师引导学生回顾整组学习情况，进行对比学习，发现规律。教师在单元整体回顾中强化思维训练，实现分课学习中无法完成的学习目标，体现总结课的功能。在总结课中，教师不仅要引导学生回顾知识形成的过程，掌握了哪些知识和能力，体验到哪些情感态度，形成了怎样的价值观，并能根据单元要求进行成果展示；更重要的是要引导学生将分课所学知识进行梳理，形成思维导图，重建认知结构，以利于知识的应用与迁移。

四、三环定案

为激发教师在单元整组备课中的主动性，涪陵实验小学提出“三环定案”的备课要求，将单元整组备课流程分为个人预备、集体研备、个性复备三个环节。

（一）个人预备

个人独立备课是单元整组备课的预备环节，也是提高单元整组备课质量的前提条件。个人预备即备课组所有教师在集体备课之前按照单元整组备课的要求，在认真研读课标、教材、教学单元基础上，对整个单元教学进行精心设计，并提出自己的教学观点和建议，避免集体备课等同于主备教师的个人活动、等同于个体轮流备课等形式化倾向。

（二）集体研备

集体研备是单元整组备课的中心环节。个人预备使每位教师在集体研备阶段都有了话语权与主动权，也使本阶段的备课活动具有对话性和研讨性。在单元主备教师的组织下，教师在探讨中对单元教学目标、单元教学重难点、单元教学内容的整合、各教学课型的设计、教学资源的取舍等达成共识，独立备课中存在的不足得到弥补，教学中曾经发生的移位现象得到调整，最后形成单元整组备课公共教案（包括公共课件、学导文等相关教学资源）。

（三）个性复备

公共教案不一定适合每个教师的教学风格以及每班学生的学习特点。涪陵实验小学要求教师在实际教学中要根据公共教案撰写出适合本班教学的个案，凸显自己的教学特色，并对教案进行双栏式设计：左栏是公共教案，是年级组共享共建的教案，体现了单元整组备课的共性成果；右栏是复备教案，即教师个人用于教学实践的教案，体现了授课教师的个性化风格。

涪陵实验小学的单元整组备课依据学段培养目标和级段学生特点，立足单元整体结构，从教学单元内的课程整合着手，突破了传统备课活动的窠臼，不失为探索“深度学习”教学改进项目的一个突破口。

第三章

如何进行大概念和大单元教学

第一节　语文学科的大概念和大单元

语文统编教材大单元教学设计框架构建及其运用

刘　飞①

为应对新时代“培养什么样的人以及如何培养人”的时代要求，教育部在基础教育阶段不仅展开了课程标准的修订工作，还统编了语文、道德与法治（思想政治）、历史三科新教材。语文教师对统编教材的理解和使用成为评价教师专业素养水平的重要维度之一。

一、语文统编教材的编排特点

语文统编教材相对于以往语文教材的创新点主要体现在编写理念和内容体例两个方面。

（一）编写理念

根据已有研究文献，尤其是统编教材相关编者的论述，此套教材编写理念如下。

---

①　刘飞，南京师范大学课程与教学研究所博士研究生，淮阴师范学院教师教育学院讲师。

第一，秉持社会主义核心价值观理念，做到“整体规划，有机渗透”。[1] 教材建设是国家事权。语文教材内涵丰富、意蕴深广，渗透着政治、经济、思想、道德、文化、审美等多种元素。在编写“立意”方面，统编教材始终站在“把立德树人作为教育的根本任务”的思想高位上，在中小学十二年、五个学段中对社会主义核心价值观进行“润物无声地整体渗透”。

第二，遵循语文课程标准的方向引领，做到“守正创新，破立并举”。课程标准有规范、指导教材编写的功用，有什么样的课程标准就理应有什么样的课程教材。语文统编教材力争在“破立并举”的目标指引下实现“守正”基础上的“创新”[2]。其中，“守正”主要指教材编写吸收以往课程改革中的成功经验，把握传统教材编写中的基本规律，如语文知识的随文学习及其科学有序地编排等；“创新”主要指教材编写契合课程标准新理念，借鉴国际母语教育新思想，如整本书阅读、项目化学习等。

第三，追求语文学科核心素养的课程定位，做到“以人为本，目标一致”。统编语文教材是落实立德树人根本任务的重要载体，因此，“德育为先，以人为本”是教材编写的内在要求。[3] 核心素养是落实立德树人教育的理论构想，语文统编教材的编写应体现对学生学科核心素养的培育。例如，初中语文统编教材在课后练习的“思考探究”中就采用了“明示”和“潜藏”两种方法来表现语文学科核心素养。[4]“德育为先”和“素养为重”的价值追求连贯一致地蕴含在统编教材的内容和形式之中。

（二）内容体例

如本套教材总主编温儒敏先生所言，教材内容编写方面的最大亮点就是采用“更加灵活的单元结构体例”[1]（小学第一学段除外）。具体如下。

第一，以“人文主题＋语文要素”双线组元。已往教材多以“人文主题”“文体”“能力”等要素单线组元，这几种组元方式会导致教材结构松散、教学情感标签化，因文体分类困难而使不同学段学习内容重复低效，束缚教师教学思路进而忽略选文其他价值等问题。对此，双线组元的设计思路能够起到一定的优化和调适作用，“既强调语文与生活的联系，重视主流文化与传统文化的渗透，促进学生形成正确的世界观、人生观、价值观；又保证了语文综合素养的基本训练，每课一得，使教学有一条大致可以把握的线索，也有层级序列较为清晰的梯度结构”。[2] 换言之，既强调落实立德树人（社会主义核心价值观、中国特色社会主义文化等），又重视发展核心素养（必备品格、关键能力等)。编写理念中的第一条和第三条在此得到了呼应和凸显。

第二，结构化地编排单元内容。高中语文统编教材，一方面从“理想信念、文化自信、责任担当”三个角度构建“人文主题”教育体系，另一方面又以“学习任务群”为线索统筹规划、有机整合单元教学。[5]而义务教育阶段语文统编教材的结构主义色彩同样浓厚，[6]将表现学科核心素养的各个基本因素“分成若干个知识或能力训练的‘点’，由浅入深，由易及难，分布并体现在各个单元的课文导引或习题设计之中”，[1]进而实现“按照‘课标’的学段目标要求来细化那些知识的掌握与能力的训练，落实到各个单元”[1]的编写要求。编写理念的第二条在此同样得到了呼应和凸显。另外，结构化设计还体现在教材单元的版块设计上，例如，关于教材单元版式小学高年级主要为“阅读 + 口语交际/习作 + 语文园地”，初中主要为“阅读 + 写作”或“阅读 + 写作 + 口语交际/综合性学习/名著导读/课外古诗词诵读”，高中主要为“阅读 + 单元学习任务”。

二、语文统编教材需要单元整合教学

语文统编教材需要单元整合教学，对此可从以下三个方面解释。

（一）学科核心素养培育的现实呼唤

当前，课程改革的重点是学科核心素养的培育，而学科核心素养既是学科育人价值的集中体现，也是学生通过学科学习逐步形成的正确价值观念、必备品格和关键能力。为此，需要发挥学科课程的综合效应以促进学生学科核心素养的发展。

语文统编教材是语文学科核心素养培育的重要凭借，教师需要从语文学科核心素养教学的现实需求出发理解和使用教材。而指向语文学科核心素养的教学旨在立足语言、思维、审美、文化四要素，从过于关注知识的线性排列、技能的分点训练、课文的单篇教学，转变为整合目标、情境、内容、任务、方法、资源等的单元一体化教学。这样更有利于促进学生摆脱“知识技能存储器”的角色固化，塑造学科核心素养发展者的学习形象。所以，学科核心素养导向下的语文教学呼唤单元整合教学。

（二）语文课程标准的内在要求

语文统编教材是基于课程标准编写而成的，那么，课程标准的理念主张自然也应成为理解和使用统编教材的理念主张。

《普通高中语文课程标准（2017 年版）》渗透着浓厚的“整合”思想，该词在文本中一共出现 21 次。不管是语文学科核心素养的目标定位，还是学习任务群的内容形态，抑或是语文实践活动的教学表现，实际上都意在规避课堂学习的碎片化或知识摄取的零散化问题。知识一定是相互联系的而非彼此孤立的，能力是全面的而非单一的。只有在单元整合教学中，学生才能习得“竖成线、横成片、立成网”的知识架构，形成“精细、厚实、全面”的能力。

（三）语文统编教材的必然选择

根据前文可知，语文统编教材是基于课程标准、围绕学科核心素养编写而成的，仅从这点来说，理解与使用教材也需要单元整合教学理念的介入。就语文统编教材本身而言，其坚持“单元设计”体例，采用双线组元形式结构化地编排教学内容，首先就为基于教材单元设计单元整合教学提供了方便和可能。另外，课程视野中的教材单元本是有机关联的整体，但若只让学生沉浸于单篇课文的学习之中，不去思考局部与整体、课文与课程的关系，不仅容易造成学生体验学习的模糊、琐碎，而且无法帮助学生获得深度、持久的理解和认识。

三、大单元教学设计的内涵属性

根据上文所述，单元整合教学是当前语文教学的应然取向。但什么是“单元”，如何基于“单元”进行整合或整体教学，需要予以阐明。

教育视域中的所谓“单元”大体可以分为两类：第一类是以系统化内容为基础而构成的教材单元或学科单元，具体表现为一种有组织的知识模块；第二类是以学生真实生活经验为基础而构成的活动单元或经验单元，具体表现为一种有机的学习过程。[7]反观现实语文教学，教师对两种单元的理解和实践都存在一定的偏差。单篇课文的教学模式下必然存在肢解知识模块的问题，课堂授受的教学形态中也必然存在消解完整学习过程的危险。对此，华东师范大学崔允漷教授给予了一定的回应。他认为：“普通高中新课程标准明确了各学科教学的逻辑起点是学科核心素养目标的达成。目标从知识点的了解、理解与记忆，转变为学科核心素养的关键能力、必备品格与价值观念的培育，这要求教师必须提升教学设计的站位，即从关注单一的知识点、课时转变为大单元设计。”[8]这里提到的“大单元”实际上就是教师在语文统编教材中教材单元的基础上，创设“活动单元”的一种主张。这种主张可以有两种解释：

第一种是基于教材单元固有结构进行内容重组、资源补充与教学整合；第二种是打破教材单元固有结构，“用系统论的方法对教材中‘具有某种内在关联性’的内容进行分析、重组、整合”[8]。结合语文统编教材良好的内容结构化特征，本文欲构建的大单元教学设计框架主要指向第一种解释，即立足语文学科核心素养，基于教材单元固有结构，对情境、内容、方法、资源等进行大单元整合设计。这种情况下，一个“大单元”就是一个“微课程”，根据教材册数及其单元个数，多个内在关联的“微课程”将构成一门学科课程。所以，不仅要关注单独的教材单元，还要站在课程链条上理解相互联系的多个教材单元，这样的“大单元”才更加科学、专业，据此构建的“大单元教学设计框架”也才更具教学指导意义。

概括地说，大单元教学设计应具有三大特征。第一，体现教学组织的结构性与一致性。“大单元”理念能够开阔教师教学设计的视野，对目标、任务、活动、表现、评价等诸多设计要素进行结构化、通盘性考虑。第二，体现学习过程的整体性与系统性。大单元教学设计不仅是对课程资源、知识内容的整合，也是对学生行为、思维活动的整合，更是对学校教育与现实生活的整合，尤其是它可以改善完整的课程被“一节一节的教学课时”所割裂的情况。第三，体现不同主体的发展性与创造性。无论什么层级、什么类型的课程，“最终都要还原成满足学生自主发展的生本课程”[9]。因此，大单元教学设计既要考虑每个学生基础的、一般性的目标追求，又要满足部分学生特别的、个性化的发展需要，尽可能激发学生的学习兴趣，鼓励学生的创造表现。

四、大单元教学设计框架构建理路

无论何种教学设计都少不了对三个问题的追问：“学生要到哪里去?”“学生如何到那里?”“怎么证明学生到了那里?”。这三个问题分别对应教学设计中的目标、教学与评价三个要素。那么，如何从大单元教学设计的角度去把握这三个要素呢?

（一）“大概念”与教学目标

《普通高中课程方案（2017年版）》中指出，新的学科课程“重视以学科大概念为核心，使课程内容结构化，以主题为引领，使课程内容情境化，促进学科核心素养的落实”。对于其中的“大概念”，学界有各种不同的理解模型，如爬梯登山型、拼图拓展性、马拉松训练型、树状生长型等。[10]但对其特征和功能却有共识，如超越具体情境，具有概括性、永恒性、普遍性、抽象性；摆脱知识技能琐碎的困境，有助于设计连续聚焦一致的课程。[11]很显然，大概念的特征和功能既符合语文学科核心素养培育的要求（学习迁移），又体现大单元教学设计的价值（课程整合）。从教学内容角度看，我们认为大概念就是基于现实或事实抽象出来的概念，能够将多种知识技能有意义地关联起来，一旦掌握，即可迁移地运用于不同情境，表现形式多为能够“跨越时间、地点和情境的概念性的句子”[12]，它们往往居于学科课程中心，阐释力极高。这样的大概念无疑可以成为大单元教学目标设计的脚手架。另外，大概念虽跨越时间、地点和情境，但在习得过程中仍需依托于具体的情境、任务、活动等，不然教学就有可能旁落，变得虚无和没有意义。

（二）“大任务”与教学活动

有了大概念的目标追求，理应匹配“大任务”活动设计。语文学科核心素养四要素——语言、思维、审美、文化的发展，实质上体现的是一种有关语文性、综合性的问题解决能力。为此，教师需要更新对传统教学的认知，从重理解和去情境的知识学习向实践性、表现性的任务学习转型。此处的大任务往往贯穿整个“大单元”或“微课程”的学习过程。例如，高中语文教学所提“学习任务群”正是对此做出的一种呼应。需要指出的是，这里的大任务不是简单的知识问答，也不是单个的技能操作，而是在一种真实情境下对一个不良结构问题的深度思索。因此，大任务具体表现为一种问题情境。而问题情境根据行动目的具体可分为靶向式问题情境（被用来促进学生整合多种学业获得并对之进行总结评估）和教学论问题情境（被用来促进学生进行新的学习）[13]，前者指向大单元学习后的效果测评，后者指向大任务的具体实践过程。

另外，大任务得以落实、解决，还需统领多个“小活动”（即具体的教学活动），“任务是目标，是为了解决真实的问题；活动是手段，是完成任务的路径，是完成任务的保证”[14]。两者是目的与手段的关系，并且之间要建立一致性。另外，因为大概念比较宏观和抽象，超越了具体情境，故在不同单元主题下，一个大概念往往需要匹配多个大任务。例如，“审美体验与文本体式的关联”（大概念）在“生命主题”下，其大任务可能涉及对生命的审美体验、审美表达等，具体的教学活动可能有领悟、对话、反思等；而在“自然主题”下，其大任务可能涉及对自然的审美体验、审美表达等，具体的教学活动可能有观察、鉴赏等。

（三）“大进阶”与教学评价

学生在经历一个完整的大单元学习后理应有所进步。尤其是完成多个大任务以及数个小活动后，应如“登阶梯”一样在知识能力方面有个“大的进阶”。这既是大单元教学效果的一种表现，也是学生学业质量层级发展的内在要求。从实施过程角度看，指向大单元或大概念的教学评价是一种暂时性的终结性评价，而指向大任务或小活动的教学评价是一种形成性评价。相对来说，前者主要起到诊断、评估的作用，后者主要起到维持并促进教学的作用。从评价情境角度看，前者需要的是一种靶向式问题情境，后者需要的是一种教学论问题情境。从具体的评价方法看，前者主要采用学习档案袋评价法（辅以“单元测验”），尽可能地让学习过程中的每一个环节都留有痕迹；后者主要采用表现性任务评价法，旨在促进学用结合。但不管是哪个层面的教学评价，都意在帮助学生在学科知识的动态生成、能力意义的个人建构以及复杂情境中的真实表现等方面有所发展。

至此，本研究初步构建并厘定了大单元教学设计框架的核心要素：大概念—大任务—大进阶，这三者将成为“教学目标—教学活动—教学评价”设计的重要表征和关键抓手。

五、大单元教学设计框架核心要素解析

（一）基于“大概念”的教学目标设计

1．确定“大概念”

根据前文所述，语文统编教材采用“人文主题＋语文要素”的双线组元方式结构化地编排教材内容，尤其是教材单元的“导语”部分，分别用两到三段话概括性地表述本单元的人文主题与关键能力。因此，“关键能力”将成为确定“大概念”的主要依据。如八年级上册第五单元的导语中明确指出：“阅读介绍中国建筑、园林、绘画艺术的文章，可以了解我国人民在这些方面的卓越成就，感受前人的非凡智慧与杰出创造力……学习本单元，要把握说明对象的特征，了解文章是如何使用恰当的方法来说明的；还要体会说明文语言严谨、准确的特点，增强思维的条理性和严密性。”据此，可以提炼“说明文言语思维的准确性和严密性”的大概念，而人文主题“文明的印记”可成为大概念学习的具体情境。

高中语文统编教材单元导语多为三段话，除了交代人文主题和语文要素

外，还会交代选文情况，有利于教师更好地把握整个单元。例如，必修上册第一单元根据三段导语可以提炼出“情感抒发与表达形式的关联”的大概念和“青春的价值”的人文主题。

小学语文统编教材的单元导语多以“学习要求”的形式呈现，如四年级上册第一单元要求“边读边想象画面，感受自然之美。推荐一个好地方，写清楚推荐理由”。而在一、二年级是没有导语设计的。在这种情况下，寻找大概念更多需要教师遵循课程标准，尤其需要对内容标准以及教材单元内的选文进行提炼和表述。

2. 依据“大概念”设计教学目标

大概念的学习定位既有“单元”层面的，也有“学年”层面的，甚至还有“学科”层面的。如果是“单元”层面的大概念，可以将其直接作为“大单元”教学目标。但在实际教学中，大概念的学习定位通常是后两种，因此，还要结合教材内容、课程内容以及学情、条件等来具体地陈述教学目标。以高中必修上册第一单元为例，围绕“情感抒发与表达形式的关联”的大概念和“青春的价值”的人文主题，根据图1[15]的思路，可将教学目标确定为：(1) 阅读选文和补充性材料，感受并理解不同时代的“青春”内涵；(2) 分析不同文学体裁作品，鉴赏并探究“青春”主题的不同表达形式；(3) 学习诗歌创作，体验并表达时代的“青春”风尚。不难看出，三个目标具有前后连贯性，“感受并理解—鉴赏并探究—体验并表达”，从“读”到“内化”再到“写”，围绕“青春”这个主题逐步深入。另外，目标 (2) 重点指向关键能力的教与学，目标 (1) 是铺垫，目标 (3) 是深化，循序渐进，有条不紊。因此，基于大概念的教学目标设计，一方面有利于从宏观上把握统编教材单元和课程标准的相关要求，另一方面有利于聚焦并维护学习目标的整体

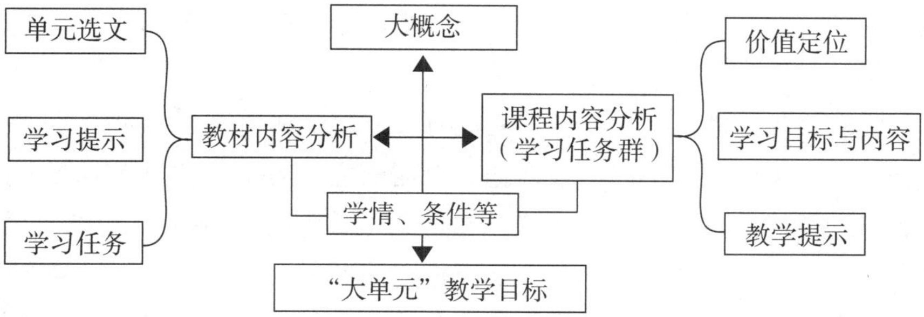

图1 高中语文统编教材“大单元”教学目标设计思路图

性和一致性。

（二）基于“大任务”的教学活动设计

1. 确定“大任务”

“大任务”具有统摄性，是“大问题”和“大情境”的结合体，此处的“大”主要是相对于“小活动”而言的。大任务的情境更宏观，问题更复杂。“小活动”的情境更具体，问题相对简单些。“大任务”一般具有如下特征：贴近现实生活；超越具体知识技能；能够激起学生的探究欲望；需要学生联结新旧经验才能解决；持续聚焦并引发学生重新思考大概念等。基于大任务进行教学活动设计，首先要确定大情境，主要依据的是教材单元的“人文主题”，如八年级上册第五单元的人文主题是“文明的印记”，据此可将“探索文明的印记”作为学习情境。又如，高中必修上册第一单元的人文主题是“青春的价值”，据此可将“为青春代言”作为学习情境。其次要确定“大问题”，主要依据的是教学目标。结合高中必修上册第一单元教学目标，具体操作方法有两种：第一种是运用“疑问副词”，如依据目标（1）可形成大问题“我们该怎么去感受并理解不同时代的‘青春’内涵”；第二种是运用“疑问副词+动词”的形式，如依据目标（2）可形成大问题“分析不同文学体裁作品何以能够帮助我们更好地鉴赏并探究‘青春’主题的不同表达形式”。最后，根据“大问题”与“大情境”来表述“大任务”，如指向目标（2）的“大任务”可以表述为：“聚焦‘为青春代言’的时代语境，分析不同文学体裁作品何以能够帮助我们更好地鉴赏并探究‘青春’主题的不同表达形式。”

2. 依据“大任务”设计教学活动

很显然，“大任务”具备一定的问题和情境，但还是比较宏观的。真实的教学过程是由学生一个活动接着一个活动组织而成的。因此，围绕大任务要设计一系列方便学生参与的小活动。如上文指向目标（2）的大任务，其教学活动可设计如下：第一是诗歌诵读活动，第二是小说品鉴活动，第三是诗歌与小说比较赏析活动。[15]通过前后关联的三个教学活动，学生可以体会不同时代语境下有关青春的不同形式表达。总而言之，大概念的习得需要发挥多个大任务的综合效应，而每一个大任务又需要发挥多个小活动的综合效应。当然，不管是大任务还是小活动，都要依托问题来表达和呈现，区别在于问题的难易程度和思考范围的不同。师生互动、教学推进、实践探索等任何一环都少不了问题，正是问题让任务和活动成为可能，并使之产生价值。另外，设计教学活动时需要明确三点：第一，活动要突出语文性、实践性、综合性的课程本质；第二，活动之间要有逻辑性和连贯性；第三，活动要有目标性，即在大情境中为解决大问题服务。

（三）基于“大进阶”的教学评价设计

1．确定“大进阶”

大进阶的确定依据主要是将大概念和教学目标放置于学业质量标准中考查，并大致判断其所处的位置，进而预设其学习效果。例如，高中必修上册第一单元“情感抒发与表达形式的关联”及其具体的教学目标主要涉及语言和审美两个核心要素。根据学段和素养指向，需要在《普通高中语文课程标准（2017 年版）》学业质量水平一和水平二中进行“大进阶”的考查。具体如表 1 所示。不难发现，大进阶即是从学科核心素养的角度对大概念的进一步审视，厘清了大概念学习的落点，即大单元学习的落点，进而让教学实践更有方向感和目标性。

表 1　高中语文统编教材必修上册第一单元学习进阶设计表

语文学科核心素养	学业质量水平	“大单元”学习进阶
语言建构与运用	1－1 略	能够注意语境与交流的关系；能凭借语感，结合具体语境理解重要词语的隐含意思，体会词句所表达的情感；能够根据具体的交流目的选择合适的表达方式。（处于 1－1 和 1－2 之间）
	2－1 略	
审美鉴赏与创造	1－3 略	能整体感受并恰当地表达出作品中的人物形象和情感倾向；能够对作品的内容和形式做出合适的评价；有追求更高层次审美情趣的意愿。（处于 1－3 和 2－3 之间）
	2－3 略	

2．依据“大进阶”设计教学评价

确定大进阶后，需要从过程和结果两个角度设计教学评价。首先，在过程方面（即大任务解决过程中和小活动实施过程中）针对任务和活动主要采用表现性任务评价形式，依托的是教学论问题情境，意在引导学生通过“做事”和“经验”维持并促进学习，如“‘诗意·青春’诗歌诵读会”“‘我为青春代言’朋友圈”等。具体设计主要分三步：第一步是依据大进阶确定表现性评价目标，这是整个设计的前提与保障；第二步是设计与呈现有待学生执行的表现任务，这是整个评价设计的核心与关键；第三步是编制用以评价学生表现的标准框架，这是客观有效地进行评价的基础与依据。[16] 其次，在结果方面主要采用成长档案袋和单元测验的形式，主要用于大单元学习后。成长档案袋作为一种真实性评价方法，有助于记录学生最真实的学习历程和行为表现。尤其是大单元教学时间一般较长，少则五六个课时，多则十天半个月，学生经历一次完整的大单元学习后应该能取得明显的学业进步，而成长档案袋无疑是最好的证明。当然，成长档案袋设计需要有明确指南，要在相关效度、预测效度、内容效度、结构效度以及效果效度方面予以考量和把握。[17]例如，为了加强评价的公正性和客观性，可以采用教师评价、小组互评以及学生自评三方协作形式构建成长档案袋。而单元测验主要用于一系列教学活动之后，结合学生具体所学与大单元学习进阶标准，设计靶向式问题情境，以整合学生学业获得，评估学生学业表现。例如，大单元学习进阶标准中要求学生“能整体感受并恰当地表达出作品中的人物形象和情感倾向”，那么在单元测验中就可以有针对性地设置一项“建构性反应任务”，如以简单题形式要求学生对陌生文本中的人物形象和情感倾向进行理解和表达，进而初步判定学生学习效果。另外，需要特别说明的是，部分表现性评价任务可以直接作为教学活动呈现。而之所以强调其评价功能，一方面是为了促进“目标—教学—评价”的一致性，保障大单元教学基本路向不变，另一方面是为了实现寓评价于教学，学评融合的教学样态。

综上所述，可以大体形成如图 2 所示的大单元教学设计框架。

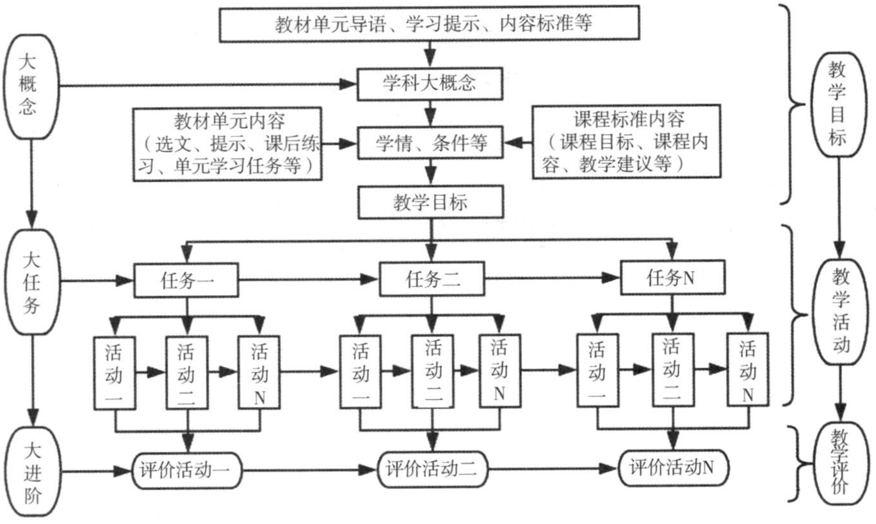

图 2　基于语文统编教材的大单元教学设计框架图

六、运用大单元教学设计框架时的注意事项

教师是教学创生的主力，大单元教学设计框架的使用者多为教师。从一般意义上来说，教师在运用这一框架设计单元教学时，要重点注意以下五点。

第一，学科大概念的寻找与确定。虽然语文统编教材在单元导语部分已较为明确地提出了该单元学习主题与需要重点发展的关键能力，但当以“教材单元”为基础进行“大单元教学设计”时往往需要适当补充阅读材料和调整教学方向，此外还要根据学科核心素养以及课程标准相关要求进一步厘定大概念。

第二，学习大任务是对学科大概念的转化，以教学目标为依据，有序分解为几个大的问题情境，每个大的问题情境再细化为一系列具体的教学活动，这样就从宏观和微观两个角度搭建起了学习过程体系。

第三，学习大进阶是对学习大任务落实效果的反馈和检测，主要从过程和结果两个角度对教学进行跟踪、把脉与促进。

第四，大单元教学设计框架在使用中不仅要注意设计框架纵向上从“目标—教学—评价”或“大概念—大任务—大进阶”的逻辑一致性，还要注意横向上从“任务一/活动一/评价一”到“任务二/活动二/评价二”到“任务N/活动N/评价N”的逻辑一致性。

第五，要遵循统编教材单元的固有规律和课程标准的核心要求，不能因为过度求“大”求“新”而脱离语文课程的轨道，走进“非语文”的世界。换言之，要站在立德树人和语文学科核心素养的高位上去使用设计框架。框架只不过为我们使用教材和设计教学提供了一个基本思路，教学内容的取舍与教学活动的安排等还需要教师进行专业性思虑和考量。

另外，“大单元”教学诉求也对语文教师提出了新的挑战，如教师要有基于课程标准实施教学的专业意识、教师要有教材解读和单元整合设计的能力等。总之，在新的课程标准和新的教材的改革背景下，语文教学需要更多的专业性思考，我们祈盼各方同人携起手来共筑语文学科的专业大厦。

参考文献：

［1］温儒敏.“部编本”语文教材的编写理念、特色与使用建议［J］. 课程·教材·教法，2016（11）：3－11.

[2] 王本华. 守正创新，构建“三位一体”的语文教科书编写体系——部编义务教育语文教科书的主要特色 [J]. 语文教学通讯·初中，2016 (9)：7 - 10.
[3] 王本华. 统编语文教材建设与立德树人教育——以统编初中语文教材为例 [J]. 语文教学通讯·高中，2020 (4)：4 - 9.
[4] 王晓艺，朱于国. 专业、专一、极致：工匠精神在统编语文教材编写中的体现——以语文核心素养在统编初中教材的有机渗透为例 [J]. 课程·教材·教法，2019 (4)：11 - 17.
[5] 温儒敏. 统编高中语文教材的特色与使用建议——在统编高中语文教材国家级培训班的讲话 [J]. 课程·教材·教法，2019 (10)：4 - 9，18.
[6] 熊晴，朱德全. 统编版语文教材的结构主义分析[J]. 教学与管理，2018(36):82 - 85.
[7] 钟启泉. 学会“单元设计”[N]. 中国教育报，2015 - 06 - 12 (09).
[8] 吕世虎，吴振英，杨婷，王尚志. 单元教学设计及其对促进数学教师专业发展的作用 [J]. 数学教育学报，2016. 25 (5)：16 - 21.
[9] 杨九诠. 学生发展核心素养三十人谈 [M]. 上海：华东师范大学出版社，2017.
[10] 邵朝友. 指向核心素养的逆向课程设计 [M]. 上海：华东师范大学出版社，2019.
[11] 邵朝友，崔允漷. 指向核心素养的教学方案设计：大观念的视角 [J]. 全球教育展望，2017 (6)：11 - 19.
[12] 林恩·埃里克森，洛伊斯·兰宁. 以概念为本的课程与教学：培养核心素养的绝佳实践 [M]. 鲁效孔，译. 上海：华东师范大学出版社，2018.
[13] 易克萨维耶·罗日叶. 为了整合学业获得——情景的设计和开发（第二版）[M]. 汪凌，译. 上海：华东师范大学出版社，2010.
[14] 王本华. 任务·活动·情境——统编高中语文教材设计的三个支点 [J]. 语文建设，2019 (21)：4 - 10.
[15] 刘飞. 高中语文“学习任务群”的内容转译与教学创生 [J]. 教育研究与评论（中学教育教学），2019 (12)：5 - 13.
[16] 刘飞. 语文核心素养与课堂教学实践 [M]. 南京：南京大学出版社，2019.
[17] 舒尔曼. 实践智慧：论教学、学习与学会教学 [M]. 王艳玲，王凯，毛齐明，屠莉娅，等译. 上海：华东师范大学出版社，2014.

情境 任务 活动

——指向语文素养的大单元教学探索

戴晓娥①

一、从“课时主义”走向大单元教学设计

《义务教育语文课程标准（2011 年版）》按照识字与写字、阅读、习作（写作）、口语交际、综合性学习五大领域组织内容。“综合性学习”这一板块的设计，是希望教师能够关注学科内部的统整，改变语文教学一直存在的听说读写彼此割裂的现象。但长期以来的习惯，以及教材内容的编排方式，致使一线教师大多还是满足于“课时主义”，并不理会“大单元设计”。

钟启泉教授在《基于核心素养的课程发展：挑战与课题》一文中指出，在“核心素养—课程标准—单元设计—学习评价”这一环环相扣的教师教育活动的基本链环中，单元设计处于关键地位。离开了单元设计的课时计划归根结底不过是聚焦碎片化的“知识点”教学而已。[1]

这里所提到的单元，和我们一般理解的教材中的文本内容单元是两个概念。教材划分单元依据的是内容，而钟老师所提到的“单元设计”，是立足学科核心素养，整合目标、任务、情境、内容和评价的教学单位，也就是文中提及的“大单元”。素养为纲的基础教育课程标准以核心素养培养而非学科内容习得为设计主轴，通过联结儿童生活、学校教育与未来社会的核心素养模型阐明育人目标要求，创设整合素养发展、生活逻辑和学科内容体系的跨学科与学科课程体系，转变认识论和知识观，从关注认知和去情境化知识向生态化、实践性的学习范式转型，让学习者在以真实问题和现实情境为载体、彼此关联的经验活动和学习共同体中进行意义建构、主动学习和团队互动。[2]大单元设计能够很好地落实课程标准的这一意图，比如统编语文教材一年级上册，根据每一单元提供的文本资源和设计意图，重新组织设计学习大单元，以“我上学了”“中国人，方块字”“玩转拼音乐园”“我会读课文啦”“原

① 戴晓娥，江苏省常州市教育服务中心主任，中学高级教师。

来识字有方法”等为主题，用活动、体验、问题、项目等组织方式，把教材原来的文本内容作为学习资源，为儿童设计了在真实情境下的、以学习者为中心的有趣的学习任务（图1）。

		1	2	3	4	5	6	7	8	
教材内容	我上学了	识字	汉语拼音（1）	汉语拼音（2）	课文	识字	课文	课文	课文	生字表
情境（主题）任务	我上学了	中国人，方块字	玩转拼音乐园	勇闯拼音城堡	我会读课文啦	原来识字有方法	会识字，能阅读	我发现了汉字的秘密	谁的识字本领大	我的识字地图
组织方式	活动单元 经验单元	主题单元	活动单元 经验单元	活动单元 经验单元	活动单元 经验单元	活动单元 经验单元	活动单元 经验单元	项目单元 问题单元	活动单元 经验单元	梳理探究单元

图1　统编语文一年级上册大单元设计

二、选择和创设真实的单元语文情境

在语文教学过程中，学习情境的选择和创设对学生的学习非常重要。这是因为，学习的材料（作品）都是作者运用语言文字精心构筑的特定的时空，这个特定的时空中蕴含着丰富的情、意、理。具有丰富内蕴的时空，构成了作品的情境。学习语言文字作品，就是要“披文以入情”，即通过语言文字的学习，进入作品的情境，体验感悟，领会和理解作品的情、意、理。而作品的情境，对于学生来说，有的相对比较陌生，有的理解有难度。如果教师能调动学生的生活经验和语言基础，精心选择或创设一个学生相对比较熟悉又与作品相切合的学习情境，让学生在这样真实可感的情境中学习，那就缩短了学生与作品之间的距离，比较容易激发学生的学习兴趣和情感，使其沉浸到作品的情境之中，增进对作品的理解，将学到的新知识融入原有的认知结构。

如统编语文教材七年级上册第一单元的主题为“拥抱自然，热爱生活”。教师以“九月的校园生活”作为本单元的学习情境，期待学生通过阅读欣赏描写大自然的古今名篇，学习观察大自然，表达和交流自己感受到的自然之美，激发热爱生活的情感。在此情境之下，又创设了“九月，我的校园”“在朗读中体会名家笔下的自然”“我感受到的自然”三大学习任务。三个任务环环相扣，逻辑关系清晰：通过观察校园，认识自然；通过阅读欣赏名家作品，感悟自然；通过写作实践，表达对自然的理解。真实情境中的任务学习，增加了学生的问题意识，加强了与学生日常生活的联系，有利于学生在情境中体验与实践，提升语文素养（图2）。

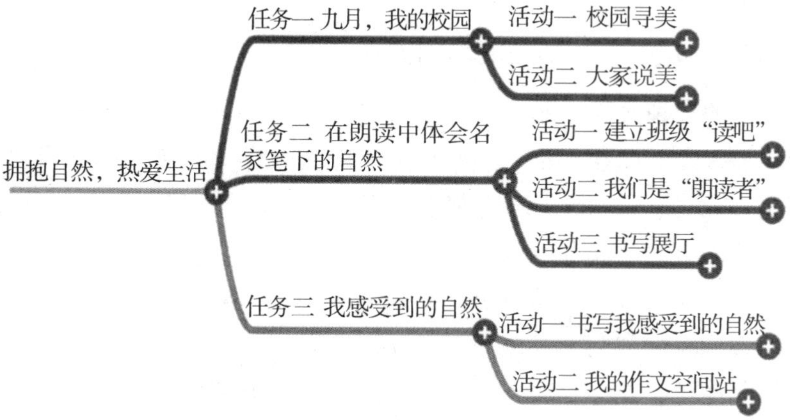

图2 统编语文七年级上册大单元设计

三、设计以学习者为中心的真实任务

大单元教学设计，强调以学习者为中心。首先，新时代的学习者作为数字时代的“原住民”，生活在一个知识随手可得、思想千变万化的世界，学习者主体地位的确立非常重要。其次，语文教学目标既然是培养学生内在的素养，就必须由学生自己来进行语文活动，学生在阅读材料和积累知识的过程中，也积累了语言经验。再次，以学习者为中心的言语实践，不是停留在某个环节的微观的方式方法，而是语文教学必须遵循的第一原则，贯穿语文学习始终。

带着这样的认识再来看统编语文教材八年级下册的大单元设计，就能够更好地理解真实情境下真实任务的设计问题。教师在充分研读每一单元教材中的选文、语文知识安排和语文活动设计的基础上，挖掘教材文本内容的价值，仔细梳理当代儿童的语文生活，设计能够“联结儿童当前生活世界和未来社会需求的纽带”的语文学习活动，帮助学生在与“当前的生活世界形成良好的互动的基础上，逐步形成适应未来社会的需求”的言语经验。因此，不管是“读懂大自然的语言”，还是“探寻心中的桃花源”，抑或是“感受有声语言的力量”……在这样的大单元大情境大任务下，阅读《大雁归来》《桃花源记》《最后一次讲演》等课文，对学生而言，就不仅仅是单一的文本内容阅读，而是“以建构式的作业与探究性经验为基础的项目学习”“以教材的主题为中心的课题研究”，或者是“基于社会经验的活动”等。

四、组织有效的语文学习活动

单元情境中的学习，是任务驱动的学习。它以学生学习活动为主线，整合语文学习的各种要素，强调以学生为中心的学习活动，引领和促进学生自主、合作、探究。课程标准和教材规定的学习内容和学习要求，知识技能、思想方法、探究模式、情感态度等整合在每一个学习任务之中。学习的过程，就是解决问题、完成任务的过程，教学活动就是落实任务驱动、问题导向的指导学习的活动。教学活动突出语文课程的特点，突出学生的语文实践——阅读与鉴赏、表达与交流、梳理与探究，也充分考虑学生的特点，突出生动活泼、探究性与交互性。这样的学习有利于学生语文素养的整体提高。在单元学习的场景中，学生、教师需要合作和互动，在学习过程中，学生将从个体的学习者转变为社会实践的参与者，他们不再是偏重认知的、孤独的、缺乏联系的，而是通过交互的学习，合作、探究等实现社会性和人格的健全发展。

比如统编语文教材一年级上册第一单元，单元主题是“中国人，方块字”，在“天地人”的大情境中，认识与此相关的三组词。“我认识‘人’了”“‘人’在‘天地’间”“我会读我会写”，三大任务都是基于学生真实语文生活的。学生从自己的眼睛、鼻子、嘴巴出发，发现口语交流中的语音与汉字符号之间的关系；通过听《盘古开天辟地》的创世神话，感受人与天地之间的关系；最后认识到会读会写，才使得人具有智慧。这样层层推进，逻辑清晰，使学生在大脑中建立起客观世界与文字符号的联系。引导学生识字认字的过程，也就成了学生认识人、认识世界、接受中华传统文化熏陶的过程。

解决真实问题是关键的学习活动。为什么优秀传统文化能够穿越历史活在当下？新时代为什么有那么多人在寻找桃花源？……学生在阅读与鉴赏、表达与交流、梳理与探究这些语文实践活动中，通过合作，解决复杂的、结构不良的现实问题，完成真实任务，模仿或直接参与到真实的专业共同体的实践中。在解决真实性问题时，学生参与各种实践，学习运用在文化中形成的概念、规则、工具和资源。现实情境中的真实问题解决，发展了学生的批判性思维，学生在问题解决的过程中学习了如何合作构建知识，形成了自主学习和自我梳理探究的能力，并由此生成可以迁移的知识和技能。

五、利用信息技术打开全新的语文学习空间

信息技术的支持，使在移动互联环境下的师生互动、生生互动成为常态，使在恰当的环节主动获得和高效利用教学资源成为常态。学生学习的时间、完成任务的空间、完成任务的方式都可以更加个性自主。在互动中，学生的批判性思维、交流能力、协作能力、自我评价能力都将得到本质性的提高。因此，学生语文素养的习得，单元学习任务的组织，学习活动的设计，要充分发挥、利用现代信息技术手段来转变教与学的方式。

信息技术支持下的有效的学习空间具备移动、灵活、多样化和相互连接等特点。新的学习空间与传统教室不同，可以用模块化的排列组合代替传统的一排排座椅，支持各种形式的学习。这些新的学习空间支持以学生为中心的学习模式的有效开展。而单元学习设计应该更加支持协作学习、自主学习、主动学习以及探究和创造。教师在教学过程中可以根据不同的技术环境，积极创造条件，促进线上线下混合学习，促进学生在“互联网+”环境下的自主、合作、探究，提升学习的品质。

如学生可以建立自己的“读吧”，向同学、家人、朋友，甚至是向全世界发布自己的朗读作品；也可以通过信息技术平台提供的资源，自主学习相关的语文知识；还可以利用终端的文字、音视频等记录工具，实时记录现场访谈的文字和语音，或把自己讲的故事，用语音记录功能记录下来，并利用平台发布，和同学一起交流、分享、对话。在这样的学习空间中，学生的交流能力、评价能力、协作能力、反思和批判能力得到充分的发展。

利用信息技术平台，教师可以随时随地发布任务、批改作业，为学生提供个性化的学习支持；学生可以获得学习资源、进行智能评测、分享同伴的学习成果。线上线下混合学习促进了教与学方式的转变，让自主、合作、探究的学习成为可能。

语文大单元教学设计是落实立德树人、发展素质教育、深化课程改革的必然要求，也是学科核心素养落地的关键路径。它对改变讲听练考、高耗低效的语文教学现状，具有重要的理论价值与现实指导意义。然而，它也是一个全新的课题，还有许多问题值得深入探讨，需要继续坚持实践和研究。

参考文献：

[1] 钟启泉. 基于核心素养的课程发展：挑战与课题 [J]. 全球教育展望，2016（1）：3－25.

[2] 杨向东. 基于核心素养的基础教育课程标准研制 [J]. 全球教育展望，2017（9）：34－48.

素养为本的单元整体设计

——以统编小学语文教材第一册第一单元为例

蒋　琳①

一、研读教材，提炼、挖掘单元主题

统编小学语文教材第一册第一单元是学生入学以来学习的第一个集中识字单元，文化内涵丰富，传统意味浓郁。

第一课《天地人》以傅抱石先生的国画《一望大江开》为背景，展现了“天地人，你我他”6个汉字，引导学生认识世界、了解世界。“天”覆盖万物，“地”负载万物，天地之间以“人”为贵。

第二课《金木水火土》向我们揭示了古人认识世界的一种思维观念，即以自然界的五种物质——金、木、水、火、土，作为构成宇宙万物及各种自然现象变化的基础。而“天地分上下，日月照今古”则体现了古人对宇宙、对时间的思考。

第三课《口耳目》通过看图识字让学生认识简单的身体部位，并提供了与身体部位有关的两句俗语，呈现生字“站、坐”，让学生形象地感知坐立的规范，引导学生养成良好的生活习惯。

第四课《日月水火》利用图画、象形字与今天的汉字的对比设计，呈现了生活中常见的8个象形字，便于学生理解字义，识记字形，初步了解象形字的造字方法，感受古人造字的智慧。

第五课《对韵歌》则选择了传统文化中的蒙学内容，以自然景物为题材，借助对韵歌的形式，让学生在识字的同时初步感受汉语的音韵节奏，提升学习语文的兴趣。

“语文园地一”中的“识字加油站”是一首谜语诗，将数字“一、二、三、四、五、六、七、八、九、十”巧妙地镶嵌其中，读起来节奏鲜明，饶有趣味，同时能让学生初步了解汉字的文化内涵。

① 蒋琳，江苏省常州市兰陵小学校长，中学高级教师。

整个单元的内容渗透了中华优秀传统文化天人合一的思想，蕴含着人与自然、人与人之间和谐相处的理念，为学生的成长打下了精神的底子；同时，本单元渗透了韵语识字、看图识字、象形字识字、对对子识字等多种识字方法。作为拼音教学前的识字单元，在继承和弘扬中华优秀传统文化的同时，编者尤其注重引导学生关注对汉字的认识：中国文字是方块汉字，书写要做到横平竖直，有一定的顺序；汉字是由音、义、形三个要素组成的。基于对教材的全面认识和理解，我们把本单元的主题确定为“中国人，方块字”，以此来统领整个单元的学习。

二、综合分析，设定合理的教学目标

对于刚入学的新生来说，本单元的容量大，难度也大。因此，在单元整体教学设计时，需要分析课程标准、学情和教材，立足学科核心素养，合理设置学习目标。

识字写字教学是低年级语文教学的重点，激发兴趣尤为重要，《义务教育语文课程标准（2011 年版）》中也明确提出“喜欢学习汉字，有主动识字、写字的愿望”的目标。对于刚刚进入小学的学生来说，第一单元的集中识字教学还是有一定的难度的，所以教学目标的设定门槛不能高，坡度不宜大，要着力培养学生对祖国语言文字的感情和想要学习汉字的愿望。另外，教师应有时刻培养学生良好习惯的意识。例如，在识字教学中渗透听说读写的训练，帮助学生逐步形成良好的语感；生字的书写要从写好基本笔画开始，再到笔顺规则的认识，并督促学生养成正确的握笔姿势和坐姿。

本单元教学内容文化内涵丰富，还辅以许多中国风的插图，凸显了中华民族的传统文化。所以，在识字写字教学中必须进行适度的文化渗透和熏陶，明确“有文化自信”“尊重中华民族的优秀文明结果，继承和弘扬中华民族的优秀传统文化”是每一个中国人的责任和使命。

基于这样的思路，本单元确定了以下学习目标。

①喜欢汉字，有主动识字的愿望，知道“我是中国人”，方块字是祖国的文字，逐步培养热爱祖国语言文字的感情。

②在游戏中识字，在生活场景中识字。在“天地人”这一真实而又自然广阔的情境中，认识“天、地、人”等 40 个生字，会写 17 个字和 10 个笔画，了解汉字从上到下、先横后竖的书写特点。

③认识基本笔画，尝试书写汉字，注意横平竖直，感受汉字方方正正的特点。

④喜欢阅读，能在阅读中初步感知韵文。能和家长一起进行课外阅读，和同学说说自己阅读的大致内容。

⑤能根据要求观察，有好奇心，能说说自己的观察所得。尝试用普通话交流，会大声地说、认真地听。

三、围绕目标，统筹思考单元的情境与任务

1. 创设单元的学习情境

在“中国人，方块字”这一单元的主题下，选择创设“天地人”作为学习情境是比较符合学生的真实生活和单元学习内容的。

首先，“天地人”是一个真实的生活情境。在这样的情境中学习天、地、人，以及与此相关的一些文字，比简单地就字认字更有利于学生的学习。学生把天地人以及相关的具体事物、大脑里已形成的关于这些事物的表象和概念，与表示这些事物的文字符号有机地联系起来，在这样的学习过程中轻松而有效地将文字融入了自己的认知结构中，学生认字的过程成为其认知发展的过程，同时也成为其认识世界、认识自我的过程。

其次，“天地人”是一个内涵丰富的情境。虽然学生还不能体会和理解其中蕴含着的天地人三才的思想、人与自然和谐相处的理念，但是，教师带着他们一起聊聊《盘古开天辟地》的故事，一起欣赏国画《一望大江开》所创设的情境，会给他们以熏陶和感染，让他们隐隐约约感受到人就像盘古一样站立在天地之间。

因此，本单元的学习把学生带入“天地人”这个真实而又广阔的情境。用“我认识‘人’了”“‘人’在‘天地’间”“我会读儿歌、写汉字”三个学习任务，整合教材第一单元的学习内容。玩游戏、朗读儿歌，能引导学生认识自我与他人；听神话故事、欣赏书画，能让学生感受天地与日月，感受“人”在“天地”间；读对韵歌，用多种方式识读生字，正确书写中国汉字，能激发学生学习中国文化、学习汉字的兴趣……一个大情境，三个任务，几个活动，使学生在玩中学，享受学习汉字的乐趣，学习的过程同时也成为认识人、认识世界、接受中华传统文化熏陶的过程。

2. 实现单元学习情境中的任务驱动学习

单元情境的设计是与学习任务的设计统筹考虑的。在“天地人”情境中，用“我认识‘人’了”“‘人’在‘天地’间”“我会读儿歌、写汉字”三个学习任务，整合教材第一单元的学习内容，实现了真实情境下的任务学习（图1）。

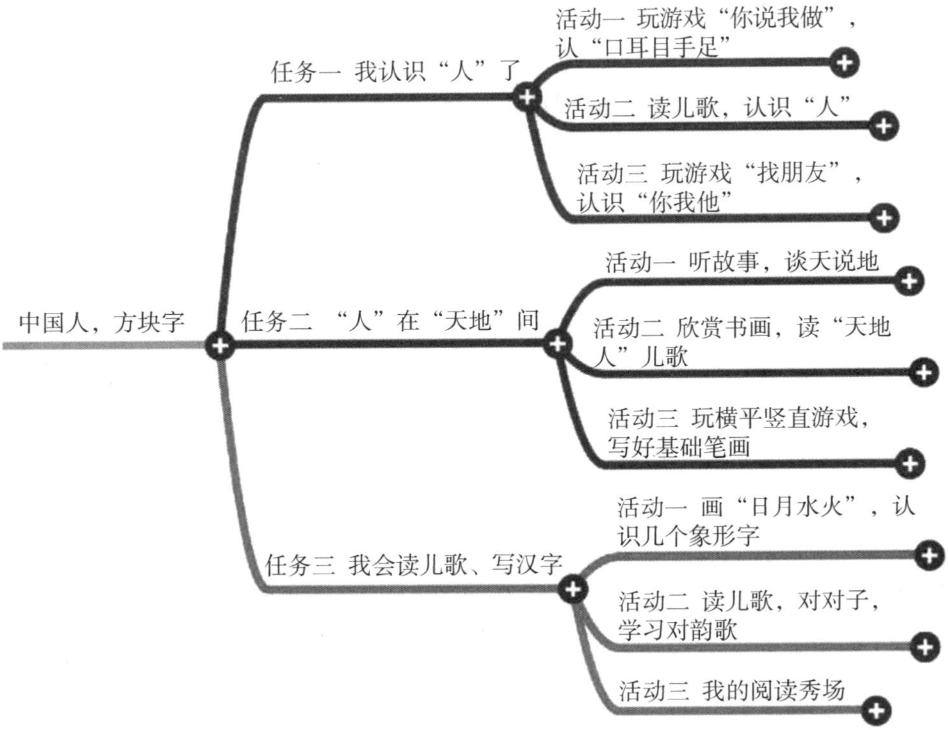

图1 统编一年级上册第一单元学习任务

第一个任务“我认识‘人’了”，结合学生刚刚入学的特点，在玩中学是实施教学的最好方式。教师可以把本单元的口语交际“你说我做”调至教学初始，让学生在游戏中学会交流，并围绕认识自己身体的典型器官，来进行识字。这样的设计贴近学生的生活，也是学生进行自我认识的第一步。朗读儿歌《人有两个宝》、介绍自己和伙伴，这些活动让学生对“人”有了比较全面的认识，也在语言实践活动中理解并运用了“你我他”。

第二个任务“‘人’在‘天地’间”，要让学生明白“天地人”之间的关系，对这一传统文化的渗透必须采用学生比较容易接受的方式进行。教师可以引入学生熟悉的神话故事《盘古开天辟地》，让学生随着故事情节感受天、地、人的来历。“盘古抡起斧头劈开了混沌，轻而清的东西，缓缓上升，变成了天，重而浊的东西，慢慢下降，变成了地。他头顶着天，用脚使劲蹬着地，天地逐渐形成了。”这个任务的实施还需要用好教材中的插图——傅抱石的《一望大江开》，引导学生从中感受“天地人”的特点：天在上，覆盖万物；地在下，衍生万物。人是天地之间的精华，是万物之灵。然后，在此基础上读好《金木水火土》。

第三个任务“我会读儿歌、写汉字”，采用看图识字、象形字识字、韵语识字、对对子识字等多种方法学习汉字。“画一画”，看似很简单，但这一活动让学生把眼中的事物和文字符号建立了联系，使学生从自己的经验中真切感受到象形字的内涵。“读一读”“对一对”，是一个整合教学的环节，通过对《对韵歌》的朗读，引出本单元其他儿歌、古诗的朗读，让学生初步感受对韵的特点。最后一个“我的阅读秀场”活动，可以用设计“阅读银行卡”、制作阅读书签、举办交流会等形式，引导学生爱阅读、爱分享、爱积累，形成良好的语文学习习惯。

四、设计活动，坚持以学习为中心

1. *在游戏体验中学习*

“我认识‘人’了”中的第一个活动是“玩游戏‘你说我做’，认‘口耳目手足’”。教师和学生一起玩“你说我指”“你摆我指”“你说我做”的游戏。听一听，指一指，读一读，说一说，做一做……在师生、生生游戏互动的过程中，学生发现原来汉字就在我们的生活中，在平时对话中；原来“口耳目手足”就是“嘴巴、耳朵、眼睛、手和脚”。游戏体验，既能让学生在交流的过程中互相熟悉，学会倾听和应答，又能帮助他们逐步感受到口语和书面语表达的区别，能够知道人有“口耳目手足”，在头脑中建立汉字符号与真实世界的联系。

2. *在分享互动中学习*

“天地人”三才之道是我国流传了几千年的传统文化，怎样让学生理解这一文化内涵呢？第二个任务“‘人’在‘天地’间”把神话故事《盘古开天辟地》和学生的真实生活引入课堂，采用线上、线下混合的学习方式，让学生在真实的学习过程中真切地感受“天地人”。听故事、看绘本、边讲边猜，让学生七嘴八舌地聊一聊，感知祖先对“天地人”的认识，激发学生探究世界的兴趣；或者走出教室拍一拍生活中的“天地人”，并分享自己的照片，丰富的图片资源让学生自然而然地把汉字与真实的世界编织在一起，这样，学生对“天地人”的理解就更加丰富、多元了。

3. 借助工具自主学习

“我的阅读秀场”是一个长线的读书活动。

学生可以自己设计“阅读银行卡”，每天记录自己的阅读情况；可以绘制阅读书签；可以摘录自己喜欢的词语或句子……画一画、记一记，这些看似简单的学习方法，让学生学会了用工具记录自己的学习过程，有助于养成良好的思维习惯和学习习惯。

大单元学习：让儿童生动活泼地学语文

——以小学语文统编教材六年级上册第三单元教学为例

付军玲① 王晓虹②

语文大单元教学力求通过大主题、大情境、大任务，用“血肉丰满”的语文培育富有朝气、蓬勃向上的儿童[1]。这与新课程改革背景下语文学科育人的旨归相契合，即语文学习最终指向素养与精神的共同生长[1]，指向“完整儿童”的培养。在教学中，充分挖掘大单元的育人价值，设计有效的实践路径，是落实和达成育人目标的前提。因此，教师要充分整合单元学习内容，设计灵活多样的学习活动；要深入思考在大单元教学中儿童在何处、语文在何处、儿童与语文的联系在何处，从而彰显大单元的育人价值。笔者以小学语文统编教材（以下简称“统编教材”）六年级上册第三单元为例，谈谈语文大单元从设计到落地的具体实施路径与思考。

一、素养本位下的大单元设计

落实学科核心素养，课堂教学强调在真实的任务中实现知识的联结与运用，教学设计要从原来一个知识点或一个课时的设计转变为指向核心素养的大单元设计。统编教材六年级上册第三单元属于小学阶段最后一个策略单元——有目的地阅读。教材编排了《竹节人》《宇宙生命之谜》《故宫博物院》三篇课文，分别属于记叙文、说明文和非连续性文本，在内容和表达上各具特色。三篇文本尽管体裁、内容不一样，但是阅读目的均指向“带着任务阅读，解决阅读或生活中的问题”，每一篇课文仿佛是一个真实的生活场景，当学生带着不同的问题与任务游走于文字之中时，就如同在不同的生活场景里“串门儿”。因此，在设计大单元教学时，既要考虑“阅读策略”这一核心要素，又不能被“策略”局限住，还要考虑到文本所涉及的情感、态度、价值观等人文要素，充分发挥单元的育人价值。遵循这样的思路，我们

---

① 付军玲，江苏省徐州市民主路小学教导主任，中小学高级教师。
② 王晓虹，江苏省徐州市民主路小学副校长，中小学高级教师。

从三篇课文中提炼出“阅读与生活”这一主题，将“串门儿”和读书联系起来，以此作为单元学习的切入口，以“领你串串门”为主任务，把本单元的学习内容统整为“逛逛老玩具大院”“探秘宇宙生命馆”“走进故宫博物院”三大任务，通过整合、调整教材，适时补充学习内容，引导学生体验与讲述、猜测与证实、梳理与表达，解决真实生活中的问题，实现素养的生长。

基于以上理解，我们创设了本单元的大情境：小小书本里有万千世界，字词句篇中是多彩生活。捧起书本，推开“老玩具大院”，在传统玩具的把玩中，收获一捧童趣；探身“宇宙生命馆”，跟随一串串的问号，揭开宇宙生命的谜底；带着家人踏进故宫博物院，做个小小讲解员，为他们讲述历史的宏伟……

不同的阅读目的，不同的收获，一样的美好！期待你的精彩！

具体的活动设计见表 1 和图 1。

表 1　统编教材六年级上册第三单元活动设计

情境任务	任务	课时	活动	学习内容
领你串串门	逛逛老玩具大院	3	我来教你玩玩具	《竹节人》 习作：______让生活更美好 词句段运用（一）
			玩起来，真快乐	
	探秘宇宙生命馆	2	找寻神秘星球的生命印记	《宇宙生命之谜》 词句段运用（二）
			宇宙生命知识竞赛	
	走进故宫博物院	2	我带家人游故宫	《故宫博物院》
			做个小小讲解员	

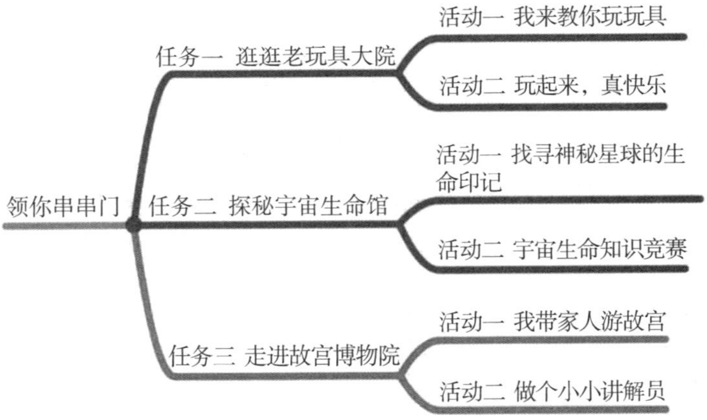

图 1　统编教材六年级上册第三单元活动设计

二、素养生长下的大单元实施路径

我们对照大单元教学设计的框架及要求，将“理念”外化成“行为”，立足课堂，联系生活，将设计转化为具体的实践。

（一）儿童与语文美好遇见——具身体验感受语文情趣

任务一“逛逛老玩具大院”一推出，就受到了学生的关注与喜爱。十一期间，他们自发地走进民俗博物馆、农家大院，用写采访稿、拍视频等多种形式，寻访老一辈的传统玩具，在实地查看与对话交流中感受老玩具里的美好时光。之后，学生带着对老玩具的初步认知，进入《竹节人》一课的学习。这篇课文可读、可做、更可以玩，教师利用“如何教一年级小朋友玩转竹节人”这一真实的情境任务，驱动学生从“制作竹节人—玩转竹节人—分享玩竹节人的快乐”三个维度进行阅读与探究。学生对于教别人玩玩具这个任务非常感兴趣，因而在阅读中能聚焦相应的段落，清楚地梳理出竹节人的做法、玩法和快乐体验，自主投入地阅读，积极地交流展示，不需要教师过多地讲解与分析，这节课的教学任务就顺利完成了。当然，“教别人玩”得先自己学会怎么做、怎么玩。课后，“玩转竹节人”活动拉开了帷幕，一时间，竹节人红遍了校园。

活动热了，竹节人火了，教师也在不断地思考，“玩转竹节人”活动中“玩”的目的和意义是什么。如果六年级学生仅仅停留在“玩得热闹”这一层面，我们的教学就偏离了语文课程的本质。“玩”出语文味，在“玩”中提升语文素养，才是语文学习的要义。基于此，我们启发学生在教一年级小朋友玩的时候要有“目标意识”和“对象意识”，也就是要思考怎么讲才能让一年级的小朋友听得明白、学得有趣。有了这样的要求，学生根据课文内容，绘制竹节人制作指南；动手制作竹节人；网络直播玩竹节人的过程；模拟走班巡讲，完善讲述。在“实地宣讲”时，学生在一年级小朋友面前，没有照本宣科，而是结合图示或 PPT，边示范边讲解，语言活泼有趣，时不时地还跟一年级的小朋友游戏、互动，课堂非常精彩。学生在“教”的过程中，将竹节人怎么做、怎么玩的认知经验转化为灵动的语言、真挚的情感、深入的思考，实现了活泼地学语文、用语文。

有了具身体验的“玩”，有了言语交际的“玩”，竹节人还可以怎么“玩”呢？教师又有了新的思考。本单元的习作内容是“玩起来，真快乐”。

原本的设计是“聚焦玩游戏时的精彩瞬间，把玩的过程写清楚，把玩入迷的样子写具体”。但是，学生玩竹节人的花样远远超出我们的预料。比如，给竹节人起个响亮的名号，布置场景表演小剧，打造“网红”竹节人，竹节人 PK 大战……生动的生活铸就灵动的表达。着眼学生的生活，我们改进了已有设计——通过报社征稿这一真实的任务（图 2），引导学生从“精彩瞬间”寻找创作灵感，鼓励他们用寓言、童话、小说、剧本等多种形式来表现从游戏中获得的体验。

征稿启事

时光流逝，时代变迁，曾经热门的传统玩具成了一代人的温情回忆。为了寻找和再现老玩具给人们带来的快乐时光，《彭城晚报》将开辟“玩起来，真快乐”专栏，特面向六年级学生征稿。文体不限，要求能通过文字向广大读者传递老玩具带来的快乐，方可录用。

徐州市《彭城晚报》编辑部

2020. 10. 8

图 2　征稿启事

学生写作热情高涨，《竹节人诞生记》《竹节人的前世今生》《竹节人的成长档案》等一篇篇精彩作品诞生，学生巧妙地把做法、玩法以及大家玩入迷的样子融入其中，童真、童趣力透纸背。

（二）课内与课外有效打通——知识竞赛触发深度思考

大单元教学以学生学习活动为主线，整合语文学习的各要素，强调学为中心。教学实施要以国家课程为核心，立足课堂教学，联系社会生活。

本单元的第二个任务“探秘宇宙生命馆”中的两个活动分别指向课堂教学和课外阅读。活动一“寻找神秘星球的生命印记”聚焦《宇宙生命之谜》一课。课上，教师从问题入手，引导学生发现、梳理文中提出的问题，并思考问题是怎么提出来的。随后指导学生借助思维导图厘清这几个问题之间的逻辑关系，使学生初步感受科普文的严谨规范。接着要求学生自主阅读文本。这一环节要提醒学生关注批注中的方法提示，思考回答这些问题需要聚焦哪些段落，运用什么阅读方法，在答题卡上记录关键信息，并利用这些关键信息的提示来阐述关于宇宙生命的观点。

教学中我们发现，学生在课上通过找中心句、圈画关键词、提炼关键信息等方法，可以很快从文中找到相关问题的答案，但语文学习不能止于答案。为了让文字的答案转化为学生丰富的言语实践，教师引导学生带着答案、带着问题到生活中、阅读中去寻找、发现和验证。在开展专题观影，学生寻访专业人士、查阅相关资料之后，学校开展了宇宙生命知识竞赛，师生共同商议竞赛形式、制定竞赛规则、梳理与整合竞赛题目。学生在不断思考“怎么比”“比什么”“答案是什么”的过程中，培养了信息筛选与整合的意识和能力。学校六年级组全体师生对竞赛热情高涨，先在班级内进行海选，每班选出前三名参加学校的总决赛，决赛要经过必答、抢答和论述三轮角逐，才能确定最后的获胜者。学生完成必答题的时候，声音响亮自信；抢答时全神贯注、配合默契；最终的冠军争夺赛，围绕“除了地球，宇宙还有其他的生命存在吗”展开论述。赛场上，选手调动丰富的阅读经验，有理、有据、有序地表达自己的观点，展示自主阅读、合作探究的学习成果。比赛结束后，年级组设计了标志性的奖牌，利用升旗仪式给获奖选手颁奖，满满的仪式感让学生、家长兴奋不已。有教师感慨：“这个单元的学习，学生们能记一辈子，我也能记一辈子，太难忘了！”

（三）线上与线下融合并进——任务驱动优化个性表达

任务三“走进故宫博物院”由“我带家人游故宫”和“做个小小讲解员”两个活动组成，旨在以真实的任务情境为导向，以学生的生活经验为起点，让学生在有目的的阅读与创造性的表达中，感受故宫建筑的宏伟壮观，感受中华历史文化的魅力。如何积极地创造条件以更好地达成这一目标呢？我们以教材为基础，融合多元学习平台，运用“线上线下融合并进”的学习模式，促进学生在“互联网＋”环境下的阅读实践，满足学生个性表达的需要[2]。

活动一：设计家庭版的故宫游览路线图。首先开展线下学习活动：学生确定带谁去参观，然后调查家庭成员对故宫的了解程度以及感兴趣的景点，用表格或文字记录下来；在阅读文本时充分考虑家庭成员的特点，借助图例画出路线，标出参观的重要景点，设计一条时长合理、有文化味、特色突出的游览路线。路线图设计完成后，我们在网络平台开展了“晒晒我的设计图”交流活动，通过投票推选了四个有代表性的路线设计，分别是：带着奶奶游故宫——跟着宫廷剧逛故宫；带着妈妈游故宫——故宫博览游；带着妹妹游故宫——故宫之初印象；带着同学游故宫——故宫知识知多少。互联网环境打破了固有的物理学习环境空间，师生、生生可以在课堂之外实时交流、评价，提高了学习的实效性。

活动二：做个小小讲解员。要求结合路线图，选择重要的景点进行讲解。学生登录故宫博物院的官方网站，进行全景式 3D 游览，全面了解故宫景点，获取了丰富的学习资源。这样就把学生自身的生活经验和多样的素材建立了有效的连接，形成有意义、有价值的任务挑战。学生试着运用提取、整合、概括等方法将课文与信息材料组合成条理清楚、重点突出的讲解稿，然后面对年龄不同、学识不同的听众，在家庭、课堂或是借助网络空间进行个性化的讲解。比如，给年纪小的弟弟妹妹讲解，语言力求简洁生动，最好能加入一些有趣的历史故事；给年长的爷爷奶奶讲解，可以结合热门宫廷剧里出现的场景；给知识丰富的爸爸妈妈讲解，就要增加一些更为专业、更加凝练的词句，涉及的景点要更为广泛……学生在真实任务的驱动下，言语交际的语境、空间、方式都更加自主个性[3]，学生言语表达的角色意识和对象意识也在不断加强，运用语言的能力得到提升。

三、基于实践的思考

大单元教学实践带给我们以下转变。

一是由眼中有“本”转向心中有人。大单元教学让教师的视线从课文研读转移到了儿童研究，从教学视角转变为育人视野。教师不仅关注学生运用知识持续地、正确地做事，更关注每一个儿童的当下与未来。教师以逐层递进的任务为驱动，引导学生从已有的认知水平出发，不断完善知识结构，建构语言表达经验，完成新的挑战，最终，学生学力得以增长，解决问题的能力得以提高，精神视野也变得更宏大。

二是由单一课堂转向广阔生活。在以往的教学中，教师常常忽略了学生语言运用所需的真实情境和环境，学生学习的状态不尽如人意。学科育人视域下的大单元教学让我们看到了灵动的教学样态，看到了生机勃勃的儿童，看到了儿童从学习知识走向生命的成长……这种良好的教育生态的形成，其原因主要是“教学回归生活世界”的观念得到了进一步强化，师生由单一的课堂学习走向了广阔的生活，学生得以在真实多样的生活情境中丰富情感体验、建构精神世界、提升言语智慧。

总之，大单元教学以育人、成人、为人为价值指向，重塑语文教学内容，实现了“儿童、语文、生活”的有机融合。在实践中还需注意，大单元教学不可能一蹴而就，教师在实施过程中必然会经历种种迷茫、困惑、冲突，只有不断地挖掘与转化，才能更好地彰显大单元教学的育人功能，推进儿童成长与学科发展的统整，让儿童认识生活、理解世界、传达感情，实现素养的全面发展。

参考文献：

[1] 陆志平. 语文大单元教学的追求 [J]. 语文建设，2019（6）：4–6.

[2] 戴晓娥. 信息技术支持下的语文单元整体教学研究与实践 [J]. 全球教育展望，2020（7）：76–77.

[3] 董小玉，李林原. 后疫情时代语文课堂变革的“三重”转向 [J]. 语文建设，2020（10）：19–20.

让语文学习真正发生

——基于真实情境的大单元教学实践

孟亦萍①

学科核心素养的出台，对语文课堂的教学形态产生了深刻影响，它站在长远、终身、面向未来的立场，倡导大单元整体设计，打破传统的教学秩序，把真实生活带进课堂，还原学习的真实性和完整性，让语文学习真正发生。所谓大单元教学，是根据课程实施的水平目标，将一个学期的学习内容确立为若干个教学主题，教师遵循语文学习的一般规律，以主题为线索，开发和重组相关学习内容，进行连续课时的单元教学。它与教材内容的单元不同，用崔允漷教授的话来说，最大的差异在于它划分单元的依据不只是内容，而是立足学科核心素养，整合目标、任务、情境与内容的课程单位。

或者说，一个大单元就是一个指向素养的、相对独立的、体现完整教学过程的课程细胞。

一、追寻思路——让学习真正发生的路径

“大单元”是最小的课程单位，如何分解和建构？如何进行真实情境下的大单元教学设计？

1. 分解和建构大单元的三大关键

一是基于语文学科素养和学科内容，界定学科核心观念，建立观念地图。二是围绕学科核心观念，联系学生的学习经验和生活情境，设计能够帮助学生理解和联结观念的学习任务。三是围绕学习任务，设计让学生自主、合作、探究解决问题的活动。学科核心观念，是体现学科本质特性和教育价值的最关键的学科概念、原理、思想和态度。语文学习的根本目的是促进学生面向未来的语文素养的发展，不仅要让学生学习、积累必要的语文知识，更重要的是要培养学生热爱语文、母语的情感，拥有良好的学习语文的习惯和方法，具备语文学科所独有的能力。因此，在分解和建构大单元时，要从培养学生的语文学科

① 孟亦萍，江苏省常州市武进区星河实验小学副校长，中小学高级教师。

素养出发，围绕语文课程标准，根据语文核心观念来整合或重组大单元的学习内容，建构学习任务，设计项目活动，使划分的单元既符合学生的学习规律，又充分包含课程内容。这样，一个个大单元连接起来，就逐渐建立起语文学科的观念地图，当学生真正形成这些品格和能力时，语文素养也随之得到提升。

2. 大单元设计编制类型的六大要素

基于建构主义学习理论，大单元设计的编制类型应该基于学生生活经验，以“主题—探究—表达”的方式进行项目型设计。项目型大单元设计主要包含六大要素：一是情境，具有教学价值的情境应该具有真实性与结构性，学生的语文素养必须在这种真实而结构复杂的情境中，在运用所学的知识和技能去分析、解释、解决问题的过程中逐渐形成。二是协同，关注学习共同体的建构，采用信息技术、网络平台等现代化教学方式进行个性化的、互动式的学习。三是支架，教师需要为学生的语文学习提供真实情境、目标任务、活动评价等一系列支架支持学生的学。四是任务，创设与学生生活经验相关联的真实任务，展开项目式、问题式的学习活动，为深度学习的发生提供可能。五是展示，学生采用思维导图、成果综述等方式展示学习成果，在班级或互动平台发表学习成果。六是反思，学生自我反思在大单元学习中的经验，采用和教师、学习伙伴对话等方式进行学习收获的梳理反思、总结提炼。

二、追述实践——让语文素养落地的范例

真实情境下的大单元设计一般遵循“分析、设计、开发、实施、评价”的程序，下面就以统编语文教材二年级上册第四单元为例，展现基于学科素养开展大单元设计的具体步骤。

1. 确定内容领域和单元主题

教师要研读《义务教育语文课程标准（2011 年版）》（以下简称“语文课程标准”），思考大单元对应的语文核心素养，聚焦人的发展，在教材原有单元内容的基础上，进行梳理和整合，确定内容领域和单元主题。统编语文教材二年级上册第四单元，编排了《古诗二首》《黄山奇石》《日月潭》《葡萄沟》四篇课文，以及“我爱阅读”中的《画家乡》，用优美的语言、形象的笔法描绘了九曲黄河、庐山瀑布、黄山奇石、台湾日月潭、新疆葡萄沟和美丽家乡的迷人风光，在学生心中勾画了一幅幅祖国山河的壮美景象。这些内容正对应了语文课程标准中指出的“在语文学习过程中，培养爱国主义、集

体主义、社会主义思想道德和健康的审美情趣，发展个性，培养创新精神和合作精神，逐步形成积极的人生态度和正确的世界观、价值观”“能主动进行探究性学习，激发想象力和创造潜能，在实践中学习和运用语文”。学生要通过整个单元的学习，提升语言的建构和运用、思维的发展和提升、审美的鉴赏和创造以及文化的理解和传承等能力，产生热爱祖国、亲近家乡的情感。本单元的教学重点一是“联系上下文和生活经验，了解词句的意思”，二是“学习课文的语言表达，积累语言”。基于语文课程标准的要求和教学重点，教师整合绘本《我的家乡真美丽》、古诗《题西林壁》、民间传说《日月潭的故事》等内容，将单元主题定为“美丽中国行”，以“我的旅行手账”专题性学习统领整个单元。

2. 分析语文课程标准、学情和内容，设定单元目标

教师要深入研究语文核心素养、课程标准、学段特点和学习内容，确定单元教学目标，将其分解为不同的学习任务。对照语文课程标准第一学段的目标要求，把上述单元的教学目标确定为：（1）在“美丽中国行”的真实学习情境中认识65个生字，读准3个多音字，会写38个生字，会写37个词语；能联系生活经验和上下文，了解词语的意思。（2）学习课文时能展开想象，用自己的话说说语句中描述的画面；阅读时关注自己的感受，提取相关信息并说出理由。（3）在“我的旅行手账”专题性学习中积累并运用描写风景的词句，提高语言表达能力。（4）在邀请人们到家乡游玩等生活情境中学写留言条。（5）正确、流利地朗读课文，尝试抓住关键词语以及构词、构段等形式特点背诵课文，表达对祖国壮丽山河、家乡美丽景色的热爱和赞美之情。

3. 根据单元目标，创设任务情境

依据设定的单元目标，教师可以从学生的生活经验出发，创设几个基于真实情境、与单元学习内容相关的复杂任务。这几个任务有关联、有层次，是贯穿整个单元的线索。上述单元以绘制“我的旅行手账”为任务情境，设置了三个任务。单元目标就在学习小组思考讨论、合作完成、展示分享、评价反思单元任务的过程中达成（图1）。

第一个任务是“我的旅行路线”。活动一“景点我知道”，学生借助中国地图，通过读一读、找一找、认一认等方法，了解鹳雀楼、庐山瀑布、黄山、台湾日月潭、新疆吐鲁番等景点的地理位置，认读并识记与这些风景相关的生字词。活动二“我们出发啦”，创设生活情境，让学生选择火车、飞机等各

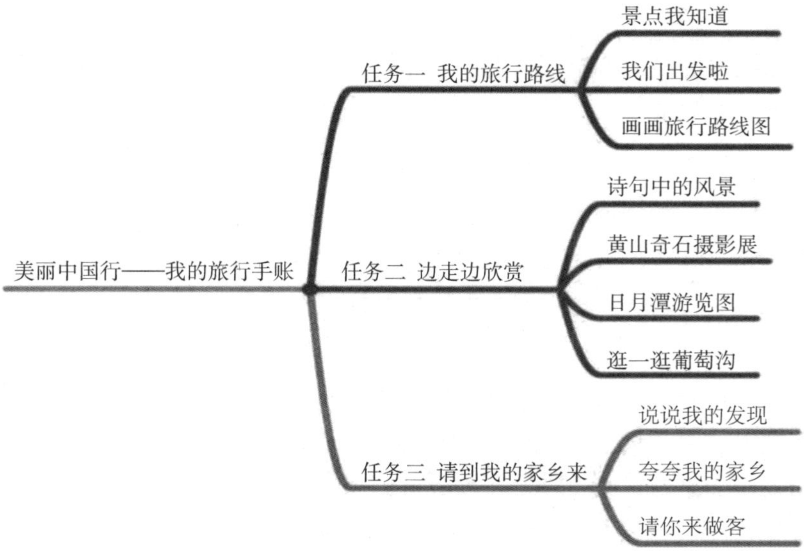

图 1 “美丽中国行——我的旅行手账”任务情境

种交通方式前往各景点，在生活中学习语文；通过多种方式的朗读，读好文中的长句子，把课文读流利。活动三“画画旅行路线图”，让学生规划自己的旅行路线图，在地图上画出路线并标出目的地的名称。

第二个任务是“边走边欣赏”。活动一“诗句中的风景”，学生通过读诗句、想画面、画画面、说画面等方法描绘诗中景色，绘制自己的景点手绘图，积累描写风景的诗句和词语。活动二“黄山奇石摄影展”，学生以课文为例，感悟黄山奇石的生动有趣，体会语言表达的趣味性、多样性，学着用比喻词介绍自己观察到的黄山奇石。活动三“日月潭游览图”，学生根据日月潭景色画出游览图，通过“当回小导游”的角色扮演，说清“日月潭”名字的由来，表达出不同时间、不同天气日月潭景色的变化。活动四“逛一逛葡萄沟”，学生绘制“炫彩葡萄园”和“葡萄干制作流程图”，学习文中介绍葡萄的方法，介绍杏子、香梨、蜜桃、沙果等葡萄沟出产的其他水果。

第三个任务是“请到我的家乡来”。学生先阅读《画家乡》，初步感受家乡的可爱；再运用积累的词语介绍家乡的风景名胜；最后在网上写留言条，邀请人们来家乡游玩。

4. 根据单元目标及任务，选择评价方式

评价是大单元教学中的重要构成部分，包含过程性评价和形成性评价，结合教师评价、同伴互评、学生自评等多种形式。只有做到教、学、评一致，才能让“学生的学”成为中心。

过程性评价伴随大单元学习任务和学习活动展开。学生可以利用现代信息技术收集和记录过程性数据，根据互动平台的数据记录对学习过程开展自我评价、互相评价。比如本单元任务二中的“逛一逛葡萄沟”活动，教师设计了学习活动“制作葡萄干，当当小导游”，学生阅读第三自然段后，在学习平台上拖动关键词，完成葡萄干制作流程图，并“当当小导游”，介绍阴房的作用及葡萄干的制作过程，最后根据评价标准进行自我评价。

形成性评价包括单元练习、测评试题等，依据单元学习目标，结合单元学习内容设置评价任务，制定评价标准。它改变了从知识点出发，依据识记、理解、应用的水平要求思考命题的做法，而是从单元情境出发，以情境化素材为基础，设置整合单元知识、技能、思想方法和观念的任务。题目难度取决于任务情境的开放程度，任务情境越开放，对学科观念和思维方式的要求越高。本单元的形成性评价，教师设计了“我为家乡代言”的任务，提出了如下具体要求：小朋友们，我们的家乡山清水秀、物产丰富，是我们心里最温暖的记忆。让我们为家乡代言，用说说、写写、画画或其他你喜欢的方式记录家乡美丽的风景、特有的物产、有意思的故事……做一本属于家乡的“旅行手账”，向全世界推荐我们的家乡，做个小小代言人！这样的综合评测，与单元目标一致，与单元学习任务活动也一致，真正做到了教、学、评一致。

5．分解单元目标及任务，安排课时计划

大单元教学打破传统的“第一课时读课文、学生字，第二课时理解课文内容、感悟作者情感”的固有观念，根据单元整体的教学设计来合理分解、安排课时，从课时目标、学习活动、评价、教师支持与教学策略几个要素来确定课时的长短。课时目标、学习活动和评价都是对单元计划的分解，而教师支持与教学策略则是对教师角色和责任的明确，即在不同课时的学习中，学生需要教师多大程度的支持，教师使用怎样的教学策略帮助学生达成学习目标。

真实情境下的大单元教学要求以语文课程标准和语文核心素养为纲，整合语文核心观念，精选与重组学科内容，这对教师的教学思维与方式的转变、教学设计与实施能力的提升提出了变革性的挑战。也只有经历这样有深度、高质量的学习过程的学生，才能真正成为学习的主人，成为未来社会的参与者。因此，引导学生这样学习语文，是语文教师的自觉的使命。

高中语文“学习任务群”：布局、特点与实施路径

刘 飞[①]

一、“学习任务群”的布局呈现

《普通高中语文课程标准（2017年版）》（以下简称“新课标”）中的“学习任务群”是其最为核心的概念术语之一。新课标在“课程结构”下的“设计依据”中指出，语文课程“从祖国语文的特点和高中生学习语文的规律出发，以语文学科核心素养为纲，以学生的语文实践为主线，设计‘语文学习任务群’”，一共包括“整本书阅读与研讨”“当代文化参与”“跨媒介阅读与交流”“语言积累、梳理与探究”“文学阅读与写作”“思辨性阅读与表达”“实用性阅读与交流”等18个学习任务群。这些学习任务群不是杂乱无章地堆砌，而是整体设计、统筹安排于必修、选择性必修、选修三类课程之中。这18个学习任务群的设计，可以说搭建起了普通高中语文课程内容形态与结构体系的基本框架。

上面罗列的7个学习任务群是必修课程需要完成的；“整本书阅读与研讨”“当代文化参与”“跨媒介阅读与交流”“语言积累、梳理与探究”“中华传统文化经典研习”“中国革命传统作品研习”“中国现当代作家作品研习”“外国作家作品研习”“科学与文化论著研习”这9个学习任务群是选择性必修课程需要完成的；“整本书阅读与研讨”“当代文化参与”“跨媒介阅读与交流”“汉字汉语专题研讨”“中华传统文化专题研讨”“中国革命传统作品专题研讨”“中国现当代作家作品专题研讨”“跨文化专题研讨”“学术论著专题研讨”这9个学习任务群是选修课程需要完成的。从中不难看出，有些任务群在不同课程类别中反复出现，比如“整本书阅读与研讨”“当代文化参与”“跨媒介阅读与交流”；有些任务群只在相应的课程类别中出现，比如必修课程中的“文学阅读与写作”“思辨性阅读与表达”“实用性阅读与交流”，选择性必修课程中的“外国作家作品研习”“科学与文化论著研习”，选修课

① 刘飞，淮阴师范学院教师教育学院讲师。

程中的“汉字汉语专题研讨”“跨文化专题研讨”“学术论著专题研讨”等。由此可见，“不同学习任务群具体的学习内容有所区别，体现不同的学习要求”[1]。换言之，“必修课程的学习任务群构成高中课程目标和内容的基本框架，体现共同语文素养要求；选修课程的学习任务群在必修课程的基础上延伸、拓展、提高和深化，满足学生个性化的语文素养发展诉求”[2]。新课标“教学建议”第二条也明确要求我们要“充分理解学习任务群的特点，处理好学习任务群之间的关系”。这条建议下的解说文字是：“普通高中语文课程设计了18个学习任务群，每个任务群都有各自的学习目标与内容，彼此之间又渗透融合、衔接延伸。教师可根据学习任务群的特点、学生的学习程度，结合自身的专业优势、教学风格，有规划、创造性地实施教学。教学中应统筹考虑各个学习任务群的特点，要明确不同学习任务群的定位和功能，妥善处理各个学习任务群之间的关系，避免遗漏缺失；要关注共同任务群在必修、选择性必修、选修课程中学习重点、呈现方式和深度广度的差异，避免简单重复。”[1]

总之，新课标中的这18个学习任务群是一体化设计、科学而有序地安排于三类课程之中的，它们基本涵盖了高中学生生活、学习和日后工作所需要的听说读写各种语言活动类型。同时，每项学习任务所涉及的语言学习素材与运用范例、语文实践的话题与情境、语体与文体等，也几乎覆盖了历来语文课程所包含的口头和书面，以及古今实用类、文学类、论述类等基本语篇类型。[3]最为重要的是，它们共同担负或承载了培养学生语文核心素养的课程目标或课程期待。

二、“学习任务群”的基本特点

新课标修订组负责人王宁教授解读：“所谓‘学习任务群’，是在真实情境下，确定与语文核心素养生成、发展、提升相关的人文主题，组织学习资源，设计多样的学习任务，让学生通过阅读与鉴赏、表达与交流、梳理与探究的自主活动，自己去体验环境，完成任务，发展个性，增长思维能力，形成理解、应用系统。这种有人文主题的任务群，是在学校课程总体设计和实施的环境下由学校和教师组织并有计划地引导完成的。它与过去的教学模式有内在的区别——课程中有文本，但不以文本为纲；有知识，但不求知识的系统与完备；有训练，但不把训练当作纯技巧进行分解训练。教师是组织者，学生是主体，师生互动。”[4]结合王宁教授的观点，我们可以得出以下三点认识。

1.“任务群”学习是一种指向核心素养、基于真实情境的学习

新课标提出“语文核心素养”的概念并将之作为语文课程目标的主要体现与核心诉求。因此，今后的语文教育教学必然要走一条指向学科核心素养的路。无论是目标的确定，还是内容的选择，抑或教学的实施与评价，都须以“语文核心素养”为纲来设计。情境学习理论认为，知识是蕴含于情境之中的，离开了特定的境域，就不存在任何的学习主体与学习行为。学科核心素养作为三维目标的升级版，对它的发展与培育工作自然也离不开情境。新课标中“学习任务群”的设计，既体现了语文学习的情境性和综合性，又体现了学习任务的多样性与目标性。

2.“任务群”学习是一种整合诸多语文要素的主题式学习

主题学习主张围绕一个具体的任务情境，凭借一系列的言语实践活动学得知识，习得技能，并能在反复体验与问题解决中将其凝结成素养。可以说，每一个“任务群”都是有着明确指向的主题学习，这与现行的大多数版本高中语文教材主题组元式编写体例相吻合，无疑可让学习内容变得更加聚焦，有指向性，教学过程自然也会变得更加清晰，有针对性。

新课标指出：“学习任务群追求语言、知识、技能和思想情感、文化修养等多方面、多层次目标发展的综合效应，而不是学科知识逐‘点’解析、学科技能逐项训练的简单线性排列和连接。”[1]这里面体现的是一种整合思想，不仅是内容和情境上的整合，也是方法和资源上的整合，旨在规避传统的按照“字词句篇语修逻文听说读写”组织而成的知识能力体系的教学和考试模式。各种语文学习要素在“学习任务群”中不再彼此封闭、相互脱节，而成共生共融、契合一体的关系，“语文核心素养”的四个主要方面“语言、思维、审美、文化”也在“任务群”的学习中得以综合性地发展与提升。

3.“任务群”学习是一种以学生语文实践为中心的多样化学习

语文课程是一门综合性、实践性课程。新课标中也明确强调了要“通过阅读与鉴赏、表达与交流、梳理与探究等语文实践，积累言语经验，把握语文运用的规律，学会语文运用的方法，有效地提高语文能力，并在学习语言文字运用的过程中促进方法、习惯及情感、态度与价值观的综合发展”[1]。所以，新背景下的“任务群”学习必然是多种实践交织互动的学习，不仅有传

统的阅读与鉴赏、表达与交流，还有新提出的梳理与探究，最大限度地彰显了语文学习形式的多样性，同时也反映了语文学习内容的丰富性。另外，这三种语文实践并非彼此孤立、毫无关系，相反，它们之间有着密切的联系。根据刘勰《文心雕龙·知音》中“夫缀文者情动而辞发，观文者披文以入情”的观点，有阅读就会有表达，而有阅读和表达后，自然就会有梳理；同理，有鉴赏就会有交流，而有鉴赏和交流后，自然就会有探究。梳理与探究离不开阅读与鉴赏、表达与交流，反之亦然。

总之，“以语文学科核心素养为纲的高中语文课程体系给学习者呈现的是18个学习任务群，每个学习任务群都整合了学习情境、学习内容、学习方法、学习资源，以学生的语文活动为主线，主要通过阅读与鉴赏、表达与交流、梳理与探究等具体学习活动完成项目任务的学习”[3]。

三、“学习任务群”的实施路径

下面，我们聚焦“学习任务群12　科学与文化论著研习”，并以社科类著作《如何阅读一本书》（莫提默·J. 艾德勒，查尔斯·范多伦著）的教学设计为例，分五个步骤尝试探索“学习任务群”的一般实施路径。

（一）明确任务群的价值定位

新课标指出，本任务群研习自然科学和社会科学论文、著作，旨在引导学生体会和把握科学与文化论著表达的特点，提高阅读、理解科学与文化论著的能力，开阔视野，培养求真求实的科学态度和勇于探索创新的精神。据此，围绕语文核心素养的四个方面可得出本任务群的价值所在：第一，学习并运用科学与文化论著那种观点明确、逻辑严密、简洁精练、表述准确的语言表达（语言建构与运用）；第二，理解并懂得科学与文化论著所具有的逻辑、推理和实证等科学思维方式（思维发展与提升）；第三，体会并感悟科学与文化论著所折射的求真务实的科学态度和勇于探索创新的精神（审美鉴赏与创造）；第四，加强和提升科学与文化论著所包含的对自然、社会以及人类的深入认识（文化传承与理解）。

（二）思考学习内容的选择依据

本任务群的学习内容多样。“例如，可以选择一本自然科学论著和一本社会科学论著，可以选择若干科技论文和社科论文组合，可以将自然科学论著和若干社会科学论文组合；也可以围绕自然科学和社会科学的内容、发展历史设计‘主题’，围绕‘主题’选择相关内容；还可以依据学生兴趣，选择适宜内容进行比较阅读……”[3]而笔者拟以《如何阅读一本书》的研习为例，理由如下。

一是必修课程中学习过“整本书阅读与研讨”，学生对如何阅读整本书已有了一定的经验和认识；二是自然科学论著也有很多，如《科学的历程》《超越时空》《宇宙的起源与归宿：听霍金讲万物之理》等，但学科属性稍弱些，很可能会将“语文任务群”学习变成诸如科学、物理等通识课的学习；三是新课程与新高考要求学生进行海量阅读，这也是提升学生语文素养的良药，而《如何阅读一本书》作为一本有关“指导读者如何阅读”的经典之作，自然成了不二之选；四是《如何阅读一本书》的语言凝练，内容翔实，层次明确，逻辑清晰，操作性很强。

（三）择定任务群的学习目标

新课标对本任务群的“学习目标与内容”及其“教学提示”做了相关规定及说明，如领会不同领域科学与文化论著的内容，培养科学态度和创新精神；撰写内容提要和读书笔记，学习体验概括、归纳、推理、实证等科学思维方法，把握科学与文化论著观点明确、逻辑严密、语言准确精练等特点；选择适合高中生阅读的有关科学技术和社会发展的论文和著作（节选）；引导学生结合所学的其他学科知识，借助工具书、资料，了解文本中的基本概念和观点，厘清文本结构脉络、论证逻辑；还可以通过撰写读书笔记，加深对论著的理解，以及组织交流和讨论，分享学习成果，研讨学习中遇到的问题，等等。根据这些规定及说明，结合《如何阅读一本书》的特点，可以将本任务群的学习目标设计如下。

1. 自主阅读《如何阅读一本书》，在阅读过程中可凭借工具书、资料等弄明白书中的基本概念（指向“语言”素养）。

2. 遇到陌生主题或不易理解的句段，能够运用概括、归纳、推理和实证等方法去把握作者的主要观点或基本倾向（指向“语言、思维”素养）。

3. 阅读过程中，撰写大纲提要或笔记心得，进而厘清本书的结构脉络与论证逻辑。阅读完毕，能够说出本书的主要内容，并能掌握科学的阅读方法的基本原则与步骤（指向“语言、思维”素养）。

4. 阅读过程中，体会本书的语言特点和表达方式，感受科学论著的与众不同，进而形成良好的阅读态度与阅读素养（指向“语言、审美”素养）。

5. 梳理阅读过程中的困惑和思考的问题，班内组织交流会进行阅读分享与研讨后，积累并梳理本次学习的相关材料，形成一定的阅读文化与阅读氛围（指向“语言、思维、文化”素养）。

（四）设计落实目标的情境任务

学习活动一：自主学习（2 学时）

在阅读前请思考以下问题：你平时阅读吗？阅读的目的是什么？一般是怎么阅读的？有思考过自己的阅读方式吗？

在阅读中请思考以下问题：《如何阅读一本书》正是一本指导人们如何阅读的名作，全面介绍了阅读的方法、技巧，阅读应具备的广阔视野等。自 1940 年问世以来，在世界范围内好评甚多，再版多次，至今已出版四十余万册，该书作者是莫提默·J. 艾德勒和查尔斯·范多伦。现请同学们采取课上与课下相结合的形式自主阅读本书，并完成以下任务。

1. 自读过程中，遇到不认识的字词进行圈画，记录在积累本上，查字典或词典掌握生字词。

2. 请根据本书第 7 到 17 页内容，梳理阅读的类型与目标，并完成下表。

表 1 《如何阅读一本书》中的阅读类型与目标

阅读类型	典型案例	对作者的要求	阅读后的作用
娱乐消遣	网络小说、小报	一般水平即可阅读	愉快的体验、不费脑筋

3. 我们需要的是一种什么样的阅读？本书的写作目的是什么？

4. 作为一个有自我要求的读者，应当做到以下两点：第一点，主动提出四个基本问题，并且在阅读书籍的过程中尽可能地找到答案。请写出是哪四个基本问题。第二点，做笔记。笔记一共有三种类型，是哪三种？分别是什么意思？

5. 阅读完毕，请梳理本书的结构脉络与行文逻辑，也可以边阅读边梳理。

学习活动二：合作学习（4 学时）

本书按照由浅入深的顺序，阅读水平的提升需要经历四个层次：第一个层次的阅读，称之为基础阅读（elementary reading）；第二个层次的阅读，称之为检视阅读（inspectional reading）；第三个层次的阅读，称之为分析阅读（analytical reading）；第四个，也是最高层次的阅读，称之为主题阅读（syntopical reading）。阅读的四个层次并不完全独立，上一个层次包含在下一个层次中，而下一个层次总是以上一个层次为基础。

1. 请用自己的话分别对上述四个层次的阅读做一个概念化解释。

2. 请通过小组合作，完成对上述四个层次的阅读的具体分析。

（1）基础阅读：请根据本书第22到29页内容，完成以下问题。

①请厘清基础阅读的阶段与层次。

②请指出基础阅读的问题，并尝试提出2~3条解决策略。

（2）检视阅读：请根据本书第30到41页内容，完成以下任务。

检视阅读可以让你在限定时间内读完一本书，并获得整体认识。检视阅读包括“系统地略读或粗读”和“粗浅地读”两种。面对不同的情境可采用具体的检视阅读方法。请完成下表。

表2

情境	适用检视阅读类别	采取的相应方法
不知道自己想不想读这本书；不知道这本书是否值得读；时间非常有限		
非常难读的书		

（3）分析阅读：请根据本书第55到147页内容，完成以下问题。

①第一阶段。

分类：我们所阅读的书可以怎么分类？

概括：用一句话来概括本篇内容。

梳理：为本篇内容拟一个大纲。

总结：作者在本篇中想解决什么问题？

②第二阶段。

定义：本篇内容一共七章，你认为有哪些关键字词，你能诠释它们吗？

理解：你能找出本篇内容中每一章的主旨句吗？（请用自己的语言组织主旨句，非原文复制）

逻辑：请你梳理、比较并分析每章的主旨句，你有何发现？

答案：确定作者已经解决了哪些问题，哪些尚未解决。在未解决的问题中，确定哪些是作者认为自己无法解决的问题。

③第三阶段。

评论：如何公正地评论一本书？采取什么样的步骤？要问哪几个问题？

批评：作为读者，如果你不同意作者的观点，可以依据哪些方面来批评作者？

（4）主题阅读（比较阅读）：请根据本书第267到289页内容，完成以下问题。

①进行主题阅读的目的是什么？

②主题阅读的一般步骤是怎样的？

学习活动三：探究学习（2学时）

1. 请根据第167到254页内容，完成表3。先自我思考，然后组内交流讨论。

表3　名作阅读学习简表

读物	读物类型	阅读目的	阅读方法和阅读设计（简答，100字内）
华罗庚《华罗庚科普著作选集》			
斯蒂芬·霍金《宇宙的起源与归宿：听霍金讲万物之理》			
傅雷《傅雷家书》			
朱光潜《谈读书》			
冯天瑜、何晓明、周积明《中华文化史》			

2. 梳理出组内无法解决的困惑或疑问，可以是语言表达方面的，也可以是文本内容方面的，还可以是论著结构和思路方面的，等等。遴选3~5条班内交流讨论。

3. 本次学习结束后，请以“阅读小组”为单位整理好关于《如何阅读一本书》的研习材料（电子版与纸质版、文字与图片等）等待老师收取存档。等到18个学习任务群都学习结束后，将每次的任务群学习材料整合起来，集中装订，作为班级课程资源中的一份材料，可通过多媒体或报纸、杂志等途径交流传播。

（五）说明任务群学习设计意图

一是坚持基于课程标准的教学设计。根据新课标“科学与文化论著研习”任务群的价值定位，以及学生已学习过“整本书阅读与探讨”的学情分析，选取学习内容《如何阅读一本书》，并以此为载体进行“科学与文化论著研习”任务群的第一次学习。然后基于该任务群在新课标中“学习目标与内容”及“教学提示”的要求，确定研习《如何阅读一本书》的学习目标，并基于目标设计相应的情境任务。所以，无论是本次学习的目标还是内容，抑或情境任务的设计，都直接依据新课标，源于新课标。

二是坚持并落实“学习任务群”的情境化学习要求。“指向核心素养的教学设计，起点应在于如何去创设真实情境、真实任务，引发学生的言语行为表现，而不是将经典文本、必备知识当成教学的起点。”[5]所以在具体的阅读活动前，笔者就尝试询问学生：“你平时阅读吗？阅读的目的是什么？一般是怎么阅读的？有思考过自己的阅读方式吗？”这样一下子就将整个学习内容、学习进程放到了一个具体的主题情境之中，形成了具有开放性、综合性、挑战性的任务氛围。另外，在这一学习过程中，要始终坚持为学生提供一种问题情境和任务驱动，让学生学有方向，直指学习目标的达成与落实。

三是坚持“阅读与鉴赏、表达与交流、梳理与探究”三位一体的语文实践活动形式。学习任务群视角中的语文学习强调真实情境中的实践活动和学生的参与、体验和亲历。所以，在整个学习过程中，我们有意识地设计了阅读、表达、积累与梳理、交流与讨论等听说读写思全覆盖的语文活动，以确保学生在综合性的实践活动中去学习知识，习得技能，形成素养。

四是坚持主题导向的“自主、合作、探究”的语文学习方式。新课标在“教学建议”中明确提出语文教学需要“创设综合性学习情境，开展自主、合作、探究学习”，所以我们首先明确了学习主题“《如何阅读一本书》研习”，并依此整合学习情境，设计问题任务，提供学习资源，引导学生在一系列或自主（活动一）或合作（活动二）或探究（活动三）的语言实践活动中提升语文素养。

五是坚持将语文学科核心素养的培育渗透到整个学习的过程中。王宁教授指出：“核心素养是个体在解决复杂的现实问题的过程中调取知识与技能和满足特定现实需求的综合性表现，是学科知识育人价值的集中体现。”[3]换言之，新课标中学习任务群追求的正是知识与技能、过程与方法、情感态度与价值观等多方面、多层次目标发展的综合效应。因此，无论是学习目标与内容的确定还是情境任务的设计，我们都应努力将其纳入语言、思维、审美与文化四项学科核心素养的提升与发展范畴中，比如分析作者的主要观点、赏析论著的语言特色、挖掘阅读中的主旨句、撰写读书心得笔记，等等，以期学生的语文素养能在丰富多彩的语文实践活动中“开花结果、茁壮成长”。

参考文献：

[1] 中华人民共和国教育部. 普通高中语文课程标准（2017年版）[S]. 北京：人民教育出版社，2018.

[2] 徐鹏. 语文学习任务群的学理探寻 [J]. 中学语文教学，2018（6）：4-7.

[3] 王宁，巢宗祺.《普通高中语文课程标准（2017年版）》解读 [M]. 北京：高等教育出版社，2018.

[4]《基础教育课程》编辑部. 走进新时代的语文课程改革——访普通高中语文课程标准修订组负责人王宁 [J]. 基础教育课程，2018（1）：21-26.

[5] 蔡可. 基于“学习任务群”的语文教学设计 [J]. 语文学习，2018（1）：17-22.

指向语文学科核心素养发展的单元教学整体设计

——以普通高中语文统编教材必修上册第一单元为例

纪秋香①

2019 年秋季，普通高中语文统编教材（以下简称“统编教材”）开始推广使用。教材编写坚持立德树人，重视落实普通高中语文课程标准的要求。教材以学习任务群为线索组织单元，以主题聚合、打破文体、单篇加多篇的方式呈现课文，设计了重视整合与实践的单元学习任务。如何准确理解教材，突破传统的以单篇、文体教学为主的习惯，促进学生语文学科核心素养的发展，是高中语文教师需要面对的问题。下面以统编教材必修上册第一单元为例，谈谈如何进行单元教学的整体设计，以促进学生语文学科核心素养的发展。

一、逻辑与关系：整体把握教材，精准解读课文

统编教材重视学生语文学科核心素养的发展，以学习任务群为线索组织单元，单元编排包括单元提示、课文、学习提示、单元学习任务和必要的学习知识材料。理解统编教材，要重视理解教材编写的逻辑结构与内容，一方面要整体把握，明晰单元学习重点；另一方面要聚焦分析，解读单元选文内容。

1. 整体把握，明晰单元学习重点

统编教材必修上册第一单元属于“文学阅读与写作”学习任务群。从教材编排看，必修部分共编排了五个体现“文学阅读与写作”任务群学习要求的单元，几个单元选用的文本体裁不同，分别以不同的文学阅读与写作的核心概念为重点，从不同角度使学生获得审美体验，提高文学鉴赏力和表达能力，这与《普通高中语文课程标准（2017 年版）》的相关要求一致。本单元是高中阶段“文学阅读与写作”学习任务群的起始，单元提示内容呼应“文

① 纪秋香，北京教育学院石景山分院基础教育研修中心高中语文教研员，中学高级教师，北京市学科带头人。

学阅读与写作”任务群的学习要求，提出“理解诗歌运用意象抒发感情的手法，把握小说叙事和抒情的特点，体会诗歌和小说的独特魅力；学习从语言、形象、情感等不同角度欣赏作品，获得审美体验；尝试写作诗歌”等学习重点。不难发现，“诗歌意象与抒情”“小说叙事与抒情”和“诗歌写作”等是文学阅读与写作的核心概念，是本单元学习的关键点。

统编教材有机融入社会主义核心价值观，落实立德树人根本任务。整体把握教材，要重视单元的人文主题及其在学生成长中的促进作用。第一单元的单元提示以富有启发性的语言引导学生思考青春与自己未来生活的关系，进而概说单元选文在青春主题内容表现上的特色，然后明确提出本单元学习要从“青春的价值”角度展开。

2. 聚焦分析，解读单元选文内容

解读统编教材中的文章，教师不仅要认真分析每一篇文章的内容，同时还要建立宏观理解的视角，围绕单元学习重点，理解各课文章之间、每课课内文章之间的关系，全面把握整个单元文章与单元学习目标的关系。

首先，理解课文之间的关系。本单元共三课，诗歌两课、小说一课；文体上包括诗歌一组、小说一组。诗歌一组分成两课，一是单篇成课，一是多篇成课。第一课是《沁园春·长沙》。《沁园春·长沙》在本单元中是唯一的单篇成课，这是一篇经典课文，诗人抒发了在民族危难之时所显现出来的担当精神，能够引起当代中学生对生命意义的思考，激发他们为祖国发展而奋斗的责任意识。第二课共四首诗，两首精读，两首略读。两首精读诗歌是中国现代诗歌早期诗作代表，《立在地球边上放号》是郭沫若诗集《女神》中的代表作，歌赞“五四”时期狂飙突进的时代精神；《红烛》是闻一多同名诗集的序诗，是诗人诗歌艺术探索的一个总结，是融合了东方文化与西方文化的代表诗作。两首略读诗歌，一首是中国当代诗，一首是外国诗，都是诗坛巨星的经典之作，它们增强了单元学习内容的丰富性，也引导学生向更宽阔的领域去阅读。诗歌一组内容，第一课在表现单元人文主题及诗歌艺术特色上更具经典意义；第二课以中国诗歌学习为主，既有中国当代诗歌的纵向学习，也有延展到外国诗歌的横向探讨。第三课的两篇小说除了突出表现单元人文主题、在小说叙述与抒情表现方面有特色外，还都以特定时代为宏大叙事背景，作家们用笔别致，塑造典型人物，反映时代精神追求。整体来看，单元选文有诗歌、小说不同的文学体裁，在青春主题、情感表达形式上各有特色，共同指向单元学习重点的落实。

其次，基于教材编写意图解读单元课文。本单元的人文主题是“青春”，学科核心素养指向下的文学阅读与写作的学习重点是“诗歌意象与抒情”“小说叙事与抒情”等，应围绕单元提示重点，分析各篇文章的特色。如《沁园春·长沙》是对秋景的描绘和革命斗争生活的回忆，意象灵动、意境丰盈深邃，抒发了诗人以天下事为己任的豪情壮志和革命乐观主义精神，这是战斗的、豪迈的青春；《致云雀》以云雀为中心组成密集的意象群，云雀是诗人理想化自我的写照，追求光明，蔑视低俗，向往理想的世界，这是拥有崇高理想并为之奋斗的青春；《百合花》写了小通讯员送文工团女战士到前沿包扎所及随后发生的系列故事，通过典型的细节描写，表现了战争年代纯洁、崇高的人际关系，这是平凡而伟大的青春。

另外，基于教材编写意图解读单元课文，还需要分析学习提示。过去的教材，课文书页间有必要的注释，课文后面有研讨与练习，有的课文前面还有导语等，而今的统编教材只有必要的注释和课后学习提示。与研讨、练习相比，学习提示不再局限于练习题目，内容更加丰富全面，促使教师发挥自身优势创造性地使用课文。学习提示在单元学习重点与课文之间搭起桥梁，帮助教师更准确地理解教材编排设计的意图和篇章学习的侧重点。分析第一单元每课的学习提示可以发现，它提供了多方面的信息，如简介课文内容、提出学习重点、提示阅读策略、提示延伸阅读、明确背诵要求等，这能够帮助教师更准确地理解教材编写意图，更好地解读教材中的课文，有效落实单元教学任务。

二、基础与发展：全面分析学情，确定教学目标

指向语文学科核心素养发展的教学以学生为中心，单元教学设计要分析学生的单元相关学习内容掌握情况、学习心理及思想状态等，以了解学生的学习需要与起点，确定整个单元的教学目标。

概括分析高一新生的相关情况，从学习心理与精神状态看，学生刚刚开启高中新生活，青春生命昂扬，多数人会思考自我生命价值的相关问题。但由于处于信息社会，外界复杂且充满诱惑，他们对个人、国家与未来的思考不够清晰，需要进一步树立正确的价值观。从文学阅读能力看，经过初中语文学习，以及对《义务教育语文课程标准（2011 年版）》要求的落实，学生

应该能够“欣赏文学作品，有自己的情感体验，初步领悟作品的内涵，从中获得对自然、社会、人生的有益启示。对作品中感人的情境和形象，能说出自己的体验；品味作品中富于表现力的语言”。他们过去阅读、学习文学作品以感受体验、获得启示、品味语言为主，文学鉴赏能力还有待提高。在本单元学习中，教师应引导学生开展文学欣赏活动，帮助他们在文学作品阅读的过程中了解诗歌、小说等文学体裁的基本特征及主要表现手法，从诗歌意象与抒情、小说叙事与抒情等方面开展探究学习，并尝试从多个角度欣赏作品，获得审美体验，提高鉴赏能力，体味作者独特的艺术创作手法。

教师在掌握学生的学习基础、厘清本单元的教学起点、明确学生学习的提升方向的基础上，结合前面教材理解分析的重点，可确定本单元的教学目标。

1. 通过参加“校园朗读者”系列活动，阅读单元选文及拓展资源，理解诗歌运用意象抒发感情的手法，把握小说叙事和抒情的特点，体会诗歌和小说的独特魅力。

2. 感受文学作品意蕴的丰富性和语言表达的特殊方式，学习从语言、形象、情感等不同角度欣赏作品，获得审美体验，提升审美能力。

3. 捕捉灵感，尝试诗歌写作，抒写自己的青春岁月，正确认识自我，树立远大理想，为中华民族伟大复兴而努力。

三、情境与任务：整体设计，整合语文实践活动

《普通高中语文课程标准（2017 年版）》指出：“语文学科核心素养是在具体的阅读与鉴赏、表达与交流、梳理与探究等语文实践活动中形成与发展，并通过具体、多样的实践活动表现、展示出来的。”语文教学应以具体情境为载体，以典型任务为主要内容，整体设计单元教学，整合语文实践活动，关注内在学习品质，以评价促进学生的学习。

图 1 是第一单元的整体设计，创设了以“青春的价值”为主题的“校园朗读者”的真实情境，核心任务是感受第一单元内容，借鉴学习，参加“校园朗读者”活动。围绕核心任务，本设计分为学习准备、嘉宾招募、组织展演三个阶段，每个阶段都融入关于青春的人文主题内容。在完成核心任务的过程中，学生从诗歌意象与抒情、小说叙事与抒情、文学作品意蕴的丰富性以及文学作品写作与朗读等方面开展自主、合作、探究学习，获得文学作品

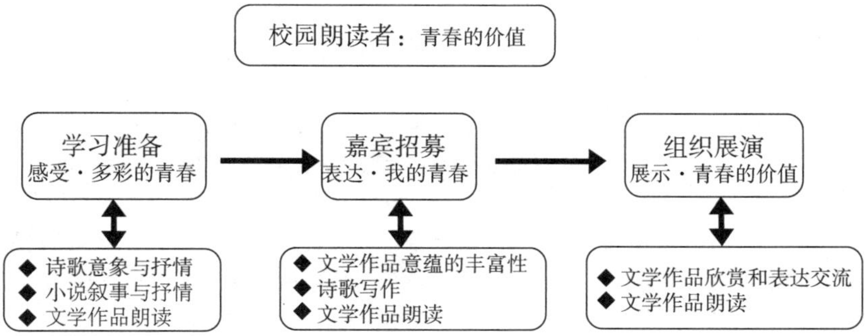

图 1　普通高中语文统编教材必修上册第一单元整体设计

的阅读体验，提高文学欣赏能力，促进语文学科核心素养的发展。

本设计注意融入教材中的单元学习任务。单元学习任务是编者精心设计的落实单元学习重点的整体任务，强调真实情境下的语文活动，重视整合与实践，强调学生学习的主体性，以不同形式强化语言建构与运用这一语文基础素养，并有机融入社会主义核心价值观，落实立德树人根本任务。用好教材，在单元教学设计中呼应单元学习任务，能够更加有序地提升学生的语文素养。同时，本设计关注学生内在学习品质，配合学习任务设计了配乐朗读、校园朗读者活动招募、校园朗读者活动文案等的评估表，通过评价引导学生学会学习，自觉提升语文学科核心素养。其具体教学过程体现为三个阶段的学习任务设计。

第一阶段是学习准备阶段，分为诗歌意象与抒情、小说叙事与抒情、文学作品朗读三个板块，共 4 课时。学习任务设计如表 1 所示。

表 1　校园朗读者学习准备环节学习任务设计

板块	学习资源	学习任务
读歌意象与抒情	1. 教材第一单元中的五首诗歌 2.《中国古典诗歌的意象》（袁行霈）、《从浪漫诗到现代诗》（袁可嘉）	1. 五首诗歌风格各异，但诗人都善于运用意象来表达自己的情思。请依照要求，梳理、分析五首诗歌中的意象 2. 诗歌最基本的特点是抒情，意象是诗歌艺术中基础的表达元素。欣赏诗歌，如何从意象切入去理解诗歌的情感？请阅读拓展文章，并结合教材选诗内容写一篇札记，阐释你的认识

续表

板块	学习资源	学习任务
小说叙事与抒情	1. 教材第一单元中的两篇小说 2.《小说与抒情》（高远东、吴士增）、《竹林的故事》（废名）、《荷花淀》（孙犁）	1.《百合花》《哦，香雪》两篇小说分别讲述了什么故事，塑造了怎样的形象？两篇小说都被改编成电影，下面两张图片（图略）分别是电影中的小战士、香雪的头像。如果你入选为“校园朗读者”的嘉宾，并朗读这两篇小说中的片段，你愿意选择下列图片作为你朗读的背景吗？请结合小说内容说明理由 2. 在很多人的印象中，小说是叙事艺术，与抒情无关。事实上，以真挚的情感打动人、以高洁的情趣净化人，原本是文学作品重要的价值取向。怎样在小说中凸显抒情效果？请阅读拓展文章，并从两篇小说中各选择一两个感人的片段，揣摩人物的心理活动，分析典型的细节描写，写一篇札记
文学作品朗读	教材第一单元中的诗文	学生会设立了“校园朗读角”，便于同学们随时交流朗读感受、切磋朗读艺术、提高朗读水平。请到“校园朗读角”去朗读，完成以下任务 1. 随众朗读，自觉提升。坚持每天去朗读角，大家一起朗读本单元的诗文 2. 配乐朗读，挑战自我。从本单元诗文中选择自己最喜欢的一篇或一段，反复朗读，并配上合适的背景音乐。在“校园朗读角”展示自己的配乐朗读，请大家帮助自己进一步提高朗读能力

第二阶段进入朗读嘉宾招募环节，侧重阅读之后的表达输出。学生从文学作品意蕴的丰富性、文学作品朗读等方面获得审美体验，反思自己的青春生命，共3课时。学习资源包括单元所有选文，以及拓展内容《水调歌头·游泳》（毛泽东）、《赤光的宣言》（周恩来）、《笔立山头展望》（郭沫若）、《致云雀》（华兹华斯）等诗文和中央电视台《朗读者》节目的视频或音频。学习任务设计如表2所示。

表2　朗读嘉宾招募环节学习任务设计

1. 选定参加招募活动的朗读文章，并对其进行深入鉴赏。根据小说、诗歌不同的艺术表现方式，从语言、构思、形象、意蕴、情感等多个角度欣赏作品，感受作品具有的丰富意蕴。为选定的朗读文章写一个朗读脚本 2. 认识自我，梳理自己的青春故事，发挥想象写一首诗，给未来留下珍贵的记忆。注意借鉴本单元诗歌在意象选择、语言锤炼等方面的手法，使诗作多一些“诗味” 3. 录制朗读音视频，参加校园朗读者招募活动

第三阶段是朗读者活动的展示阶段，是基于前面各阶段学习的整合，旨在使学生在语文实践活动中加强合作、探究学习，提高审美鉴赏能力和表达交流能力，共 2 课时。学习资源为前述所有学习资源。学习任务设计如表 3 所示。

表 3 朗读者活动展示环节学习任务设计

1. 完成校园朗读活动文案。讨论嘉宾选定的朗读文段及嘉宾的青春故事，拟写出每位嘉宾的访谈提纲；整体编排各位嘉宾出场的顺序，根据嘉宾的访谈内容、朗读的文段，撰写主持人的串词；整体感受文案内容，从主持、嘉宾、观众等视角提出修改意见，推敲、修改文字，提交节目文案定稿 2. 组织进行朗读者展演。依照《朗读者》节目文案设计，有序组织活动

单元学习任务的设计特点和操作空间

——以普通高中语文统编教材必修“文学阅读与写作”为例

刘生权①

普通高中语文统编教材（以下简称“新教材”）中的单元学习任务基于课程标准中的学习任务群编排，高度整合教材中的各种学习资源，构建了一个多文本、多情境的语文学习生态群落。这种教材编排方式指向并聚合了人文主题、典型的文学、语用现象和语文学科知识等，承载着培育语文学科核心素养的使命。本文以新教材必修“文学阅读与写作”为例，阐述新教材单元学习任务的设计特点和操作空间。

一、学习任务统领“学材”结构

学材结构即教材编写者把握住单元核心元素、学科知识及其内在关联，在一个单元内将它们整合成有意义的关联结构。单元学习任务通过单元提示、学习提示和学习活动，对单元学习内容做细致地梳理和分析，聚焦到核心任务上。可以说，单元学习任务揭示、统率了教材的内在结构。

例如，新教材必修上册第三单元的学习资源选择了曹操的《短歌行》、陶渊明的《归园田居（其一）》、李白的《梦游天姥吟留别》、杜甫的《登高》、白居易的《琵琶行并序》、苏轼的《念奴娇·赤壁怀古》、辛弃疾的《永遇乐·京口北固亭怀古》、李清照的《声声慢（寻寻觅觅）》等诗词。曹操对人才的渴望，陶渊明对名利的淡泊，展示了不同的人生况味；李白、杜甫的人生姿态和情感世界各不相同；苏轼、辛弃疾和李清照的个性和生命轨迹不同，呈现出来的诗词风貌迥异。欣赏诗词文化，感受中华优秀传统文化的魅力，寻找鉴赏的路径，成为结构化学习的内在选择。

诗词板块的单元提示指向了核心任务：欣赏古代诗词，构建古诗词阅读策略。学习提示则引导学生关注诗词不同的语言风格和表达技巧，在诵读中领悟诗人的思想感情。如学习《梦游天姥吟留别》时要在诵读中发挥想象，

---

① 刘生权，江苏省江阴市教师发展中心教研员。

品味梦境的意象及梦境的密码；学习《登高》时要感受诗人营造的沉郁悲凉的意境，体会律诗的创作技巧，诸如此类。

学习活动设计了三项任务：知人论事、诵读古诗词、鉴赏诗歌艺术手法。具体而言，第一项任务是了解诗人的生平、创作背景，深入理解作品。如了解杜甫及其所处的时代，理解《登高》中忧国伤时、悲秋苦病的情思；了解苏轼的人生经历，感受他壮志难酬的忧愤及豪迈性情等。第二项任务是通过朗诵，体会古诗词的音韵美。第三项任务是创作800字的诗评，深入理解作品深刻的意蕴和独特的匠心。三项学习任务对应前面的单元提示、学习提示，指向深度阅读理解和写作素养提升两个层面，活动层次逐渐深入，构成了完整的单元学习任务。

又如新教材必修下册第二单元的戏剧主题，围绕“戏剧作品的赏析”这一核心任务，布置了三项任务：第一项任务，深入阅读作品，分享阅读体验，引导学生领会戏剧作品的悲剧意味，培养悲悯的情怀，认识良知的价值。第二项任务，编排、演出剧本，以编排、演出为核心，引导学生深入欣赏戏剧组织冲突、构思情节、塑造人物的艺术手法，体会戏剧语言的特点。第三项任务，观看戏曲演出片段，通过观剧活动，初步了解传统戏剧的艺术形式，感受传统戏剧的独特魅力。三项任务统率了戏剧的悲剧价值、艺术手法和戏剧形式，学习由浅入深，贴合几个戏剧篇目共同的内容结构和特质。

概言之，单元学习任务以人文价值为指向，以母题关涉的文本学习资源为依托，提供学习策略和支架，使师生共同在阅读与鉴赏、表达与交流、梳理与探究和综合实践等方式下进行深度学习。这种学习逻辑性强，具有结构化的特点，能引导学生走向高阶的阅读和写作。通过整个单元任务的学习活动，学生能够积累活动经验，整合单元学习的方法和策略，在多种不同的情境下，体悟、应用、迁移、阐释和反思，进而不断凝结成单元学习的学科思维结构。

二、学习任务彰显学生主体地位

单元学习任务的叙写本身体现了学生立场，突出了学生的主体地位，强调学生在“做中学”，自主体悟，主动学习，主动进行语言实践。尊重学生的认知世界，给予学生选择权，平等看待学习主体。“自己”一词作为高频词反复出现在新教材里，自己体验、学会分享、互动讨论，这些活动贯穿在单元学习任务中。听、说、读、写、思的行为显性化，在“做事”中解决问题，真正脱离了围绕知识点的提问与回答。

新教材必修上册第一单元的作品抒发的都是青春情怀。第一个活动设置如下：作品中的哪些地方最让你感动？哪些是你以前未曾留意，而读过之后感受很深的？哪些已经点燃了你思考人生、积极上进的热情？认真阅读、欣赏这些作品，从你最有感触的一点出发，与同学就“青春的价值”这一话题展开讨论。学习活动通过问题驱动，从学生自身的角度出发，从认知角度出发，设置学科认知情境，强调自主体验。任务触角深入学生的已知经验，指向学生思维的最近发展区，走向学生未知生长的可能。第二个活动要求：任选一首诗欣赏，记录下自己的思考，写一则札记。同时提供学习方法，引导学生关注意象及其特点，审人察己，感同身受，沟通与作品的联系。如此，让知识、技能和方法渗透在自我的学习过程中。对于《沁园春·长沙》的学习，活动建议：阅读埃德加·斯诺的《毛泽东自传》，了解毛泽东青年时期的革命经历；选取自己印象最深的富有表现力的词语进行分析并与同学交流。这些任务特别尊重个体的学习选择权，同时倡导分享与表达，真正把学习材料作为一个学习的例子，以点带面。学生通过自我的构建，实现言语的经验获得。还有一个活动设计——汇总同学的青春诗歌，全班合作编辑一本诗集作为青春的纪念，则更体现了学习协作和成果表达。学生在整个学习过程中充分进行了立体的语文活动实践。

三、学习任务表征具体素养

单元学习任务基于语文学科素养，落实“语文学习任务群”课程的实施，具体到某一项目载体上，必然要从教学资源的特性出发。同时，学习任务聚焦素养目标，表征“语言建构与运用”“思维发展与提升”“审美鉴赏与创造”“文化传承与理解”。新教材的单元学习任务设计在这方面体现得较为理想。

我们不妨来看新教材必修上册第七单元的学习任务设计。本单元学习资源选择了郁达夫的《故都的秋》、朱自清的《荷塘月色》、史铁生的《我与地坛（节选）》、苏轼的《赤壁赋》及姚鼐的《登泰山记》等。核心任务是“围绕写景抒情散文的学习，体会民族文化和民族审美心理”。课后三项学习任务：一是感受景物之美，体会文章融情于景、情景交融的特点；二是探究文本中体现的民族文化观念和民族审美心理；三是借鉴课文写法，写作写景抒情散文。三项任务围绕写景抒情散文的欣赏，分别从阅读能力和写作能力两个层面进行设计。具体而言，任务一和任务二着力把握景物特点，体会融情于景的写法，探究作品中体现的审美特质和文化观念。其中任务一含有引导学生把握课文内容、理解作者情感的一般阅读要求；任务二则是在任务一基础上的升格，突出深度阅读和探究，强调从文本出发，探寻民族文化观念和民族审美心理。对标素养，我们可以看到任务指向具体的素养表现（表1）。

表1 学习任务所指向的具体素养表现

课程目标	学习资源	具体素养
增进对祖国语言文字的美感体验	《故都的秋》《荷塘月色》《我与地坛（节选）》	反复朗读，细加品味、评点
鉴赏文学作品	《赤壁赋》《故都的秋》	分析情景交融、审美心理和审美特点
美的表达与创造/传承中华文化	《赤壁赋》《登泰山记》	探究文化意义，创作散文

从宏观上讲，三个任务指向《普通高中语文课程标准（2017年版）》中“课程目标”第七、第八、第九、第十条，即“增进对祖国语言文字的美感体验”“感受和体验文学作品的语言、形象和情感之美”“能运用祖国语言文字表达自己的审美体验，表达自己的情感、态度和观念，表现和创造自己心中的美好形象；讲究语言文字表达的效果及美感，具有创新意识”“通过学习运用祖国语言文字，体会中华文化的博大精深、源远流长，体会中华文化的核心思想理念和人文精神”。具体的素养落点非常清晰：分析《赤壁赋》中的景与情是怎样完美融合在一起的；在郁达夫的笔下，故都的秋特别“清”“静”“悲凉”，带着传统文人的某种审美情趣，分析其中哪些地方体现了民族审美心理和审美特点；阅读《赤壁赋》和《登泰山记》，搜集一些写赤壁或泰山的诗文，探讨历代文人寄托在赤壁和泰山上的不同情思，探究其背后蕴含的文化意义；编辑同学的散文习作，汇集成册。

不难发现，单元学习任务提炼出了核心价值和关键能力，它基于散文的文体特点，活动目标明确，充分发挥了各文本的功能，聚焦到学生应知应会的具体素养表现上。

四、学习任务昭示多重实践空间

单元学习任务整合了话题与情境、言语学习素材与应用范例、语体与文体等学习资源，以特定的专题和问题为学习中心，以语文实践活动开展为主线来组织单元学习内容，着力于将阅读与鉴赏、表达与交流、梳理与探究等主要学习方式融合，发展学生的沟通、协作、思考、分享、批判和探究等能力。这一单元的学习规划包含了深度学习的一些基本元素，如个人、社会生活、学科认知的真实情境以及系列的学习任务。它不是简单的学科活动化，而是学科核心能力在情境中的再构建与再创造。教材上的单元学习任务的设计，只是为我们提供了一些可开发、实施的教学路径，启发我们要结合学校及学生实际，选择适切的教学方案，有序、合理地进行二度开发、设计和实践。

比如，新教材必修下册的戏剧单元具有项目化学习的特点，某校在此基础上进行了重构设计。一是通读剧本进入角色。阅读《窦娥冤》《雷雨》《哈姆莱特》等完整剧本，画出本单元所选剧本中的人物关系图；在整体把握剧情的基础上，欣赏节选部分的主要戏剧冲突，了解角色在矛盾冲突中的命运趋向；根据个人的兴趣和特长，选择愿意表演的角色，品读其台词，体验人物心理和情感，撰写角色分析札记，并与同学交流。二是角色扮演。学生在撰写角色分析札记后，根据对戏剧冲突的理解和剧本创作思想的把握展开想象，为剧中角色设计舞台动作，对舞台的场景、道具、音响以及演员服装拟写简要的舞台设计说明，以小组合作的方式开展主要角色竞演，竞演内容以角色理解和舞台表演设计为主；邀请部分学生和教师担任评委，在全班组织经典片段会演。三是汇编角色分析札记。观演与评议，邀请分别担任导演、演员、观众的同学参加座谈会，会上交流各自的观后感受，评选出班级“最佳角色”；参与演出的学生补写演出后记，并根据同学的发言深入思考，修订、汇编角色分析札记，邀请教师点评，在班级内展示。

在“亲历演员的诞生”这一主任务下，学生完成了“具身”学习，学习素养的形成过程化、结构化。可见，单元学习任务能够呈现教学形态丰富、教学方式多样和结构化的深度学习。这启发我们，开发适合校情、学情的学习任务具有巨大的创新潜力。单元教学是运用系统方法，以单元为基本单位来编排教学内容、组织教学过程、指导学生学习，从总体上提高教学效率的一种教学图式。一个完整的、系统化的教学设计应包含教材分析、教学目标、教学活动设计、作业设计、评价设计、教学资源设计等要素。实践中还要明确从哪里出发、到达哪里、怎样到达，也就是做什么事、怎么做事、做得怎样；追求学习行为的表现、学习结果所需要的学习活动和经历；确认学生阶段学习的经历和学业质量的提高，它衡量着我们实施单元学习任务教学的水平。从这个意义上讲，单元学习任务的探索空间还很大。我们相信，经过不断研究、设计和开发，单元学习任务的课型建构必将千姿百态，课程形态定会丰富多样。

信息技术支持下的初中语文单元整体教学范式探索

贾秋萍①

“教教材”还是“用教材教”，已经不再是一个难以抉择的问题，广大教师都具有了“用教材教”的意识，但怎么用、怎么教，似乎还是一个模糊的概念。新的学习科学提出的深度学习理论已被广大教师所了解，但强化语文知识点、能力点的线性排列和逐项训练的教学行为仍然普遍存在。在现实的语文教学中，不少教师习惯将教材中的语文元素抽取出来，组成清晰的知识体系，再依照这个体系组织教学和考试。而《普通高中语文课程标准(2017年版)》要求“语文课程应引导学生在真实的语言运用情境中，通过自主的语言实践活动，积累言语经验，把握祖国语言文字的特点和运用规律”，强调要在真实的语言运用情境中学习语文。这就要求我们须从单一的语文教材走向真实的语文生活，从听说读写分项训练走向单元整体设计，从讲听练考走向以学习者为中心的语言实践。单元整体设计就是注重以学生生活经验为起点的真实任务和情境的设计，把语文学习的过程变成任务的完成过程、活动的开展过程，帮助学生在自主、合作、探究的过程中感知语言、运用语言、建构语言，引导学生从语文学习者变成语言实践活动的参与者。

一、移动互联技术为语文单元整体教学提供有效支持

1. 技术支持将真实鲜活的语文学习资源引入课堂

单篇教材视域下的语文教学，学习内容多限于每本教材中有限的课文。而在移动互联的时代，整个世界都可以成为学习的资源，教师可以根据学生需要，把海量的阅读资源引进课堂，并在恰当的时间轻松地调用。同时，随着计算机图形技术、可视化技术、光电成像技术的进一步发展和便捷操作，使进入学习环境的资源更鲜活、更丰富、更适切了。

2. 技术拓展语文学习空间

有别于传统的以教室物理环境为主的学习空间，移动互联技术下的学习

① 贾秋萍，江苏省常州市同济中学副校长，中学高级教师。

空间是广阔的、开放的，更是灵活的、多样的、相互连接的，它支持以学生为中心的学习模式的自由开展，让学生的阅读、表达、交流、对话有了全新的场景。学生学习的过程不再受时间、空间和传递方式的限制，互联网提供了实现自由的信息传递、共享、组织和储存的功能支持，为自主合作、交互探究、个性化创造的学习方式提供了保障。

3. 技术为自主合作探究学习提供有效支持

信息技术的发展，使移动互联环境下的以学生为中心的教学组织成为可能。教学资源的发布、学习时空的选择、任务完成方式的确定等，都具有更强的个性色彩和更大的自由度。信息技术平台对学习的过程记录和共享开放，让师生有了更便利的实时对话、发布参与的学习空间，自主学习、合作学习、探究学习可以更自然地实现。

二、信息技术支持下的单元整体教学范式的实践要素

整合视野下的单元整体设计，要求基于学生的真实生活，从学生的认知出发，创设与学生经验密切相关和与单元学习内容一致的有意义的学习情境，聚焦于学习的核心内容，在一个“大任务”的驱动下，围绕目标、内容、实施与评价来组织学生开展一个单元的完整的学习过程，并将“教、学、评”一体贯穿，引导学生利用信息技术工具、资源、平台，主动积极地进行阅读与鉴赏、表达与交流、梳理与探究，促进学生语言、思维、审美和文化等语文素养的协调发展和整体提高。大单元教学的实施模型如图 1 所示。

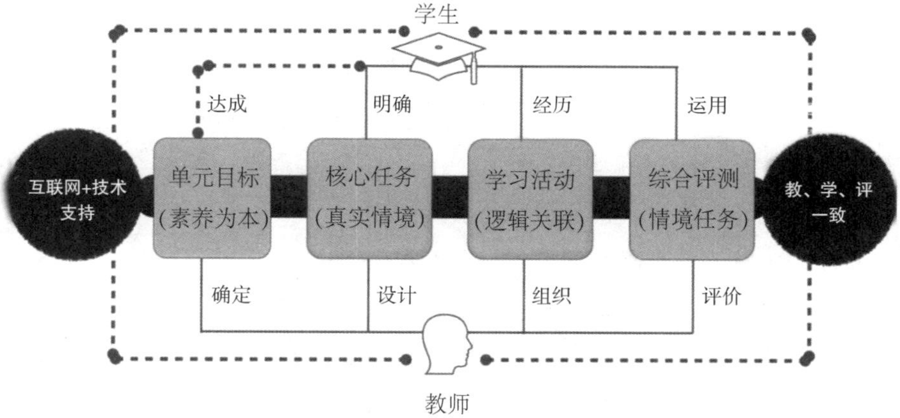

图 1　大单元教学实施模型

这一模型至少实现了三个变化：第一，学习资源和空间的变化，在信息技术支持下，实现了基于大单元目标引领下的资源、工具、平台全领域支持；第二，教与学方式的变化，教师成为学习活动的设计者、组织者和学习的推动者，学生成为学习活动的主体，主动积极地经历语文学习的过程；第三，评价方式的变化，关注过程性评价和终结性评价，达成教、学、评一致，教师、学生、家长等多元评价成为可能。

下面以统编语文教材七年级上册第五单元为例，阐述信息技术支持下单元整体设计的实施要素。

1. 单元目标的确定

单篇教学的目标设计容易落入以知识习得为目的的窠臼，而单元整体的目标设计依据课程标准的要求，关注教材资源整合和拓展的意义，注重情感、态度的养成，在帮助学生提高审美能力、思维发展能力、语言建构与运用能力等方面优势明显。

比如七年级上册第五单元，编排了《猫》《动物笑谈》《狼》三篇文章，还有以“如何突出中心”为学习内容的写作实践活动。教材中的三篇课文体裁各异，但均与动物有关，作家从不同侧面记述了人与动物之间的故事，三篇文章都颇具趣味性、生动性。尽管其中有一篇是文言文，但阅读难度不大，七年级的学生很容易明白作者所要表现的内容，能比较轻松地读懂作者表现出来的人对动物的了解和认识。

因此，本单元的主题确定为“人·动物”，试图引导学生留心观察身边的动物以及人与动物相处的场景，清楚地表达自己对人与动物相处的认识与感受，体会作者对人与自然关系的思考。同时考虑，在文本阅读难度不大的情况下，教师可以提供更多的学习资源和渠道，促使学生主动学习。最后勾连阅读资源和写作实践，在观察人与动物相处的场景、理解动物的生活习性的基础上，关注动物的生存状态，特别是动物的生存困境，用富有表现力的语言进行主题创作和演讲，进行语言的实践运用。

基于以上认识，本单元的教学目标确定为以下四个。

①通过反复阅读，明白文本讲述的故事，感受作家笔下不同的动物形象。

②品味文本中准确、生动的语言表达，揣摩作家对动物的情感。

③对文章的内容和表达有自己的心得，能提出自己的看法，并能用合作的方式，共同分析、探讨、解决问题。

④欣赏文学作品，有自己的情感体验，从中获得对自然、社会、人生的有益启示。

这样的单元教学目标体现了学习的层次性、主题的丰富性，同时也为单元学习设计提供了导向。

2. 学习情境与任务的设计

在语文教学过程中，学习情境的选择和创设对学生的学习非常重要。七年级上册第五单元的学习情境确定为“动物，在我们身边”。人与动物，这是一个立足现实生活的真实情境。动物，在日常生活中，也在作家的笔下。动物与人的共生共存，组成了这个缤纷多彩的大千世界。在教学中，教师引导学生留心观察，了解人与动物相处的现状，通过品味作家记录的与动物相处的经历和情感体验，学会用恰当的语言表达与动物友好共生的情感，思考人与动物和谐相处的策略。

这是一个学生相对比较熟悉又与作品相切合的学习情境，让学生在真实可感的情境中学习，缩短了学生与作品之间的距离，容易激发学生的学习兴趣和情感，使其沉浸到作品的情境之中，增进对作品的理解，并将学到的新知识融入原有的认知结构中。

单元情境中的学习，是任务驱动的学习。七年级上册第五单元的学习任务和相应的学习活动见图 2，以大任务的方式将学习过程和学生生活进行勾连。

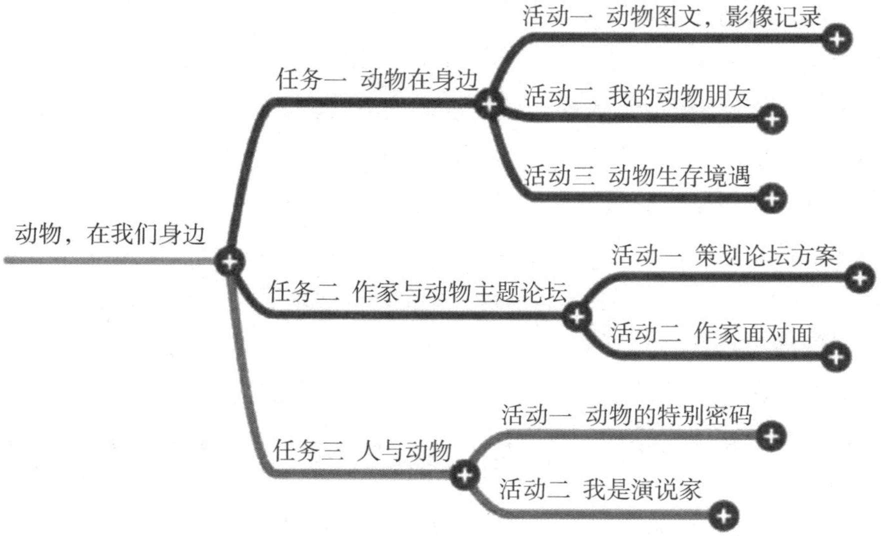

图 2 统编语文教材七年级上册第五单元学习情境与任务的设计

“动物在身边”“作家与动物主题论坛”“人与动物”三大学习任务，引导学生既要留心身边的日常现象，观察人与动物相处的现状，又要带着理性的认知走进作家的作品，看看作家如何用准确、生动的语言来表现他们心目中动物的形象。同时，把握作家与动物相处时的心路历程，体会作家对动物的情感，思考人与动物相处的不同方式，增进对人与大自然关系的理解。学生在广泛阅读的基础上，联系生活体验，表达个人的独特见解，进而培养尊重动物、善待生命的意识，学会与自然和谐相处。

从教学过程来看，围绕“动物在身边”这一任务，学生可以用摄影、绘画等形式，记录下身边的小动物活动的瞬间，或是人与动物相处的时刻，并辅以简短的介绍，通过发现、观察、关心动物，思考人与动物相处的正确方式。在“我的动物朋友”活动中，要求学生口头表达，分享自己与小动物相依相伴的故事。真实故事的叙述，让更多学生感知到动物是人类的朋友，了解动物在人类社会中所扮演的重要角色。“动物生存境遇”活动，可以进一步拓宽学生视野，把他们对动物的关注引向更广阔的领域。

在“作家与动物主题论坛”任务中，教师指导学生聚焦文本内容理解其深层内涵。“策划论坛方案”活动，学生在初步了解作家、作品的基础上，以小组合作的形式，确定论坛主题、制定论坛活动方案、设计论坛海报等。“作家面对面”活动，指向对文本内容的研读与探究。教师引导学生准确概述作品记述的人与动物的故事，品味文本中准确、生动的语言表达，感受作家笔下动物的不同形象。通过揣摩作家的心理活动，理解作家对待动物的不同情感，更深入地思考作家与小动物相处的不同方式。

“人与动物”这一任务，把学习从文本内容延伸到课外。在“动物的特别密码”活动中，学生通过观看纪录片、阅读相关课外书籍、查阅仿生学资料，了解人类社会发展与动物的紧密关系，进而认同动物的独特价值。在“我是演说家”活动中，引导学生通过广泛阅读更科学地看待动物，并能围绕自己感兴趣的动物身上的一个突出的特质，用富有表现力的语言进行表达。

如此，就实现了以学生学习活动为主线，整合语文学习的各种要素，引领和促进学生自主、合作、探究的学习。学习的过程，就是解决问题、完成任务的过程。

3. 信息技术的支持

信息技术的介入为阅读教学提供了良好的支持，也让单元整体教学的实施有了更充分的保障。信息技术的参与，促进了学生开展积极的、有意义的学习活动，也提供给学生完成复杂问题任务的便捷方式。

学习活动中，“动物图文”的记录和展示，“动物生存境遇”的资料收集，“策划论坛方案”的作家信息处理和海报制作，“动物的特别密码”的科学探究，“我是演说家”的主题交流、分享、修正，在信息技术的支持下，有了更加丰富的样态和多样的选择。教师和学生在展开教与学的过程中，充分运用互联网技术，线上线下结合，既丰富了教学资源，支持了自主、合作、探究的学习方式，也为改进教学手段和教学方式提供了可能。

4.“教、学、评”的一体贯穿

课堂层面良好的教学实践在很大程度上取决于评价实践。在单元整体教学中，保持教、学、评的一致性，是保证较高水准教学质量的重要一环。

在这个单元的学习过程中，“动物图文”的记录，“我的动物朋友”的口头表达，对“动物生存境遇”的关注，“策划论坛方案”活动，“作家面对面”活动，探究“动物的特别密码”，“我是演说家”为动物代言等活动都是围绕单元学习目标展开评价的。每一项评价都不会用唯一的标准来衡量，而是利用信息技术手段，以平台和工具为载体，有效使用学习轨迹和数据资源，用多元的标准将过程性评价嵌入单元整体教学过程中。教师也注重运用数据资源评估学生学业进展状态，从而构建更适宜的教学环节。

融会“学习之道”，在任务群中落实与拓展教学

——以普通高中语文统编教材必修上册第六单元为例

王希明[①]

普通高中语文统编教材（以下简称“新教材”）中的每个单元都有对应的人文主题和学习任务群。相比传统的教学模式，这种双线组织样式对语文教学提出了更高的要求。教师需要通过单元的整体教学活动，在教学任务的落实中呈现对其人文主题的思考，提升学生的语文核心素养，达到立德树人的教育目标。

新教材必修上册第六单元的人文主题是“学习之道”，相应的学习任务群是“思辨性阅读与表达”。要想在教学实践中将二者有机结合，首先，要有整体意识，在一一解析单篇课文的基础上，将整个单元看作一个专题进行探讨，探究其中有关“学习之道”的要素；其次，既要落实既定的单元学习任务，又要在实践中打开思路，以动态生成的教学活动对规定的任务群进行必要的补充和拓展，更好地引导学生进行思辨性阅读与表达。

一、单元框架及任务清单

1．单元框架

对于“学习之道”这一主题，新教材必修上册第六单元的导语结合本单元的文章指出了其包含的三方面内容：学习的意义、学习的态度与方法、读书的经历与感受。单元学习任务中也指出：“本单元的文章，从不同角度探讨学习问题，阐发了一些深刻的道理。”

“道”在汉语中具有多重含义。这一单元的导语引用了《礼记·学记》中的一句话：“玉不琢，不成器。”引文的下一句就是：“人不学，不知道。”这里的“知道”指的是懂得道理，这里的“道理”可以指真理，也可以指社会人生的道理。中国思想史上向来有“道术之辨”，形而上的“道”是抽象的，是对世界本质的认知，而形而下的“术”则与“技”关系密切，侧重于

① 王希明，上海复旦大学附属中学教师，文学博士。

具体的技艺。应用在“学习之道”上，当“道”解释为“本质”时，就和学习的意义关系重大；当“道”解释为“方法”，那就是“术”的层面，与学习的态度、方法直接相关。“道”还有一个意思，就是“道路”，“学习之道”也可以解释为学生自己回顾、规划、展望自己的学习之路，也就是导语中所说的“读书的经历与感受”。由此，“学习之道”的框架可以如图 1 所示。

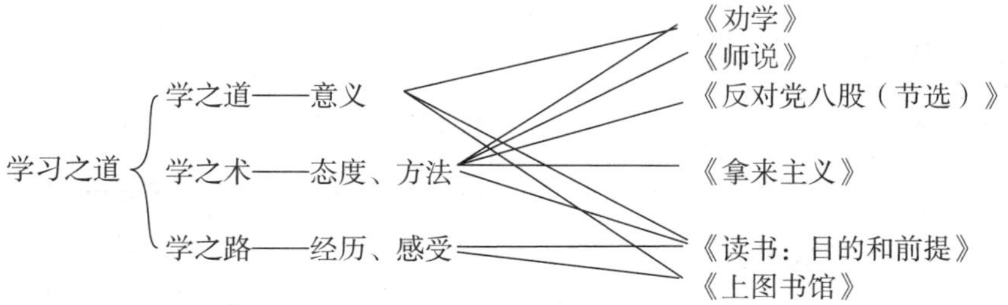

图 1 “学习之道”的框架

对于如何阐释“学习之道”，需要分说理和记叙两个板块。本单元前四篇选文是说理性的，后两篇随笔中的《读书：目的和前提》是叙议结合的，《上图书馆》则是记叙性的。“如何阐释”又包括两个层面，一个是“课文如何阐释”，一个是“我如何阐释”，前者重在探讨，后者重在表达。具体如图 2 所示。

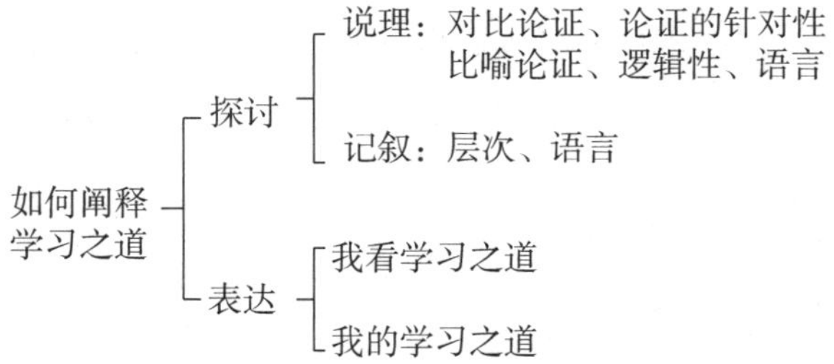

图 2 如何阐释“学习之道”

2. 任务清单

根据这一单元的单元导语、选文学习提示以及单元学习任务，可以设定以下主要教学任务。

（1）把握课文关于学习的主要观点。

（2）掌握对比论证。

（3）掌握比喻论证。

（4）认识论证的针对性。

（5）梳理论证思路。

（6）分析说理文的语言特色。

（7）针对现实问题论学习之道。

（8）感受他人读书求学的经历。

（9）分享自己的读书经历。

二、教学任务的落实

这一单元的人文主题及任务群划定了主要的教学点。在具体实施的过程中，有两点需要特别注意：一是这些教学点与各篇选文的关联有强有弱，宜抓住最核心、最典型的篇目或语段，以其余作为补充，做到详略得当，切忌平均用力；二是对于重点难点要落实到位，特别是经典篇目中有争议的问题，以及教学实践中学生提出的问题，要重点解决。

1. 教学点及关联篇目

各教学点的典型篇目及补充篇目见表1。

表1　第六单元教学点的典型篇目及补充篇目

	典型篇目	补充篇目
关于学习的主要观点	《劝学》《师说》《反对党八股（节选）》《拿来主义》	《读书：目的和前提》《上图书馆》
对比论证	《师说》	《劝学》《反对党八股（节选）》《拿来主义》
比喻论证	《劝学》《拿来主义》	《反对党八股（节选）》
论证的针对性	《师说》《反对党八股（节选）》《拿来主义》	《劝学》
说理文的语言特色	《反对党八股（节选）》《拿来主义》	《劝学》《师说》
学习经历	《读书：目的和前提》	《上图书馆》

在具体教学过程中，教师可以采取以点带面的讲法。例如，以典型篇目《师说》为范例来讲透对比论证，而以《劝学》《反对党八股（节选）》《拿来主义》几篇作为补充讲解材料，或者组织讨论，或者留作作业。这样有例题、有应用，有助于提升学生知识技能的迁移及运用能力。当然，典型篇目与补充篇目的划分并非绝对的。对于像“关于学习的主要观点”这类概括性的教学点，完全不必以一篇为主，可以让学生速读上表中的6篇课文，一一

列出相关观点，再综合起来分类讨论。

2. 教学难点

（1）主要观点

对于课文观点的概括，有两个难题值得深入探讨：《劝学》的第一句是否为中心论点？《读书：目的和前提》中的“目的”和“前提”分别是什么？

在教学实践中，有学生提出疑问，认为《劝学》的第一句“学不可以已”在文中并没有落实。要回答这一问题，教师可以先带领学生梳理选文主要内容，再补充《劝学》原文未选入部分，并联系荀子有关学习的思想加以探讨。本篇选文第二、三段侧重讲“学”的价值和意义，第四段侧重讲积累和专一，属于学习的态度与方法；选文中能够支持“不可以已”的有两点：学习意义重大；只有“锲而不舍”才能学有所成。

《劝学》是今本《荀子》的首篇，体现了编订者对“学”的重视。在荀子看来，“学”是“化性起伪”的根本途径，而学习不能仅仅停留在知识和技能的层面。

至于“学不可以已”是不是《劝学》的中心论点，原本就聚讼纷纭。通常认为第一句就是中心论点，但也有研究者认为不存在中心论点，只有中心话题[1]。还有与之相关的第一句是否应该独立成段的问题，都可以组织学生讨论，在讨论中深化学生对文章内容与论证思路的理解。

《读书：目的和前提》一文中，黑塞认为读书的目的是获得真正的修养，而真正的修养“既是完成同时又是激励，随处都可到达终点却又从不停歇”，类似于“学不可以已”。但是，不同于荀子“君子生非异也，善假于物也”，即把学习工具化的观点，黑塞认为“真正的修养不追求任何具体目的，一如所有为了自我完善而做的努力，本身便有意义”，学习作为这种自我完善的努力，可以是非功利的。这篇课文中与读书前提相关的论述是“读者的第一要务乃是认识自己”“教养得有一个可教养的客体作前提，那就是个性或人格”“我们先得向杰作表明自己的价值”。综合来看，这个前提是证明自己是可教养的，即能认识自己，并以获得修养、找到生活意义为目标。

（2）论证方法

比喻论证是否合乎事实以及事理逻辑，是教学实践中学生经常提出的问题。例如，有的学生会有这样的疑问：《劝学》中的“蚓无爪牙之利，筋骨之强，上食埃土，下饮黄泉”，以及“蟹六跪而二螯，非蛇鳝之穴无可寄托者”，这是它们的自然天性，与“专一”及“浮躁”有什么关系呢？再比如，中药铺里面的药品分类整齐有序，怎么能用来比喻空洞冗长的党八股呢？要想说服喜欢刨根问底的学生，必须深究怎样的比喻才算恰当。

钱锺书说：“《易》之有象，取譬明理也。‘所以喻道，而非道也’。求道之能喻而理之能明。”[2]比喻论证重在以“象”明“理”，注重的是以具体的“象”来启发理解抽象的“理”。连接二者的是相似性，这种相似性可以是表面的而非本质的。比如，中药铺的抽屉格子，形式特点是一一铺排，这和党八股表面的整齐是类似的。只要读者由中药铺抽屉格子的铺排形象地感受到了党八股的铺排，比喻就算成功。也就是说，与比喻论证关联度最大的是“思维发展与提升”中的直觉思维、形象思维，而非逻辑思维、辩证思维。中国传统思维方式偏向非逻辑思维，特别注重直觉，以物的特点比附人的品德是常见的，比如对“岁寒三友”的赞美就建立在这种思维方式上。理解了这一点，就能发现，古人由蚯蚓和螃蟹的对比，启发联想到专一与浮躁的不同，是由“象”悟到“理”，固然不符合今日的常识，但是这一比喻仍旧可以达到预期效果。

在实际教学中，教师还可以把比喻、类比、对比等修辞手法做一个总结。比喻是以象喻理，只要形似即可；类比是以易推难，要求理同；对比是反正辉映，要求寻找差异性。三者对逻辑性的要求依次增加。

（3）文章思路

说理的思路意味着逻辑性。单元学习中，《反对党八股（节选）》的八条罪状能否颠倒是一个教学难点。总体上来看，前三条属于内容，第四、五条属于形式，最后三条属于危害。前三条中，第一条是特点，第二条是态度，第三条是立场，后两条是对第一条的归因。第四条属于语言形式，第五条属于结构样式，先感受语言再认识形式，这样排序符合学生的认知规律。后三条的危害依程度排列。可见这八条罪状的排列次序不是随便就能更改的。

记叙的思路多侧重内容的展开次序和情感的发展历程。为什么《上图书馆》先后写了作者在四个图书馆的读书经历，却没有给读者以简单重复之感？教师可以梳理出文章中四个图书馆叙述顺序的内在逻辑：“公书林”是“满足了我对外间世界的好奇心”；清华大学图书馆使作者“进入了一个知识上和情感上的新世界”；包德林图书馆呼应了作者先苦闷后豁然开朗的心情；英国博物馆的图书馆使作者认识到书籍的意义和人的理性的伟大，如有的研究者所说："那种知识渐开，情绪集聚，不是停留在水平面的，而是越来越上扬的。"[3]

（4）语言特色

本单元课文中，语言特色最为鲜明的是《拿来主义》与《反对党八股（节选）》。教师可以择出精彩的片段，让学生细读。比如，《拿来主义》中的这一句："当然，能够只是送出去，也不算坏事情，一者见得丰富，二者见得大度。"是一句反语。下文中尼采的例子，说明大度要不得；煤的例子，说明丰富不能成为送出去的理由。合在一起，足见"送出去"是坏事情。再联系整段分析，就能发现这一句反语的妙处。

这一单元其他篇目中也有非常精彩的用词，比如，《上图书馆》中的"我发现自己坐在英国牛津大学的包德林图书馆里"，"发现"初读显得突兀，细读则能觉出这个词中蕴含着作者对自己的阅读状态的审视之意，也与《劝学》中"博学而日参省乎己"的观点暗合。

三、任务拓展及思辨质疑

1. 任务拓展

新教材必修上册专题教学的模式要求对整个专题进行全面深入的研究，但是每个专题的选文是有限的，任务群的设置势必存在"因文设教"的痕迹，也必然会留下很多空白，需要教师做进一步补充及拓展。

（1）"学习"概念的界定

在教学实践中，教师应该先引导学生找到每个单元的核心概念，比如"青春激扬"单元，可以带领学生描述青春是什么；"劳动光荣"单元，要先讨论"劳动"是什么。同样道理，教师在教学新教材必修上册第六单元前应该先回答"学习是什么"。

学习的要素主要包括主体、客体、过程。狭义的学习是受教育者通过教育者指导获得知识、技能的过程，广义的学习则指学习主体通过学习活动而产生行为或能力的相对持久变化的历程。学习主体可以从个体向外扩展，可以扩展到某个社会团体，某个民族，乃至整个人类。客体可以扩展为一切有助于学习主体发生持久改变的元素。过程则可以包括信息的输入，信息的获取、转化与输出。

（2）新时代的学习

在新的条件下，当前的学习有着不同于传统学习的新特点。如下问题可以作为拓展的选题。

信息时代的学习方式发生了怎样的变化？

信息时代我们还需要老师吗？

信息时代的师生关系有何特点？

信息时代对终身学习的理念有何影响？

如何看待碎片化阅读？

如何看待新媒体时代的文风？

如何看待高考作文的文风？

教师还可以密切结合时事热点引导学生学习。比如，和学生一起搜集新媒体营销号的不良文风及代表文章，阅读人民网 2018 年 7 月 2 日至 4 日连发的三篇批评浮夸自大文风的文章（《文章不会写了吗？》《中国人不自信了吗？》《文风是小事吗？》），加以讨论，然后撰文批评不良文风。再比如，对于高考满分作文引起的讨论，教师可以和学生一起搜集不同的意见，加以分析，以辩论会或者写评论文章的方式，表达自己对此的看法。

2. 思辨质疑

关于“思辨性阅读与表达”学习任务群的学习目标及内容，《普通高中语文课程标准（2017 年版 2020 年修订）》指出要“在阅读各类文本时，分析质疑，多元解读，培养思辨能力”[4]。教材选取的文章虽然一般都是经典文本，但也不意味着就没有质疑的余地。

本单元课文中，最易引起争议的是《拿来主义》。有的学生认为这篇文章前后逻辑不一，文章前半部分一直在讨论中外问题，而后半部分大宅子的比喻，属于古今问题。事实上这一问题也是语文教学界争论不休的，对这篇文章论证针对的到底是什么，本就有文化遗产、外来文化以及两者兼具三种说法。[5]

面对学生的问题，比较好的处理方法是，不回避质疑，而将其作为提升师生思辨能力的难得机遇，积极应对。除了对文本的质疑外，阅读过程中的自我质疑以及教学活动中对他人观点与逻辑的质疑，也应提倡。总而言之，在教学实践中，应该先深入分析单元导语、课文学习提示及单元学习任务，从总体上把握整个单元内容，再结合具体课文落实教学任务，并做适度拓展。

在对“学习之道”的探讨中，可以联系生活实际，创设教学情境。如果有学生质疑，只要言之成理，应该鼓励并进行正面回应。唯有如此，才能把《普通高中语文课程标准（2017 年版 2020 年修订）》中对“思辨性阅读与表达”这一任务群的要求落到实处。

参考文献：

[1] 宋灏江．荀子《劝学》的中心论点及其论证结构探析［J］．语文学习，2014（3）：41-43．

[2] 钱锺书．管锥编（第一册）［M］．北京：中华书局，1979．

[3] 詹丹．知识和情感新世界的曲折打开——读王佐良的《上图书馆》［J］．语文学习，2019（9）：66-69．

[4] 中华人民共和国教育部．普通高中语文课程标准（2017 年版 2020 年修订）［S］．北京：人民教育出版社，2020．

[5] 黄安鑫．是“继承”还是“拿来”——关于《拿来主义》的讨论［J］．成都教育学院学报，2004（12）：42-45．

单元视域下的课时教学设计优化

——以《蒲柳人家（节选）》一课为例

徐　洁[①]

统编语文教材以人文素养和语文要素“双线组元”的编排方式突显了单元教学的价值，把单篇文本学习放在单元、学期、学年学习相融通的宏观视野之中，为语文课程的教与学带来了新的生机与活力。以单元为单位组织学生学习的教学方式已越来越受到重视。本文从单元视域入手，对语文课时教学设计提出优化建议与意见。

一、单元教学设计是解决现实教学困境的有效方法

（一）现实教学的困境

现实的语文教学，普遍存在着碎片化学习、浅层学习代替深度学习的问题。以统编《语文》教材九年级下册第二单元为例。该单元包含教读课文《孔乙己》《变色龙》，自读课文《溜索》《蒲柳人家（节选）》；写作：审题立意；综合性学习：岁月如歌——我们的初中生活。不少教师习惯于单篇教学，四篇小说都按照梳理情节、分析人物形象、欣赏小说语言、理解主题的方式一一讲解，整个教学设计缺乏新意，难免单调沉闷，缺少激发学生学习热情的有效因素。另外，《孔乙己》《变色龙》为传统经典篇目，名师授课案例较多，不少教师望而生畏，困于名师授课思路，认为很难教出新意，不愿选择这样的篇目作为公开课、观摩课的教学内容。笔者研究了大量的《蒲柳人家（节选）》教学案例，发现存在两个倾向：一方面，教师大多在文本表层打转，只带领学生学习作者“写了什么”，答案一般可以从文本中直接找到，问题、任务设计欠缺深度，学生只承担了“搬运工”的工作；另一方面，教师先带领学生品析人物形象，再分析语言，把人物形象分析与语言欣赏割裂开来，重复啰唆且知识碎片化。上述教学设计没有引发学生的思维碰撞，思维含量欠缺，不利于学科核心素养的培育。

---

① 徐洁，齐鲁师范学院教授，山东省基础教育课程研究中心主任。

（二）单元教学设计内涵分析

单元教学设计就是从单元角度出发，根据单元学习需要，把单元知识作为相对独立的学习单位指向一定的学习目标，综合利用各种学习方式、方法、策略，经过一定的时间完成整体性的单元任务学习。单元的历史可以追溯到19世纪赫尔巴特学派戚勒（T. Ziller）倡导的五阶段教授法。后来，人们开发了多种多样的单元：项目单元、问题单元、课题单元、作业单元、活动单元、经验单元。基于“核心素养”的单元设计，应当成为我国中小学教师研修的重心。[1]关于单元教学，实践界早已有一些探索，如重庆市第一中学在20世纪50年代就曾指出单元备课的特点：研究单元内各课思想内容和表达方法的联系，教学怎样突出重点；研究单元内各课不同的内容、不同的文体、不同的语言风格，通过比较，选择不同的教法，使学生容易巩固各课的知识；研究单元内各课怎样进行系统的复习和巩固；研究单元教学怎样和作文教学、课外阅读、课外活动等密切结合。[2]单元教学设计较单篇教学设计而言，更关注知识之间的相互关联，强调学习之间的有机联系。因此，教师要创设一定的大情境，强调问题设置的层级性、序列性、完整性，设计具有挑战性的自带动力的大任务。

（三）单元教学设计的价值

教学设计的一种策略是找到单元内文章的共性，“以便从一个角度进入单元文本的整体，并使这些看上去差异颇大的理解角度和结论建立起一定的内在联系，从而使得整个单元学习具有整体性。否则，每一篇课文都任凭教师按照各自的理解确定教学内容，在很大程度上便失去了单元学习的意义”[3]。笔者认为这里所说的“一个角度”，可以从大概念思想入手，选择合适的学科大概念，统率单元教学。基于大概念的备课，包含哲学观念、共通概念（跨学科概念）、核心概念三个方面，有利于教师从课程视域出发，更深刻地理解文本。针对单元所有教学篇目，从横向、纵向等多维度解读文本，方法更为多样，内容更为丰富，有利于知识学习的结构化、系列化。“在读者、作者和文本之间，文本无疑是中心。文本由表层意象、中层意脉和深层文学形式的审美规范构成，其奥秘在千百年的创作实践中积淀。一般读者一望而知的只能是表层，教师、论者的使命乃是率领读者解读出中层和深层密码。”[4]文本中层与深层所蕴含的密码，往往要关联作者、时代背景等文本背后的内容，可使用对照、比较、联想等方法，进行与其他相同、相似文本的联系性解读。

单篇教学通常难以支撑起完整、真实的大情境和大任务，在研究单元教学内容的基础上进行有机的单元统整，有利于学生学习的迁移与应用，有利于学科核心素养的落实。

二、单元视域下优化课时教学设计的课程分析

笔者以统编《语文》教材九年级下册第二单元的《蒲柳人家（节选）》一课为例尝试分析。

（一）课标要求

《义务教育语文课程标准（2011 年版）》提出的阅读教学要求有：欣赏文学作品，有自己的情感体验，初步领悟作品的内涵，从中获得对自然、社会、人生的有益启示。对作品中感人的情境和形象，能说出自己的体验；品味作品中富于表现力的语言。阅读教学应注重培养学生感受、理解、欣赏和评价的能力。让学生在朗读中通过品味语言，体会作者及其作品中的情感态度，学习用恰当的语气语调朗读，表现自己对作者及其作品情感态度的理解。[5]

（二）学情分析

学生在此之前学习过小说，并读过一些小说。九年级上册第四单元是小说单元，综合性学习内容是：走进小说的天地。学生曾经学过梳理小说情节，分析人物形象，品味小说语言，理解小说主题等学习方法。

（三）课程资源分析

教师教学用书是重要的教学参考资料，应该细细研究揣摩。书中的教学指导部分有明确要求：第一，要有意识地拓宽小说鉴赏的广度；第二，要有意识地加深小说鉴赏的深度；第三，要注意拓展阅读的范围，将阅读从课内引向课外。有如下几点需要格外关注的内容：首先，把握单元教学中不同小说的写作风格。《孔乙己》是一篇典范的现代小说，截取生活的横断面，选取最能反映人物性格的细节，刻画人物的性格和灵魂，鞭挞国民劣根性。《变色龙》是一篇讽刺小说，善于运用夸张和对比的手法来表现人物的丑恶灵魂。《溜索》是一篇散文化的小说，选材独特，没有核心人物和尖锐冲突，通过人与自然环境的对比，凸显人物英雄气概。《蒲柳人家（节选）》继承了中国古典章回体小说的传统情节、表现技巧和艺术手法，善于用语言动作以及介绍“外号”由来等方式刻画人物的性格特点，表现中国底层人民的生活和精神风貌，富有传奇色彩，充满浓郁民族风格的审美情趣。这四篇小说可归为不同

的风格与流派。阅读不同风格的小说，首先，要体会作者不同的审美趣味与表达旨趣，在鉴赏实践中培养鉴赏能力。其次，四篇小说在语言上各有特色，《孔乙己》表现出鲁迅特有的冷峻犀利，在简练的描写和对话中揭示人物的心理和性格；《变色龙》语言幽默风趣，随着狗主人的身份来回转换，人物的立场也在左右摇摆，辛辣的讽刺就隐含在人物的对话和举止之中；《溜索》语言奇绝，善用短句，用词精妙传神，凝练含蓄，而且比喻新奇，给人以深刻印象，读来别有一番风味；《蒲柳人家（节选）》像中国古代的评书，在叙述故事、描写人物时，采用的是活灵活现的民间口语与俗语，活泼伶俐，充满乡土气息。作者继承了说唱艺术的特点，讲究押韵和对偶，用词造句文白相间，读来抑扬顿挫，很有节奏感。[6]最后，与四篇小说相关联的课程资源非常丰富，从鲁迅、契诃夫、阿成、刘绍棠四位作家的视角看，可以把作者与课文选文相近的小说作为课程资源进行分析。尤其教材中的《蒲柳人家（节选）》是节选文，教师一定要阅读全文。还可以阅读相关的评论文章与书籍，以便深入了解作者及其写作风格。

（四）教材分析

第一，教师要从“双线组元”和大概念视角考察教材。本单元的人文主题：了解世态人情和时代风貌。语文要素：欣赏小说语言，梳理情节，分析人物形象，理解主题。品析语言、分析人物形象、理解主题，这些内容紧密结合，用学科大概念统率，可以把知识有机地联系起来。

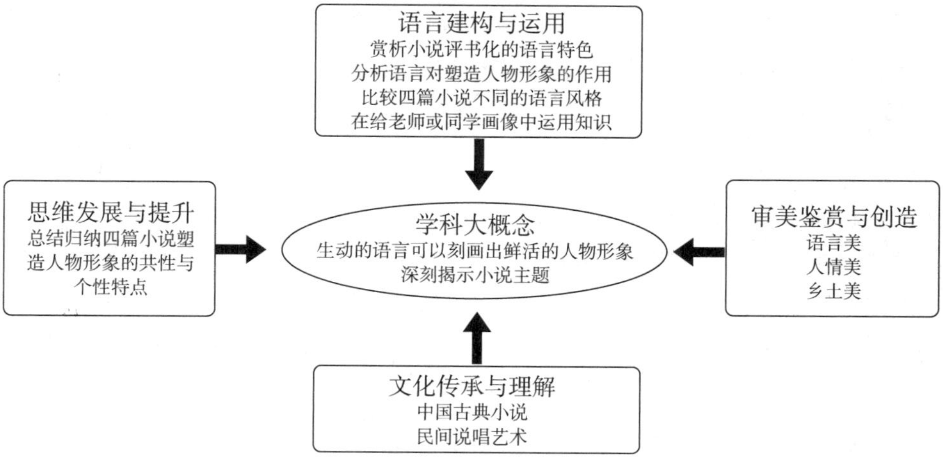

图1　《蒲柳人家（节选）》的学科大概念与学习目标、内容关系图

从图1可以看出，本单元小说阅读，笔者提炼出的学科大概念为：生动的语言可以刻画出鲜活的人物形象，深刻揭示小说主题。四篇小说的共性之处也在于此。教学设计中应以学科大概念统率语文学科核心素养的四个方面：语言建构与运用、思维发展与提升、审美鉴赏与创造、文化传承与理解，着眼于学科核心素养设计学习内容，增加备课深度，提高问题的思维含量。同时，注重品析语言、分析人物形象与理解主题的内在关联性，使之相互融通，并能应用到新的语言材料中。人物形象一般是通过语言、外貌、动作、神态、心理活动等细节描写，以及环境衬托、对比手段的应用等方法塑造。这些方法是公认的，要让学生真正读明白小说，不应只会分析小说的共同特征，还要分析出每篇小说的独特之处。比如，写作风格的不同，主题的各异，进而通过一篇小说的学习窥见小说家的整体创作风格。学习作者“是怎么写的，效果如何”，应采取怎样的阅读策略，写作方法是否可以内化成学生自己的写作能力，文本背后的文化内涵与精神风貌是什么，等等。如此，才是走向了小说阅读的深处，才能取得深度学习效果。

第二，教师要关注《蒲柳人家（节选）》在教材中的地位与作用。这是一篇自读课文，教学中要避免两种倾向：一是上成讲解课，重教轻学，没有发挥学生的主体作用；二是放任自流，缺乏方法指导。自读课重在“自”，突出学生的自己、自我、自主、自学。教读课，应聚焦方法指导，对文本内容进行合理取舍与聚焦，引导学生学方法，学能力；自读课，应聚焦方法使用，放手让学生学应用，重练习。自读课文与教读课文是一脉相承的，学生在教读课文中学习到的阅读方法，要在自读课文中加以运用与巩固。因此，自读课要给学生更长的学习时间与更多的空间。教师要敢于放手给学生提问质疑的机会，让学生发现问题、提出问题、分析问题、解决问题。如果学生基础较好，则可让学生自主设计任务单，自行探究答案，巩固教读课的学法，让学生真正成为自读的主人。自读课要找准与教读课之间的有效联结点，可以把学科大概念作为统率多种课型的重要内容。充分发挥单元导读、旁批、阅读提示等的导读作用。例如，可以找出文体特点、写作方法、语言特色上的相似点或相同点。体裁相同时，比较不同的表达手段或不同的情感等。以本单元为例，在学习《孔乙己》《变色龙》时，学生学习了赏析语言，梳理情节，分析人物形象的方法，在自读课中可以运用这些方法，但不是机械照搬，而应融会贯通、活学活用。教师要精心设计问题、表现性任务、评价量规等，发挥引领与指导作用，在学生遇到困惑时精讲点拨。教师要本着“教是为了不教”的指导思想，建立起“教读—自读—课外阅读”三位一体的阅读体系。

第三，教师要在单元视域下，关注四篇小说的横向融通。笔者在解读文本的过程中，发现四篇小说都不约而同地写到了“手”这个细节。《孔乙己》中，“排出九文大钱”“孔乙己显出极高兴的样子，将两个指头的长指甲敲着柜台”“伸开五指将碟子罩住”“他从破衣袋里摸出四文大钱，放在我手里，见他满手是泥，原来他便用这手走来的”。《变色龙》中奥楚蔑洛夫“看见那个敞开了坎肩的人举起右手，把一个血淋淋的手指头伸给人们看”“就连那手指头也像是一面胜利的旗帜”“你究竟为什么举着那个手指头？”“赫留金开口了，拿手罩在嘴上……‘这贱畜生无缘无故就咬了我的手指头一口’”“奥楚蔑洛夫对赫留金说，‘难道它够得着你的手指头？……你那手指头一定是给小钉子弄破的’”。《溜索》中，“手划出血来，黏黏的反倒抓得紧索。手一松开，撕得钻心一疼，不及多想，赶紧倒上去抓住”“手掌向上托着，寻思几时才能有水洗一洗血肉”。《蒲柳人家（节选）》中，“挽了挽袖口，手腕子上露出两只叮叮当当响的黄铜镯子……手戳着他们的鼻子说”“老大一个耳刮子抡圆了扇过去”“一丈青大娘折断了一棵茶碗口粗细的河柳，带着呼呼风声挥舞起来”“一丈青大娘有一双长满老茧的大手，种地、撑船、打鱼都是行家”“全村三十岁以下的人，都是她那一双粗大的手给接来了人间”。这些关于“手”的细节，凸显了小说描写人物的方法，可以联系起来供学生仔细思考、品味。

三、基于大概念的单元视域课时教学设计实施路径

单元视域下的课时教学设计，可从如下几个方面入手：课程分析—学习目标设计—核心问题厘定—表现性任务确定—嵌入式评价引领。其中，课程分析包含着课程标准、教材、课程资源、学情分析，这是设计学习目标的基础与保障。核心问题与表现性任务是落实学习目标的手段，嵌入式评价并非安排在最后，而是嵌入课前、课中、课后所有的学习环节之中，既为学生学习提供支架，又是考查学习目标是否落实的方法。课文文质兼美，可教的内容很多，而课时有限，面对诸多可挖掘的教学内容，教师的取舍功夫显得尤其重要。在教学中让学生分析鲁迅、契诃夫、阿成、刘绍棠不同的写作风格，有利于学生再次碰到同一作家的作品时，能够迁移应用。有的考试题就是选择了课文作者的不同篇目来考查学生，学生学习一篇课文后不能只习得教师

预设好的答案，而应通过课文学会品读作品背后的意蕴，提升小说鉴赏水平，达到触类旁通、举一反三。学习目标的设计，可以通过预估，参照学生对四篇小说与作者的前期认知来确定教学内容。笔者拟定的单元学习目标为以下几点。

1. 梳理小说情节，关注人物形象，了解作品中折射的世态人情和时代风貌，理解小说主题，感受作品的社会意义。

2. 学习课文刻画人物的手法，通过比较阅读的方式，体会不同风格的小说写人手法的异同，增进对小说这一文学体裁的了解。

3. 品味、欣赏小说语言，把握小说的不同风格，提高文学鉴赏力。

根据教师教学用书的建议，《蒲柳人家（节选）》分为 2 课时，第 1 课时学习目标为：通过品析语言，感受鲜活的人物形象，体会人物的侠义精神与传统美德，感受乡土情怀。第 2 课时学习目标为：通过比较阅读，鉴赏本单元四篇小说的相同点与相异点。下面主要以第 2 课时为例，阐释本节课的教学设计。

（一）先学后教，预习设计

教师设计学习单，为学生的自主、合作、探究学习提供指导。

学习单

1. 你已学习了本单元的四篇小说，从单元视角出发，你有什么问题和疑惑，请写到下面的横线上。

____

小组讨论后还有什么问题？

____

2. 本单元的四篇小说写作既有相同点又有相异点，先自行尝试分析。然后根据表 1、表 2、表 3 三个表格提供的学习支架和评价量规的指导和提示，再次尝试分析，并把分析的成果展示出来。（温馨提示：可从小说中对“手”等的细节描写中，分析出四篇小说刻画人物方法的相同之处，除此之外，小说在刻画人物形象方面还有相同之处吗？尝试进一步分析鉴赏。反复细读小说中的特色语言，鉴赏不同小说的特色语言风格。学习成果展示不必拘泥于表格的方式，可采用朗读、表演、辩论、思维导图等多种方式展示成果）

表 1　分析四篇小说相同点的学习支架

内容	《孔乙己》	《变色龙》	《溜索》	《蒲柳人家（节选）》
刻画人物的方法				
人物形象分析				
相同点分析				

表 2　分析四篇小说语言风格相异点的学习支架

内容	《孔乙己》	《变色龙》	《溜索》	《蒲柳人家（节选）》
小说类型				
特色语言举例				
相异点分析				

表 3　鉴赏小说异同点的评价量规

内容	优秀	良好	合格	待提高
语言特色	1. 能熟练分析句式的使用 2. 能鉴赏词语选择的妙处 3. 能分析修辞使用效果 4. 能辨析不同作品的风格	1. 能分析句式的使用 2. 能品味词语选择的好处 3. 能分析修辞使用效果 4. 能辨析不同作品的风格	1. 能分析句式的使用 2. 能品味词语选择的好处 3. 能分析修辞使用效果	能对作品的语言特色有所体验
人物形象分析	1. 能准确分析典型人物形象 2. 能说出作品中丰富的情感 3. 能说出自己的审美体验	1. 能分析典型人物形象 2. 能针对作品中丰富的情感说出自己的体验 3. 能从审美层次欣赏作品	1. 能分析典型人物形象 2. 能体会作品中丰富的情感	能分析人物形象
主题理解	1. 能准确理解小说主题 2. 能鉴赏小说的文化内涵 3. 能阐述表达手法运用与思想情感传达的关系	1. 能理解小说主题 2. 能从文化内涵方面分析作品 3. 能体会运用表达手法传达思想情感的方法	1. 能理解小说主题 2. 能体会作品的文化意蕴	能理解小说主题
朗读	1. 语气语调得体、恰当 2. 合理抒发感情	1. 注意语气语调 2. 合理抒发感情	1. 朗读流利正确 2. 注意语气语调	朗读流利正确

续表

内容	优秀	良好	合格	待提高
写作（作业）	1. 能细致观察身边的教师或同学等熟悉的人 2. 能用学到的方法为熟悉的人画像 3. 会对照课文反思自己作文中的不足并修正	1. 能学习观察身边的老师或同学等熟悉的人 2. 能用学到的方法为熟悉的人画像 3. 会对照课文反思自己作文中的不足	1. 能把刻画人物的方法用到自己的写作中 2. 学习反思自己写作中的不足	能用所学知识描写熟悉的人

（二）小组探究，课堂展示

学生根据教师下发的学习单开展小组活动，把小组内无法解决的问题提报全班。教师与学生共同解决上述问题。

（三）交流反馈，辩论研讨

学生以小组为单位展示自己的学习成果，师生使用评价量规做好评价与改进。

（四）总结提升，拓展延伸

教师对本节课进行总结、提升、拓展，并联系写作设计与综合实践活动，布置作业。

1. （必做题）学习本单元小说中描写人物的写作方法，以文字素描的形式，为教师或同学画像，并尝试取得一个好的立意。

2. （选做题）推荐阅读《蒲柳人家》全文。

3. （选做题）分析四位作者的写作风格，填写下表或用思维导图等自己喜欢的方式进行表达。

作者	写作风格
鲁迅	
契诃夫	
阿成	
刘绍棠	

这个设计对九年级的学生来说有一定难度，然而，这种挑战足以唤醒学生的阅读期待。因此，不做“一刀切”要求，可让有兴趣、有余力的学生选择性使用。在分层次教学中，教师应给学生提供必要的学习资源并给予适当帮助和指导。

有一个不容忽视的关键性问题，就是教师要针对学生的学习需要为学生提供合适的学习资源和搭建合适的学习支架。例如，在语言特色分析方面，针对学生的积淀不够、组织语言能力差、不能很好地完成表现性任务等问题，教师要帮助学生学习特色语言分析的方法。表 3 提供的评价量规（相当于一种学习支架）提供了语言特色分析的四个视角：一是能熟练分析句式的使用；二是能鉴赏词语选择的妙处；三是能分析修辞使用效果；四是能辨析不同作品的风格。这其实就是特色语言分析的方法提示，至于具体句式的如何使用，学生在反复诵读揣摩中会找到感觉。如果学生感觉不足以解决问题，那么教师可以再提供不同句式表达效果的学习支架，如表 4 所示。

表 4　不同句式表达效果的学习支架

<table>
<tr><th>句式</th><th>案例</th><th>表达效果对比分析</th></tr>
<tr><td>陈述句</td><td>我没有糊涂。
我不再犯这种错。</td><td rowspan="3">陈述句与反问句都表达了否定的意思。反问句的证据比陈述句更强烈，更能让人注意，引人深思。日常对话中，反问句显得很强硬，用在文章中，则可以增强语气和感染力
感叹句的语气明显比陈述句强</td></tr>
<tr><td>反问句</td><td>我难道糊涂了吗？</td></tr>
<tr><td>感叹句</td><td>我真的没有糊涂啊！</td></tr>
<tr><td>倒装句</td><td>这种错，我不再犯。</td><td>比陈述句表达了更深切的犯错的内疚、悔改之情</td></tr>
</table>

参考文献：

[1] 钟启泉. 学会“单元设计”[N]. 中国教育报，2015-06-12.

[2] 重庆一中语文组. 语文教研组的组织领导工作 [J]. 语文学习，1959（11）：3-5.

[3] 郑桂华. “自然”概念、主客关系与人生境界——“自然与情怀”单元教学的支点、路径选择 [J]. 语文建设，2019（19）：4-8.

[4] 孙绍振. 月迷津渡——古典诗词个案微观分析 [M]. 上海：上海教育出版社，2012.

[5] 中华人民共和国教育部. 义务教育语文课程标准（2011 年版）[S]. 北京：北京师范大学出版社，2012.

[6] 人民教育出版社，课程教材研究所，中学语文课程教材研究开发中心. 义务教育教科书教师教学用书（语文九年级下册）[M]. 北京：人民教育出版社，2018.

基于学习任务群的单元教学整体设计与实施

——以高中语文统编教材必修上册第三单元为例

苏 蓉①

《普通高中语文课程标准（2017 年版）》（以下简称“新课标”）指出，“文学阅读与写作”学习任务群，“旨在引导学生阅读古今中外诗歌、散文、小说、剧本等不同体裁的优秀文学作品，使学生在感受形象、品味语言、体验情感的过程中提升文学欣赏能力，并尝试文学写作，撰写文学评论，借以提高审美鉴赏能力和表达交流能力”[1]。基于这一要求，高中语文统编教材按照“整体设计，自然渗透”的编写思路，以人文主题和学习任务群双线组织教学单元。在高中语文统编教材必修上册（以下简称“新教材”）中，第一单元的人文主题为“青春激扬”，第三单元为“生命的诗意”，第七单元为“自然情怀”，同时，这三个单元的内容也构成了必修阶段“文学阅读与写作”学习任务群下的三个重要学习项目。本文试以其中第三单元的教学整体设计为例，谈谈学习任务群背景下的高中语文教学策略。

一、结合新课标，深入理解教材编写意图

中国是一个崇尚艺术、富有诗情的国度，经过历史长河的淘洗与打磨，古人留下了难以计数的优美诗词。“水浮万物，玉石留止。”这些动人的诗词不仅丰富、美化着汉语表达，也温养、充盈着一代又一代华夏儿女的心灵，是中华民族的文化瑰宝。新教材第三单元精选了中国诗歌发展史上不同时期、不同体式的八首古典诗词名作，构成了以“生命的诗意”为人文主题的古典诗歌单元。

这一单元包括三组课文——精读课文《短歌行》、略读课文《归园田居（其一）》组成的第七课；精读课文《梦游天姥吟留别》《登高》、略读课文《琵琶行（并序）》组成的第八课；精读课文《念奴娇·赤壁怀古》、略读课文《永遇乐·京口北固亭怀古》《声声慢（寻寻觅觅）》组成的第九课。这三

① 苏蓉，北京市西城区教育研修学院高中语文教研员。

组课文，以时间为“经”，以审美鉴赏为“纬”，一方面暗含着中国古典诗歌从四言诗到五言诗，从古体诗到近体诗，从唐诗到宋词的发展脉络；另一方面展现了不同时代、不同状态下，诗人们不同的情感世界、审美趣味和艺术风格。

依据新课标对“文学阅读与写作”学习任务群的要求，新教材强调，学习本单元“要逐步掌握古诗词鉴赏的基本方法，认识古诗词的当代价值，增强对中华优秀传统文化的传承意识。要在诵读和想象中感受诗歌的意境，欣赏其独特的艺术魅力；感受诗人的精神世界，体会诗人对社会的思考与对人生的感悟，提高自身的思想修养和文化品位”，并“尝试写作文学短评”[2]。在“单元学习任务”中，新教材提出可采用“知人论世”的方法，深入理解作品情思；通过“多种形式的朗诵”，体会古诗词的音韵美；通过写“文学短评”，深化对古诗词深刻意蕴及艺术匠心的理解与感悟。

对应“单元提示”和“单元学习任务”，新教材每课之后的“学习提示”分别强调了该课的鉴赏重点及学习方法。如欣赏《短歌行》《归园田居（其一）》“要在诵读中体会两首诗不同的韵律、节奏和表达技巧，结合诗人的身世领悟诗中的思想感情”；品读三首宋词要“感受其不同的风格特点，体会这些词作是如何表现词人不同的思想感情的”等。“学习提示”还包含学习建议，如欣赏《永遇乐·京口北固亭怀古》时的“学习提示”为“可以拓展阅读辛弃疾的《菩萨蛮·书江西造口壁》，通过对比理解词人的不同情感”[2]。

虽然这一单元中的课文都是教师较为熟悉的经典老课文，但是面对新课标背景下的统编教材，教师需要基于必修阶段的学习任务——“体现高中阶段对每个学生基本、共同的语文素养要求”，在认真研读新课标并深入领会教材编写意图的基础上，本着整体设计、突出重点、自然渗透、综合提升的思路，进行单元教学整体设计并实施教学。

二、结合学情，以学习任务为导向进行单元教学整体设计

学生在义务教育阶段已经记诵积累了一定数量的古典诗词，具备一定的古典诗词欣赏基础。《义务教育语文课程标准（2011 年版）》在“关于阅读的评价”[3]中指出，义务教育阶段评价学生阅读古代诗词的重点在于“记诵积累”及“凭借注释和工具书理解诗文大意”，而对“词法、句法等方面的概念”不做要求。而高中阶段的语文学习应该在此基础上开展阅读鉴赏活动，

以学习任务为导向，以课文内容为载体，整合相关的学习情境、学习方法和学习资源，引导学生在阅读鉴赏、诵读体验、仿写改写、文学短评等丰富的语文实践活动中，发展提升语文学科核心素养。

1. 整体设计，处理好学习任务的分与合

学习任务群由若干学习项目组成，每个学习项目又由若干学习任务组成。

基于新课标对“文学阅读与写作”这一学习任务群的目标要求，我们可以依托课文，对教材中“学会知人论世”“学写文学短评”的任务要求以及相关鉴赏要点进行适度分解与整合。

【任务一】整体鸟瞰，了解中国古典诗歌的发展脉络

教师可以从诗歌内容、风格、体式等角度，简单介绍中国古典诗歌的发展变化历程，也可以设计相关活动，引导学生查找资料，了解不同历史时期的诗体风格，并在时间轴上标注本单元八首古诗词的大体位置和诗体形式，借此加深学生对中国古典诗歌发展脉络的整体印象。

【任务二】抓住诗眼，知人论世，品味语言

第三单元第七课中，《短歌行》与《归园田居（其一）》大异其趣，又各具魅力。欣赏这两首古体诗，可从“诗眼”入手，通过知人论世，整合相关鉴赏要点，引导学生深入品味诗歌语言，解读诗情。

比如，《短歌行》虽然是一首政治抒情诗，但诗人凭借深厚的艺术修养，采用比兴、化用典故、一唱三叹等艺术手法，将人生苦短、求贤若渴之情抒写得起伏有致。诗中既隐含着一代霸主的宏大抱负，又展现出一位诗人的细腻情感。学生在阅读中可抓住提挈全诗情感的“忧”字，在知人论世的基础上，理解诗人何以“忧思难忘”“忧从中来”，进而从“但为君故，沉吟至今”中体味“纵我不往，子宁不嗣音”的殷切呼唤；从“明明如月，何时可掇”中体味诗人因贤士难求而产生的苦恼。在品味语言、解读诗情的同时，体会比兴、化用典故等手法的妙用。

【任务三】欣赏意象，体味意境，感受诗风

唐代诗人李白、杜甫、白居易的诗歌千载流芳，本单元第八课汇集了这三位诗人的三首代表作。欣赏这三位诗人的作品时，可引导学生在知人论世的基础上，从赏析诗风或手法方面入手，整合意象、意境、虚实、诗体形式等鉴赏要点，品味语言，体会李白驰骋想象中的浪漫飘逸，杜甫触景生情中的沉郁顿挫，白居易感事伤怀中的虚实相济。

【任务四】对比阅读，自主、合作、探究

本单元第九课选取了宋代豪放派词人苏轼、辛弃疾，婉约派词人李清照的三首代表词作。教师可在前期示范以及提供读法支持的基础上，指导学生欣赏这三首宋词，引导学生以自主、合作的方式，品读语言、解读诗情，感受词作的不同风格，探究可从哪些角度领会词作的风格特点。

【任务五】诵读交流，专题欣赏，学写短评

此项学习任务可单独进行，也可与前四项任务穿插、合并。比如，教师可以组织专题诗歌朗诵会，也可以在学生进行诗歌欣赏的过程中穿插多种形式的诵读，加深学生对诗人情感的理解，还可以在单元学习的最后阶段开展小型专题阅读活动。诗歌诵读和专题阅读都可以在单元学习过程中穿插进行。

例如，欣赏杜甫诗歌时，可安排学生精读《登高》，自读《望岳》《蜀相》《阁夜》《登岳阳楼》《旅夜书怀》《白帝》等篇目，引导学生从杜甫的多篇作品中，体味其沉郁顿挫的风格特点。

例 1：通过比较阅读，由感性到理性，引导学生总结杜诗“沉郁顿挫”的风格特点。

阅读《登高》《旅夜书怀》，从内容、情感两个角度总结杜甫诗歌“沉郁”的特点，如景物萧瑟、行旅孤独、国事动荡、百姓困苦；情感忧愁悲慨、郁结难舒。将《登高》《旅夜书怀》与李白的《梦游天姥吟留别》进行比较，从意象、意境、情感变化的角度体会两人的不同风格。与李白诗歌意象的疏朗开阔、情感的奔放不羁相对照，体会杜甫诗歌意象的紧凑凝重，情感的迂回压抑，节奏的跌宕顿挫，进而深入理解杜甫诗歌的风格特点。

例 2：从单篇赏析到多篇比较，由概念到体验，体会杜诗“沉郁顿挫”的风格特点。

首先，教师从情感特点和表现技巧两个角度介绍“沉郁顿挫”的含义，引导学生从秋景描写、复杂情感两个角度品读《登高》，体悟其“沉郁顿挫”的特点。其次，将《登高》与《望岳》《白帝》进行比较阅读，从意象、意境、情感抒发三个角度辨析豪迈放达与沉郁顿挫的不同风格。最后，从命途多舛的个人身世、万方多难的时世国运和积极入世的儒家思想三个角度，引导学生自主、合作，探究促使杜甫形成“沉郁顿挫”诗风的原因。

在阅读欣赏之后，教师可以指导学生抓住感触最深的地方，撰写文学短评。如聚焦杜甫诗歌“忧国忧民”的情感，或“沉郁顿挫”的诗风，或意象、意境特点，结合具体诗句撰写文学短评，并在课上展示交流。

另外，根据学生的学习状况，教师也可以对学习任务进行适当调整。如第二、三、四项任务可分可合，还可以相互借力；可以调整学习任务的顺序；第五项任务可与其他项任务穿插或合并；可将前三项任务串联、交织起来，通过读写联动的方式，梳理、沉淀学习中的感受，强化阅读欣赏的效果。

2. 重点突出，处理好单篇与多篇的关系

单节语文课呈现出来的只是学习任务群下学习的一个横截面，所以每一节语文课都需要突出重点，各有侧重。同样，学习任务群下的各项学习任务在实施过程中也应该各有侧重，不必贪多求全。教师在进行单元教学整体设计时，特别要注意处理好单篇与多篇的关系。

面对统编教材中人文主题和学习任务群双线组织的课文单元，多数教师能够快速领会新课标理念，利用高中语文课程以及教材相对稳定又富有弹性的特点，创造性地进行教学设计，有选择地实施教学。但新教材第三单元比较特殊，这一单元的八首古诗词，篇篇是经典，句句耐琢磨，这让许多教师在教学中难以取舍。所以，教学这一单元时，教师需要处理好精读与略读、单篇与多篇的关系，注意构建阅读篇目之间的内在联系。

比如，新教材第三单元第八课中的精读课文《梦游天姥吟留别》篇幅较长，阅读欣赏时，可结合诗人的人生经历，以分析梦境为重点，从瑰丽神奇的想象、奔放起伏的情感、自由洒脱的诗句等角度，体会诗人的飘逸浪漫。欣赏《登高》时，可从意象、意境、情感等角度出发，将杜诗与李诗进行对比，加深学生对两位诗人不同风格的感受和认识。欣赏《琵琶行》精妙的音乐描写和景物描写时，可引导学生对比《梦游天姥吟留别》中关于梦境的描绘，加深学生对以实写虚、虚实相生的艺术技巧的理解。总之，在单元教学整体设计中，应避免逐篇讲解、课文之间互不关联的情况。

3. 自然渗透，处理好教与学的关系

教师在依据新课标要求整体设计单元教学时，需要特别注意结合示范，设计学生的自主、合作、探究活动，增强课堂互动；将学法指导、审美教育和情感熏陶自然渗透在丰富多彩的言语实践活动中，从而实现学生语文学科核心素养的发展，增强学生对传统文化的认同感和自豪感。

比如，欣赏辛弃疾的《永遇乐·京口北固亭怀古》时，可引入词人《南乡子·登京口北固亭有怀》《菩萨蛮·书江西造口壁》《水龙吟·登建康赏心亭》等作品，引导学生运用学过的鉴赏方法自主欣赏，品味“何处望神州”“西北望长安”“把吴钩看了，栏杆拍遍，无人会，登临意”这些词句中的怅望与愤懑，领会词人无处安放的思乡之情与报国之志，借此涵养学生的家国情怀。

4. 综合提升，处理好多种能力培养之间的关系

以学习任务群为基础的单元教学，应注意强化学习项目之间、学习任务之间的内在联系。教师在进行单元教学整体设计时，要注重在教学细节中聚合对学生多种能力的培养，简化教学环节，突出重点，综合提升学生语文核心素养。

在古诗词欣赏过程中，教师可以穿插仿写或改写练习，将读、写、思维训练聚合起来，引导学生通过学习借鉴，学会运用意象传情达意，综合提升学生的思维能力及语言表达能力。比如，教师可以设计这样的作业——

风铃

我的心是七层塔檐上悬挂的风铃
叮咛叮咛咛
此起彼落，敲叩着一个人的名字
——你的塔上也感到微震吗？
这是寂静的脉搏，日夜不停
你听见了吗，叮咛叮咛咛？
这恼人的音调禁不胜禁
除非叫所有的风都改道
铃都摘掉，塔都推倒
只因我的心是高高低低的风铃
叮咛叮咛咛
此起彼落
敲叩着一个人的名字

请查阅词牌“长相思”的起源及名作，然后仿照这些作品的句式，将余光中先生的这首现代诗《风铃》改写为词《长相思·风铃》，以表达思念之情。

学生在完成作业过程中，首先需要查阅资料，由此增加关于词牌音乐特点和内容特点的知识储备。学生在改写过程中，一要借鉴原诗借助意象表达

情思的手法；二要从形象、声音等角度展开想象进行景物描写，并在描写中融入情感；三要浓缩、加工语言。这项作业看上去文字量不大，其实颇费思量。

综上所述，使用高中语文统编教材实施新课程下的语文教学，应深入理解教材编写理念，整体把握教材内容，以学习任务为导向整体设计单元教学，将新课标要求落到实处。

参考文献：

[1] 中华人民共和国教育部. 普通高中语文课程标准（2017 年版）[S]. 北京：人民教育出版社，2018.

[2] 中华人民共和国教育部. 普通高中教科书·语文必修上册 [M]. 北京：人民教育出版社，2019.

[3] 中华人民共和国教育部. 义务教育语文课程标准（2011 年版）[S]. 北京：北京师范大学出版社，2012.

学习任务群视域中课文的价值功能与单元教学设计

——以高中语文统编教材必修上册第六单元为例

杨志宏①

随着《普通高中语文课程标准（2017 年版）》（以下简称《高中语文课程标准》）的颁布和高中语文统编教材的出版，语文学习任务与实践活动的设计成为讨论的热点。这对于推进语文教学革新、构建基于任务学习的教学范式，无疑具有重要的意义。但课文作为教材的主体内容和语文学习的主要对象，在学习任务群的单元组合中具有怎样的价值功能，需要我们重新审视。

文本是语文教学的一个基本要素，在语文读写活动中，文本是最主要的学习对象。选择什么样的文本作为课文，不仅体现了单元组合的结构体例和教材特点，还体现了编者对课标精神的理解、对语文课程的思考、对语文教学的构想。在以往的语文教材中，单元的学习内容基本上就是一篇篇相对独立的课文，它既是课程知识的载体，又是言语和思维训练的素材，因此很容易使“语文”窄化为“课文”。在统编教材中，“课文不再像以往那样基本是单篇成课，而是以主题、内容或写法聚合，打破文体限制，以单篇加多篇的方式组合成单元教学资源，带有明显的整合性质”[1]。因此，我们要深刻理解课文在学习任务群中的价值功能，这是设计基于任务学习的单元教学方案的前提。

一、课文在学习任务群中的多重价值功能

高中语文统编教材以人文主题和学习任务群两条线索组织单元，每个单元由单元导语、课文、学习提示和单元学习任务四个部分组成。“学习任务群”是《高中语文课程标准》对高中语文课程内容形态的全新设计，它“以任务为导向，以学习项目为载体，整合学习情境、学习内容、学习方法和学习资源，引导学生在运用语言的过程中提升语文素养。若干学习项目组成学习任务群”[2]。因此，高中语文统编教材中的每个单元都可看作一个学习项

① 杨志宏，安徽省安庆市田家炳中学教师，中学高级教师。

目，它是一个整合了学习情境、学习内容、学习方法和学习资源的有机整体。这个学习项目包含着两个系统：一是以课文为中心的资源系统，包括课文和与之相关的文字、图片、音像等各种素材；一是以单元导语、学习提示和单元学习任务构成的助学系统，提供课文学习及语文实践的目标方向、学习情境、学习方式、实践活动等方面的指引和支架。由此可见，课文在单元的构成中居于核心位置，是整个学习项目的“支点”。统编教材中的课文与以往教材中的课文在价值功能上既有共性，又有差异。

（一）课文是文化传承的经典

以“文”化人是语文课程的独特使命，也是语文教育的优良传统。《高中语文课程标准》强调：“教材编写要高度重视继承和弘扬中华优秀传统文化、革命文化和社会主义先进文化，自觉维护国家统一和民族团结，体现对文化多样性的理解和尊重，有助于学生增强民族自尊心、爱国感情和文化自信，形成正确的世界观、人生观和价值观。”被选入教材供学生学习的文本基本上都是不同时代的典范之作，凝聚着中外优秀文化。这些课文为涵养学生的道德情操和人格品质提供了丰富的人文养料。如高中语文统编教材必修上册第六单元（以下简称“第六单元”）选编了《劝学》《师说》《反对党八股（节选）》《拿来主义》《读书：目的和前提》《上图书馆》六篇文章，这些课文围绕“学习之道”这个主题，呈现出不同时代、不同立场对于“学习”的思考与认识。这些课文不仅给学生“学会学习”带来启迪，更向他们呈现出不同时代的社会风貌和作者个人的思想魅力，使其在学习课文中实现文化传承，增强文化自信。

（二）课文是读写训练的范例

语文课程是一门学习语言文字运用的综合性、实践性课程。课文作为语文学习的对象，它本身首先是语言文字运用的典范，是学生学习语言文字运用、进行读写训练的范例。如第六单元对应的学习任务群是“思辨性阅读与表达”，所选课文就是“思辨性表达”的范例，在论证说理上各具特色，如《劝学》《拿来主义》的比喻论证、《师说》的对比论证、《反对党八股（节选）》的并列结构与形象幽默的语言等。学习这些课文，有一个重要的目的就是学习如何发现问题、分析问题，如何阐述道理、论证观点。学生依托课文发展理性思维，练习有的放矢地论证说理，促进语文学科核心素养的发展。

（三）课文是任务学习的支架

文化传承的经典和读写训练的范例是以往教材中的课文的共同功能，而统编教材中的课文除具有以上两个方面的功能外，还是任务学习的支架。以学习任务群为线索组织的单元，完成真实情境中的任务是单元语文学习的路径，课文及其相关的学习材料都是完成单元学习任务的资源。因而，课文不仅是学习的对象，更是帮助学生进行语文实践活动、达成单元学习任务的支架。如第六单元的“单元学习任务”中第一项任务：“从几篇课文中摘录一些名言警句，谈谈自己的心得体会”“这些场景带给你什么样的感受？你有过哪些难忘的读书经历？跟同学分享一下。”我们可以看到学习任务是交流心得体会和分享读书经历，而课文中作者的观点、经历和感受，是为学生的交流分享活动提供借鉴，可以看作任务学习中的一个支架。再看第三项任务：“《劝学》是……，《师说》是……。随着社会的发展变化，……针对当下学习中的某些问题，以《‘劝学’新说》为题，写一篇不少于800字的文章。”在这项任务里，《劝学》《师说》等课文是启发学生思考“当下学习中的某些问题”的例子，其目的是为学生搭建写作的支架。

因此，在学习任务群组合的单元中，课文既是学习对象，承担着文化传承和读写范例的功能；又是学习资源，是整个单元学习任务的基础部分，是学生完成单元学习任务的支架。这正是我们使用统编教材时需要正确对待和恰当处理的问题：一方面要避免把“语文”窄化为“课文”，走上以往只重视课文讲解分析的老路；另一方面也不能只重视学习任务和实践活动的设计，而忽视对课文本身的阅读和欣赏。

二、基于任务学习的单元教学设计

统编教材单元组合的结构体例充分体现了课标精神，以单元学习任务为驱动，以语文实践活动为主线，将学习内容、学习资源、学习情境、学习方式整合为一个学习项目。这样的编排吸收了任务型学习和项目学习的教学理念，突出了语文课程综合性和实践性的特点，促进了语文教学和学生学习方式的变革。“新教材提倡的是以学习任务群为中心的大单元教学，要先明确单元所承担的任务是什么，然后以任务来带动整个单元的教学。教材中的单元学习任务，不是课后练习，而是设计这个单元教学的依据，也是学生用以整合单元课文阅读与写作的抓手。”[3]因此，要根据单元组合编排的特点，将课文阅读置于整个单元教学中进行整体设计，从而构建一种基于任务学习的大单元教学范式。

（一）依据单元任务选择教学内容

如何确定课文的教学内容一直以来都是语文教学关注的焦点。以往单篇课文的教学往往从文体角度选择教学内容，从文章结构到思想内容，从写作方法到语言特色，形成了以知识为中心的教学范式。统编教材依据人文主题和学习任务群来组合单元，突破了文体的局限，所以，课文的教学内容要依据单元任务来进行选择，使之符合学习任务群的目标要求和教材的编写意图。

如第六单元的核心任务有三项：一是以“学习之道”为核心，通过梳理、探究和反思，形成正确的学习观，改进学习方法，提高学习能力；二是准确把握作者的观点和态度，关注作者思考问题的角度，学习他们有针对性地表达观点的方法；三是学会发现问题，从合适的角度以恰当的方式阐述自己的看法。根据以上核心任务，本单元课文的教学内容主要有：（1）理解作者对于“学习”的观点、方法和经历，为自己反思“学习”提供借鉴。（2）分析作者思考问题的角度和论证说理的方法，为自己有针对性地表达观点提供范例。至于《劝学》《师说》中的文言知识与文化常识、朗读和翻译，《反对党八股（节选）》《拿来主义》等议论文的结构、论证方法等知识性内容的学习，都渗透和整合到任务当中，引导学生在自主学习中解决，而不单列出来讲解分析，避免语文教学的碎片化。

（二）注重课文间的关联与比较

以往教材的单元编排虽然也有一定的线索，或者文体，或者主题，但课文之间的关联并不紧密，所以课文大多采用单篇教学。统编教材中，单元学习任务统领了课文、学习情境、实践活动，课文并不是独立的，而是为了实施和完成单元学习任务而存在的。因此，在设计单元教学时，我们要注重课文之间的关联，通过比较阅读的方式，构建群文教学的模式。将课文关联起来的纽带就是人文主题和学习任务群，如第六单元的人文主题是“学习之道”，那么，“为什么学习”和“怎样学习”这两个问题就将本单元的课文贯串起来，使它们成为一个群组。每篇课文针对的问题、思考的角度、说理的方式各有不同，给学生带来不同的启发，因而有必要进行比较阅读，以使学生获取多方面的启发。

例如，根据单元学习任务二，我们可以引导学生从针对的问题、作者观点、论证结构、论证方法等方面，对《劝学》《师说》《反对党八股（节选）》《拿来主义》四篇课文进行比较探究，以梳理作者的论述思路，体会其说理艺术。

（三）优化学习活动与教学过程的设计

单元导语、学习提示、单元学习任务构成单元的助学系统，指引本单元的学习目标、学习任务，创设学习情境和活动形式，以促进学生主动学习。这些内容为教师设计单元教学提供了思路和启示，但如何在教学中组织和实施任务学习，需要教师根据学情做进一步优化和细化，精心设计语文实践的活动形式和教学过程。事实上，基于任务学习的单元教学最困难的地方不是单元学习任务的设计，而是教学的组织和实施，因为教师要结合具体的学情、时空环境、现实条件等各种主客观因素来设计教学过程，以最大限度地使全体学生参与到任务学习中来。例如，对于第六单元的单元学习任务一“交流分享自己的心得体会和读书经历”，教师就需要思考以下问题：有限的课堂教学时间内如何力求人人参与？怎样引导学生将课文与自我互相观照，做到言之有物？怎样激发学生主动与同学交流分享？……如果没有恰当的教学活动和精心组织的教学过程，这一学习任务就可能流于形式，学生也难以有实质性的收获。

第六单元的单元学习任务共设计了三项：其一，阅读文章，结合自己的学习经历和体会，交流和分享自己的心得体会和读书经历；其二，梳理作者的论述思路，体会其说理的艺术，探究作者如何阐释“学习之道”；其三，思考当下学习中的某些问题，学习针对性议论的方法，写一篇议论文。我们可以对单元学习任务的学习活动和组织实施做如下设计。

第一课段：认识与体验——我们如何面对“学习”

【学习任务】

（1）阅读本单元课文，梳理作者关于学习的观点、见解和经历。

（2）搜集《论语》《学记》等著作中关于学习的名言警句和其他名人的学习故事，并结合课文、社会现实和自己的学习经历，思考“为什么学习”和“怎样学习”，准备学习经验交流的发言稿。

【学习活动与教学过程】

（1）诵读《劝学》《师说》，并结合注释与工具书翻译课文，整理积累文言知识。教师指导诵读方法、翻译方法、文言知识学习方法。（2 课时）

(2) 探究《劝学》《师说》《反对党八股(节选)》《拿来主义》的写作意图，以图表的方式分别列出作者针对的问题及其观点态度。分小组讨论作者的观点和见解给我们带来哪些启示。(1 课时)

(3) 略读《读书：目的和前提》《上图书馆》，梳理作者的读书经历和体会，并搜集《论语》《学记》等著作中关于学习的名言警句及名人学习故事，结合自己的学习经历和体验，准备一篇发言稿，在小组内交流，然后推荐代表参加班级的"学习经验交流会"。(1 课时)

(4) 举办"学习经验交流会"，各小组代表分享自己的学习经验。(1 课时)

第二课段：探究与发现——我们怎样进行针对性议论

【学习任务】

(1) 梳理《劝学》《师说》《反对党八股(节选)》《拿来主义》针对的具体问题，探究如何从社会和生活的现象中发现问题。

(2) 梳理《劝学》《师说》《反对党八股(节选)》《拿来主义》的说理方式，体会说理的艺术，学习如何进行针对性议论。

【学习活动与教学过程】

(1) 小组合作探究，以表格的形式分别列出《劝学》《师说》《反对党八股(节选)》《拿来主义》针对的问题、作者的观点、文章的论证结构和论证方法，并讨论不同的论证结构和论证方法有何效果。(1 课时)

(2) 小组代表汇报探究学习的发现，并从课文中找出具体例子佐证自己的观点。(1 课时)

第三课段：反思与创作——"改造"我们的学习

【学习任务】

(1) 梳理社会、班级和自身在学习方面的一些错误认识和行为表现，结合课文的学习，思考我们该树立怎样的学习观，应该采用怎样的学习态度和学习方法。选取恰当的角度写一篇议论文，提高发现问题和针对性议论的能力。

(2) 编辑班级优秀作文选。

【学习活动与教学过程】

(1) 小组讨论社会、班级和自身在学习方面的一些错误认识和行为表现，反思"为什么学习""应该如何学习"，形成自己的观点。

（2）在讨论的基础上，学习本单元课文的论证结构和论证方法，选择一个具体问题，写一篇议论文。(1课时)

（3）课后小组合作阅读和评点本组同学的作文，推荐优秀作文。课堂上推荐本组优秀作文，并陈述推荐理由。讨论如何编选《我们的“学习之道”——班级优秀作文选辑》，选举编委会，课后完成编辑工作。(1课时)

以上设计是依据教材中的单元学习任务，结合课文特点和课堂教学实际而设计的学习活动和教学过程，重点将课文的学习与学生的真实生活联系起来，创设真实情境中的语文实践活动，促进学生自主、合作、探究地学习，在基于任务的学习过程中建构语文核心素养。

（四）加强表现性评价的设计

以往的教学评价主要以纸笔考试为主，这种单一的自上而下的评价方式，过于注重学习的结果，忽略学生的学习过程，不利于学生调整和改进学习。基于任务学习的单元教学要加强表现性评价的设计，引导学生关注自己在学习过程中的表现，使其发现自己的优点与不足，激励他们不断调整和改进自己的学习。表现性评价包括对学习行为的评价和对学习成果的评价。

学习行为的评价是引导学生通过自我评价、相互评议等方式反思自己的学习态度、学习方法、学习收获，从而不断改进自己的学习行为，改善学习的效果。如设计任务实施过程中的表现性评价量表，从对任务的认识、参与度、学习方法、学习心得等方面进行自评或互评。学习成果的评价是通过对任务学习的成果进行评价，引导学生在成果的表现性评价中提高分析问题和解决问题的能力，增强学生的自信心和成就感，激励学生主动学习。学习成果可以是活动类，如诗歌朗诵会、读书交流会等；可以是文字作品，如学生的学习笔记、作文、作品选等；还可以是其他形式的成果，如音乐美术作品、视频、个人网页等。表现性评价的关键是引导学生参与到评价中来，使学生自觉反思自己的学习态度、行为和方法，从而激发主动意识，不断改进自己的学习方式，改善学习的效果。

三、结语

在基于任务学习的单元教学中，课文是学习的资源，是任务学习的出发点，它与学习任务、实践活动一起构成一条发展语文核心素养的实现路径。课文本身不是学习的目的，所以我们不能像以往那样一篇篇课文地去分析和讲解，但也不能忽视课文作为文化经典和读写范例的功能，只偏重学习任务和实践活动的设计，使任务学习流于形式。课文仍然是语文学习的重要对象，只不过教师不应用分析讲解代替学生自己的阅读，而应通过设计真实情境中的学习任务，引导学生主动地读、深入地读，并在阅读经典中自我观照，获得独特的感受和发现。教师的角色应转变为学习任务的设计者、学习过程的组织者和管理者、学生学习的指导者和帮助者，从而构建起以“学”为中心、“教”为辅助的语文教学新范式。

参考文献：

[1] 王本华. 统编高中语文教材的特点与亮点［J］. 语文教学通讯，2019（9）：9－13.

[2] 中华人民共和国教育部. 普通高中语文课程标准（2017年版）［S］. 北京：人民教育出版社，2018.

[3] 温儒敏. 统编高中语文教材的特色与使用建议［J］. 语文学习，2019（9）：4－10.

学生阅读思维典型问题与教学改进

——以“整本书阅读与研讨”任务群为例

许 艳①

“整本书阅读与研讨”是《普通高中语文课程标准（2017 年版）》设计的 18 个语文学习任务群之首。“阅读与研讨”的本质是阅读者连续不断思考与对话的过程，思维活动是其核心。从教学实践来看，学生阅读思维活动存在“套路化”“概念化”“碎片化”三类典型问题。“思维发展与提升”是语文学科核心素养的重要方面，只有真正解决学生阅读思维问题，才能促进其思维方法与思维品质的发展与提升。

一、学生阅读思维问题的课堂表现

梳理大量课堂观察结果发现，学生在“整本书阅读与研讨”中呈现的思维问题可归纳为三类：“套路化”“概念化”“碎片化”。

（一）学生阅读思维“套路化”

学生阅读思维“套路化”问题在课堂上表现为没有具体的思维加工过程，而是用固定模式去“套”作品主题。例如，阅读了“骆驼祥子”奋斗、挣扎、失败、沉沦的系列事件，不经思维过程，直接套出结论——《骆驼祥子》有力地揭露了旧社会把人变成“鬼”的罪行。学生根据什么来套作品主题？有研究者指出，目前教学中主要有两种解释模式：一是具体化的社会历史的读法及解释，关注焦点在于找到作品里“反映”“批判”（或者“揭露”“歌颂”等）社会、历史、现实问题的踪迹，在社会历史的框架里，寻求对于作品内容和形式的解释[1]；二是近年来出现的脱开具体社会历史的束缚，从一部作品人物的性格、心理和行为、遭际之中，或者从一个类型化的情境、一个寓言化的故事之中，读出人类的基本境遇，读出人性的复杂与深刻，读出人生的美好或无奈，等等[1]。照此模式，《骆驼祥子》是一个农民进城的故事，祥子身上的农民特征被城市环境一点一点扭曲变形，最终沦为城市流氓。

① 许艳，北京教育学院讲师，教育学博士。

学生掌握了固定解释模式，从阅读过程来看，由具体故事至最终解释，中间没有推理过程，直接给作品贴上标签，得出结论，完全消解了阅读过程对于学生思维的发展价值；从阅读结果来看，思维“套路化”背后隐藏着思维“短路化”问题，所得阅读结果常常只是作品母题，并非准确的作品主题。

（二）学生阅读思维“概念化”

学生阅读思维“概念化”问题主要表现为一味寻求阅读结论或答案，忽视阅读过程中的感受、体验和移情。学生首先应该做的不是去解释，而是要把自己“摆”进去，带着自己的人生经验去遭遇文本里的世界，遭遇文本里的人生。夏丏尊早在 20 世纪 20 年代就曾谈到“对语言文字应有敏锐的感觉”，并将之称为“语感”。“在语感敏锐的人的心里，‘赤’不但只解作红色，‘夜’不但只解作昼的反对吧。‘田园’不但只解作种菜的地方，‘春雨’不但只解作春天的雨吧。见了‘新绿’二字，就会感到希望焕然的造化之工、少年的气概等等说不尽的情趣。见了‘落叶’二字，就会感到无常、寂寥等等说不尽的诗味吧。真的生活在此，真的文学也在此。”[2] 文学既是意象——直觉的，也是概念——推理的。卡西尔指出：“在科学中，我们力图把各种现象追溯到它们的终极因，追溯它们的一般规律和原理。在艺术中，我们专注于现象的直接外观，并且最充分地欣赏这种外部的全部丰富性和多样性。”[3] 阅读过程强调独特的、细微的甚至无法重复、难以言表的体验和感受。如果一个人阅读过程中没有语言的体验、角色的介入、审美的共鸣，就无法称其为成熟的阅读者。思维“概念化”或许让学生得到了阅读结论或答案，却往往透支了其阅读兴趣，影响了其形象思维的发展。学生学会了做阅读题，却不理解阅读对于人生的重要价值与意义。在青少年时代，每一次阅读都应产生独特的滋味和意义。我们不仅要培养成熟的阅读者，还要培养终身的阅读者。

（三）学生阅读思维“碎片化”

学生阅读思维“碎片化”问题主要表现为文本的多个信息之间未建立逻辑联系，散点信息与最终结论之间未形成证据链。比如，阅读《水浒传》武松落草前的十回，在“景阳冈打虎”一节，学生读到一个“为民除害的英雄”；“斗杀西门庆”一节，学生读到一个“敢作敢当的好汉”；“血溅鸳鸯楼”一节，学生又读到一个“滥杀无辜的暴徒”……所有这些“武松”拼接在一起，形成学生对武松形象的最终解释。武松落草前经历的一系列事件，对学生而言都是孤立的，没有建立联系。学生从孤立的信息中形成观点，再简单拼接观点形成最终结论。故事的复杂情节有其方向与目的的连贯性与一致性，信息之间并不是孤立的。如果将前后信息联系起来看，会发现武松落草前曾“两受抬举”“两次下狱”“两过十字坡”，还曾“两遇”“两打”“两报仇”。“两受抬举”之中可见武松的人生追求；“两次下狱”可见当时的司法状况；“两过十字坡”可见落草并非武松的主动选择；而“无意喝醉打虎”与“有意喝醉打蒋门神”则彰显英雄本色；“两次报仇”可见武松的疾恶如仇；柴进庄上“初遇宋江”与落草前“再遇宋江”首尾呼应，在叙事结构上形成一个闭环并与小说整体脉络勾连。思维“碎片化”问题在于学生没有建立信息间的联系，只是拼接从单个信息中读出的结论作为最终理解。整本书因其信息间的关联，阅读发现常常是“点”与“点”之间的联系，有赖于学生综合比较、系统思考的思维习惯。

二、学生阅读思维问题的成因分析

三类学生阅读思维典型问题，课堂表现不一，本质都是学生阅读思维的过程性问题。“套路化”省略思维过程，套出阅读结果；“概念化”缺少体验过程，片面追求结论；“碎片化”忽视推理过程，简单拼凑结论。前一种是思维过程的虚化，后两种是思维过程的弱化。

学生思维过程虚化与弱化的原因是复杂的。看重结果而忽略过程，我们肯定会归因于应试教育的负面影响。但是，抛开考试评价的影响，学生思维问题的背后一定存在着教学问题。在教学理念上，我们没有真正认识到阅读过程对于学生发展的价值。在教学行为上，我们没有化解外部结论与学生经验之间的巨大差距。

阅读过程对于学生语文学科核心素养发展具有重要价值。在教学认识上，许多一线教师是存在误区的。特级教师宁鸿彬曾经提出一个问题，“在课堂教学中，教师应当把精力放在学生的认识过程上，还是解读课文的结果上呢？这是影响语文教学质量的一个重要问题，切不可小视”[4]，并进一步指出“只学结果，学无所得”“过程决定结果”“参与过程，就有收获”[4]。在教学实践中，不管是理解作品的思想内容还是写作方法，都要经历一个由点到面、由浅入深的认识过程，最后得出正确的结论，即解读结果。与此同时，在过程中，学生积累知识、提升能力、建构策略并获得精神成长。结论指向作品；

过程指向学生，指向语文核心素养的发展。实现阅读过程的教育价值，不能停留或局限于阅读结论本身，否则阅读教学没有多大意义乃至根本没有意义。阅读终究是学生的阅读，学生在主动形成阅读结论的过程之中，通过阅读与鉴赏、表达与交流、梳理与探究等语文学习活动，在语言建构与运用、思维发展与提升、审美鉴赏与创造、文化传承与理解等方面都获得进一步的发展。

教学过程要化解外部结论与学生经验之间的巨大差距。首先，学生不是成熟的阅读者，而是成长中的阅读者，这就决定了学生的阅读经验与阅读结论之间存在巨大的差距。其次，对于整本书这样信息量大、结构复杂、思想丰富的阅读对象，学生的困难更大。如何缩小外部结论与学生经验之间的差距，这是语文教师的重要责任。“套路化”“概念化”“碎片化”问题的背后，恰恰是教学行为没能合理地帮助学生化解差距。在这种情况下，学生能够学到什么、发展什么，除了一个外在的结论，内在素养发展主要依靠自己的悟性和努力。“过程虚化”与“过程弱化”不是“填鸭式”，也不是“灌输式”，教师并没有直接告知学生阅读结论，但是同样没有力图帮助学生更好地学习，没有准确把握教学活动的内在机制。杜威关注到外部结论与学生之间的巨大差距以及可能带来的学习的巨大困难，认识到直接学习外部结论会阻碍学生思维能力的发展，因而主张通过“做中学”使学生获得经验、发展思维。《普通高中语文课程标准（2017 年版）》设计学习任务群，也是“旨在引领高中语文教学的改革，力求改变教师大量讲解分析的教学模式”[5]，引导学生在运用语言的过程中提升语文素养。

三、学生阅读思维问题的教学改进

学生的思维路径和思维层次受教学过程的影响。针对学生阅读思维问题的成因，如何走出教学认识误区，有效改进教学行为？

（一）扭转教学观念，明确语文教学目的

教阅读结论不是语文教学的目的。我国教学论研究的一个重要成果，就是认识到“教学目标实施的精神实质乃是实现知识的教育价值”[6]。在教学情境中，知识一身二任，既是目的，又是实现教育价值的手段。语言建构、思维发展、审美鉴赏、文化传承等就是语文学科知识的教育价值。只教阅读结论，正是由于没有认识到阅读结论的教育价值。语文教学界探讨多年的“教课文”还是“用课文教”，其理论依据也在于此。

“实现知识教育价值，要以多种活动将知识展（打）开。”[6]蕴含在知识之中的教育价值的实现，要通过多种多样的活动将知识展开。“如果没有活动，知识就只是死的静物，任凭有多少教育价值也无从实现，只有通过活动，知识才可以激活，成为有生命的东西。”[6]学生思维“套路化”“概念化”“碎片化”问题，都是因为没有以合适的活动将阅读结论展开。一旦通过活动将阅读结论展开，就克服了思维“套路化”导致的“短路化”问题。展开路径合理，就解决了思维“概念化”与“碎片化”问题。

知识展开“乃是‘反思’或‘倒转过来’的过程”[6]，展开路径是一个“倒过来”再“转回去”的过程，简称“两次倒转”[7]。“倒过来”是指阅读结论并不是由学生首次发现，专家学者此前早有研究或者教师已有解读，结论是已知的。教师可以由结论出发梳理得出结论的思维路径。“转回去”是指教师“选择关键的、有意义的环节，进行逻辑的、结构的、系统的、有目的地展开”[7]，学生得以亲身参与、经历和体验这一完整的认识活动并得出结论。当然，语文学科有其特殊性，阅读结论不能完全等同于客观“知识”，但是将阅读结论展开，在多种活动中实现其教育价值，同样符合上述教学规律。

（二）细化教学行为，设计语文学习任务

教学过程要缩小外部阅读结论与学生初始理解之间的巨大差距，重中之重是“转回去”的部分，关键在于教师。一方面，教师一定要厘清得出结论的思维路径，选择其中的关键环节展开，这就是组成“语文学习任务群”的若干“学习项目”[5]。另一方面，重点关注“学习项目”中学生有问题与困难的部分。学生完成一个学习任务群，是一套完整的智力动作，但不是完成每一个学习项目都有困难。教师要把握学情，学生到底是难以区分重点信息与次要信息，还是将信息与信息之间建立起联系有困难，还是形成解释过程中缺少策略支持？只有了解学情，才能知道教学难点所在，才能在有限的教学时间内兼顾教学效果与教学效率。

此外，在教学实践中要避免“验证式学习”，即教师给出阅读结论，让学生去文本中寻找从哪些地方可以读出这一结论。例如，金圣叹评点“武松平生一片心事，只是要人叫声好男子”，请从文中找一找哪些地方可以读出。“验证式学习”其实只完成了“第一次倒转”，缺少了“第二次倒转”，更重要的是违背了个体真实自然的阅读过程。如果学生长期不经历真实的、完整的阅读思维过程，那么在生活、工作和学习中也很难独立完成阅读任务。

语文教学实践中长期存在学生阅读思维问题，并非教师没有认识到学生思维发展的重要性，而是未能弄清思维发展这一教学目标与实现条件之间的规律性联系，从而未能很好地落实。

语言是重要的交际工具，也是重要的思维工具；语言的发展与思维的发展相互依存，相辅相成。“思维发展与提升”是语文学科核心素养的重要组成部分，只有切实解决学生阅读思维典型问题，才能实现学生语文学科核心素养的发展。

参考文献：

［1］倪文尖，朱羽．重塑小说观 建构新图式——《现代小说阅读》编写札记之一［J］．语文学习，2005（3）：14－19.

［2］夏丏尊．我在国文科教授上最近的一信念——传染语感于学生［A］．夏丏尊，刘薰宇．文章作法［M］．北京：教育科学出版社，2007.

［3］卡西尔．人论［M］．甘阳，译．上海：译文出版社，1985.

［4］宁鸿彬．语文教学中的过程与结果［J］．中学语文教学，2017（1）：15－20.

［5］中华人民共和国教育部．普通高中语文课程标准（2017 年版）［S］．北京：人民教育出版社，2018.

［6］王策三．“三维目标”的教学论探索［J］．教育研究与实验，2015（1）：1－11.

［7］郭华．带领学生进入历史：“两次倒转”教学机制的理论意义［J］．北京大学教育评论，2016（2）：8－26.

第二节 数理化学科的大概念和大单元

大概念统摄下的“二元一次方程组”单元教学研究

顿继安① 黄 炜②

围绕大概念开展的单元教学通常要对教学内容进行整合与重组，这种整合与重组将依托大任务、大问题的解决完成。但是，在教学实施中，必须关注教学过程中最主要的矛盾是“教师提出的认识等方面的任务与学生实现这些任务的实际可能性的矛盾”[1]，因此，开展单元教学需要对学生能够完成的任务的情况做出客观、准确的把握，否则教学就可能限制学生的发展空间，也可能让学生无从把握、陷入迷茫。

本文结合“二元一次方程组”的单元教学进行探讨。

一、围绕大概念进行单元教学设计需要面对的现实问题

方程是含有未知量、表达等量关系的式子，通过运算和等式性质可以使未知量成为可知。在初中数学中，学生将通过具体的一元一次方程、二元一次方程组、一元二次方程等的学习，逐渐深化对方程的理解。

像任何一个具体的方程单元一样，教科书所设计的“二元一次方程组”单元是从现实问题引入的，人教版教材选择的是“篮球比赛得分问题”，华东师大版教材选择的是“足球比赛得分问题”，北师大版教材选择的是数学史上的“老牛小马驮包裹问题”，北京版教材选择的是“猜谜得分问题”，许多教师还会结合生活实际创设一些学生喜闻乐见的情境。

不同背景的问题有着相同的意图——引出一个二元一次方程组。但在建立实际问题的方程模型后，传统教学并不研究如何解方程组进而得到实际问

① 顿继安，北京教育学院数学与科学教育学院院长，教授。
② 黄炜，北京市第十四中学教师，高级教师。

题的解，而是转向对二元一次方程组这个数学对象的深入分析，探讨二元一次方程和它的解、二元一次方程组和它的解的概念，这通常需要 1 ~2 课时。接下来才进入解二元一次方程组的学习，一般用 3 ~6 课时，按照先代入消元法，后加减消元法，再合理选择的顺序进行。之后再安排约 3 课时解决实际问题。这样的单元设计中的知识安排呈“分—总”型结构，即先完成所有陈述性知识点的学习，最后再综合应用这些知识点解决实际问题，如图 1 所示。

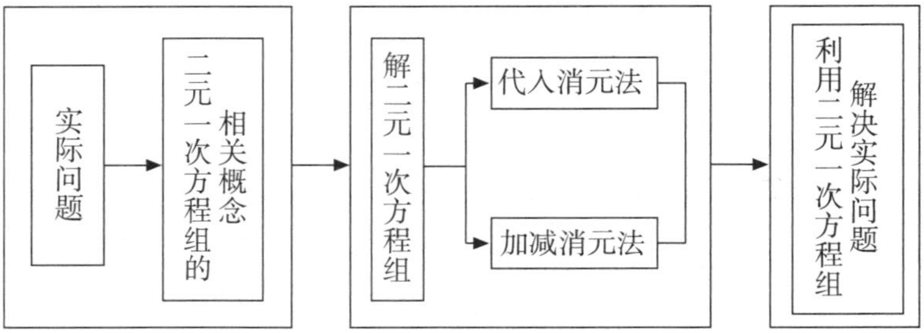

图 1　“分—总”型二元一次方程组单元结构图

这种安排有利于知识与技能的掌握，却是典型的以碎片化的知识点为单位组织教学的形态，不利于学生对二元一次方程组产生完整的认识，也没有尊重学生的情感需求。例如，有研究者在教学中发现：当实际问题，特别是教师出于激发学生兴趣、展示数学与生活有着密切联系的一面而精心创设的情境性问题被提出后，学生非常渴望得到实际问题的解（老师，这个方程组怎么解啊?）[2]，而这种安排下的教师通常以“我们下节课再学习如何解二元一次方程组”来应对。

得到实际问题的解是学生的兴奋点，也是方程价值的重要体现，正如史宁中教授等人所言：“方程的课程教学设计，从一开始就应该让学生接触非常现实的问题，学习把日常生活中的语言等价地转化为数学语言，得到方程，进而解决方程问题的全过程。”[3]

以实际问题的完整解决过程带动的二元一次方程组单元教学，将使学生在一开始就对本单元产生整体性的认识，而诸如二元一次方程组及其解、代入消元法、加减消元法等具体知识点将以“整体中的部分”的形象出现，因其在整体中的作用而变得更有意义。当然，这些具体知识点的学习仍然需要专门的、细致的分析，并通过必要的训练形成技能，以更好地服务于应用二元一次方程组解决实际问题。这样的单元教学设计中的知识呈现“总—分—总”型结构，如图 2 所示。

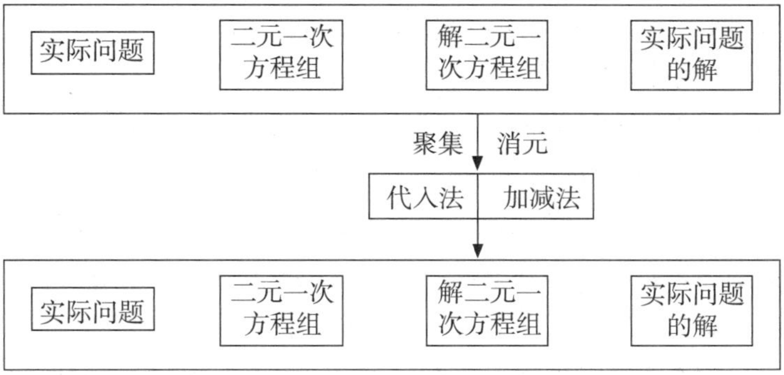

图 2　“总—分—总”型二元一次方程组单元结构图

可以看到，以这样的思路开展的教学，单元的起始课中，学生将面对比传统教学更为复杂的任务——当从实际问题中得到二元一次方程组后，在没有细致甚至没有正式完成二元一次方程（组）及其解的相关陈述性知识点学习的前提下，探索二元一次方程组的解。那么，学生完成这样的任务的可能性如何？需要教师给予怎样的帮助？

为了保证单元教学设计的顺利进行，需要对学生进行研究。

二、研究过程

1. 研究方法

本研究属于直接服务于教学实践的研究，调查对象选择的是与执教教师的授课班级水平相当的另一个班的 12 名学生，这些学生按照数学成绩的高、中、低分层抽样确定，他们正处于七年级上学期，基本完成了一元一次方程单元的学习，而学校所选用的教材将“二元一次方程组”单元安排在了七年级下学期。通过与学生作答过程的印证，可以确认这些学生没有进行课外班学习和提前自学。

调研中学生需要作答的问题如下。

$$\begin{cases}5x+12y=50\\2x+6y=23\end{cases}$$

（1）请你给它起个名字。

（2）请你求出 x、y 的值。

学生用 10 分钟的时间独立完成这些问题。根据研究目的，本研究以质的研究方法为主，辅以量的研究方法，即通过访谈和作品分析法了解学生的思维过程，同时统计学生的正确率、不同的解答方法情况等。

2. 研究结果

学生给出的名称有：二元一次方程、方程组、多元方程等，有2名学生给出了“二元一次方程组”这一标准名称。

该研究的重点是学生解二元一次方程组的表现。学生的作品表明，全体学生都首先试图用消元法得到方程组的解，但消元的过程与有效性大不相同。

为了叙述方便，下文将上述第一个方程记为方程①，第二个方程记为方程②。尽管步骤不规范，但有6名即50%的学生成功通过消元法得到了方程组的解，其中有5名学生将方程②乘以2后与方程①相减直接消掉未知数y而得到x的解，另有1名学生将方程①减方程②得到方程③后，用方程③减方程②，得了x与y的值。

通过对生L的访谈，我们进一步了解了学生的思路来源。

师：你是怎么想到把方程$2x+6y=23$两边都乘以2的呢？

L：过去做过这样的题。

师：什么时候做过这样的题呢？

L：就是合并同类项的时候，做过类似的题目。

经确认得知，学生所说“合并同类项的时候，做过类似的题目”指的是“给定一个代数式的值，求另一个代数式的值”的问题，是学习代数式求值时的一些常见变式练习，学生的解题经验在他们面对解二元一次方程的任务时发挥了作用。

有6名学生在对两个方程做了一些运算后失败，对其中的生W进行访谈，该生的作答过程是将两个方程先相加、再相减。访谈过程如下。

师：你先将两个方程相加，再相减，想做什么呢？

W：我就想试试。

师：试出什么结果你就满意了呢？

W：我想试试消去一个未知数。

难能可贵的是，生W与另外4名学生在消元失败后，并没有放弃探索，而是转用试误法找方程组的解。生W和另一名学生利用试误法找到了解，其他学生未成功。此外还有1名学生在一次消元未成功后放弃了探索。

学生获得二元一次方程组的解的过程可以分为四类，如表1所示。

表 1　学生求解过程表现情况统计表

类型	求解过程表现	学生数（百分比）
类型 1	消元法一次成功	5（41.7%）
类型 2	消元法一次未成功，调整后成功	1（8.3%）
类型 3	消元法未成功，试误法成功	3（25%）
类型 4	消元法未成功，试误法也未成功	3（25%）

3. 研究结论

当建立实际问题的二元一次方程组模型后，直接让学生探索二元一次方程组的解是可行的。

与教科书中结合解的概念先介绍试误法不同，学生优先选择消元法，试误法是未能成功消元的学生退而求其次的选择。这可以解释为：将二元一次方程组通过消元化为熟悉的一元一次方程求解这种化归思想极为朴素，在数学中无处不在，而多年的数学学习经验使得“化归”成为学生面对问题时的本能反应，他们的思维过程可借助图 3 表示。

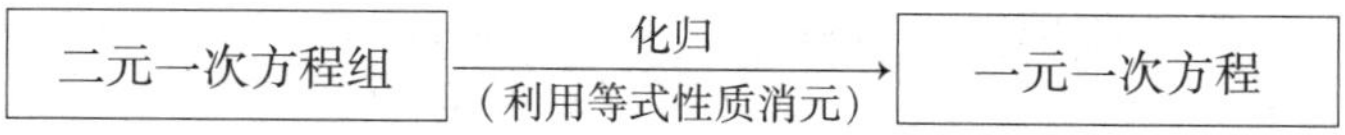

图 3

然而，尽管化归、消元思想是朴素的，但仍有 50% 的学生消元未成功。实际上，合理、有效的消元手段的发现来自解题者根据方程组的特点在可用的知识中做出的理性选择，学生在独立探索时展现出了其利用等式性质消元的本能反应，但缺乏自觉性，教师则需要引导学生反思，让他们认识到成功消元需要以对两个方程特点的分析为基础。

三、以学生研究为基础开展单元教学实践

根据对有利于发展学生数学建模素养的单元教学结构的分析，以及通过学生调研得到的结果，我们开展了如图 2 所示的“总—分—总”型的二元一次方程组单元教学，下面重点介绍单元起始课的教学实施情况。

单元起始课起着统领整体内容的作用，学生将在这节课上通过一个实际问题的解决，整体认识二元一次方程组的概念与解法，教学流程如图 2 中第一部分所示，实际问题则来自班主任于老师为期中考试准备奖品的真实情境——

师：同学们知道吗？你们的班主任于老师要在今天下午的班会上发奖品了！在期中考试前，于老师就买好了文件夹和圆珠笔作为奖品，准备奖励成绩优秀的同学和进步的同学。考完试后，于老师发现自己先前买的奖品不够用，于是又购买了一次。我看到于老师准备的漂亮的文件夹和圆珠笔，问她每个多少钱，于老师说她不记得单价了，只记得每次购买文具的数量和总花费（PPT 展示）：

第一次：5 个文件夹，12 支圆珠笔，共用 50 元。

第二次：2 个文件夹，6 支圆珠笔，共用 23 元。

师：你们能帮我算算于老师买的文件夹、圆珠笔的单价吗？

下面呈现这节课的重点过程。

1. 在比较中感受二元一次方程组的价值

学生用了多种方法解决奖品问题，包括算式法、一元一次方程法，而由于问题中的两个等量关系“5 × 文件夹单价 + 12 × 圆珠笔单价 = 50，2 × 文件夹单价 + 6 × 圆珠笔单价 = 23”很直观，因此，有比较多的学生直接选择设两个未知数得到两个方程。教师请学生展示了各种方法，并请一名试图列一元一次方程但是有些犹豫的学生说说自己的心理过程。

师：刚才我看到 L 同学做这道题的时候，做到一半，停了下来，L 你能告诉我们停下来的原因吗？

L：我想用一元一次方程做，设了一个未知数后就停下来了。

师：为什么停下来？

L：我设完文件夹为 x 后，圆珠笔不知道该怎么办了。

师：然后呢？

L：我就设了两个未知数，列出了两个方程。

学生自述的探索、调整经历，充分体现了二元一次方程组的价值：一个含有两个未知量的实际问题，如果列一元一次方程，在设一个未知数 x 后，还需要借助题目中的等量关系将另一个未知数表示出来，有时候会很复杂，而列二元一次方程组就容易得多，直接通过语言的转化就可以得到方程组。

2. 以启发法突破难点

从“奖品问题”中得到的二元一次方程组是本节课的难点，教师的突破方式采用了启发法，即先让学生独立探究，遇到困难时，再帮助学生检视自己的思维过程，通过发现自己思考过程的价值和不足自己突破难点[4]：做了加减法不能消元怎么办呢？

教师问一名遇到了困难的学生："你是怎样做的？"

生1：我把两个方程加了一下得 $7x+18y=73$，然后又减了一下得 $3x+6y=27$。

师：生1把这两个方程加了一下得到 $7x+18y=73$，然后又减了一下得 $3x+6y=27$。这样做挺好！因为方程就是等式，等式加等式还是等式。那同学们猜猜，他这样做是要干吗呢？刚才我问他，他说，他想试试看，但没试出来，你们觉得他想试什么呢？

生：（七嘴八舌）他想试试消去一个未知数。

师：噢，他确实是想试试消去一个未知数。两个未知数要是能消去一个就太好了。想法真不错！那达到目的了吗？

生：（七嘴八舌）还没有。

还有人建议：做减法试试。教师板书，发现还是未消去。

师：生1是想试试如何消去一个未知数，依据等式性质对方程进行加减，但没能达到消元的目的。那么，我们再看看方程，依据等式性质还能怎么做？

生：第二个方程两边乘以2。

师：乘以2就怎么了？

生：乘以2后就能够与第一个方程消元了。

师：真的吗？大家明白他的意思了吗？再试试看。

学生再次尝试后成功，教师请刚才遇到同样困难的生2汇报解法后，追问道："你解决了这个问题后有什么感受吗？"

生2：还能用等式的性质2试试。

师：（点评提升）生2又用了等式性质2，就达到消元的目的了。一开始直接加减遇到了问题，没成功，思考一下自己到底要达到什么目的，换个方法试试就成功了。

3．形成知识结构并明确需要重点突破的问题

在学生已经有了"消元"的初步体验的基础上，再请学生试着解决两个二元一次方程组的问题，我们发现，尽管此时还并未讨论解二元一次方程组的步骤和方法，学生却表现出了非常强的自觉选择能力，在他们并不流畅的表达背后，透视出其清楚的思维过程，教师只需要将其语言稍作纠正，并规范格式即可。

对于其中的一个方程，有学生直接说把两个方程相加就可以了，教师有意识地问："你们喜欢这个方程吗？"学生说："太喜欢了，因为一加就只剩下 x 了。"教师点评："一加就达到了咱们的目的——消元，所以太喜欢了！"

最后，教师引导学生对这节课所处理的问题和对象进行整理，板书主要的概念、方法，形成了知识结构，如图 4 所示。

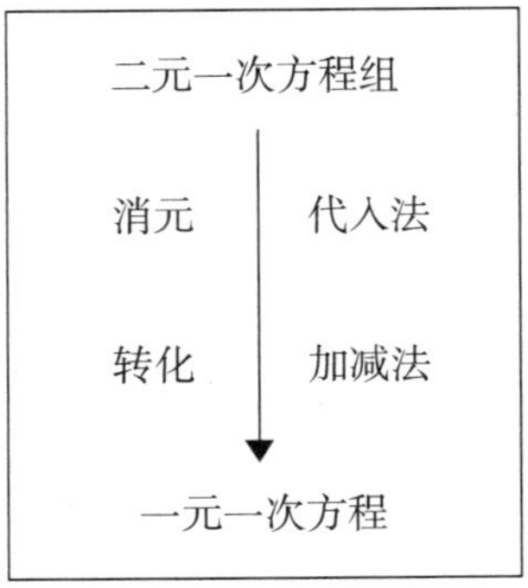

图 4

对照着知识结构图，教师请学生预测：你们认为要想顺利应用二元一次方程组解决实际问题，我们需要在哪里突破？

生答：需要在消元的方法上突破。

师点评总结：有道理，接下来我们就专门用一些时间来探讨如何规范消元、如何选择更好的消元方法。

四、教学效果

与学生的现实生活紧密相关的实际问题激发了学生浓厚的兴趣，他们因利用数学知识帮助教师解决了实际问题而产生了自豪感，数学的价值也在这样的过程中为学生所体会。第一节课后，学生纷纷围着授课教师问："黄老师，于老师真的要发奖品吗？""什么时候发啊？"教师给出"下午班会一定发"的回答后学生充满了对班会课的期待。事后班主任反馈说，班会前就有学生追着问："老师，老师，您是要发奖品吗？"得到肯定的答复后，学生继续说："您是不是把价钱忘啦？我帮您算出来啦！""呵，你真棒！"得到表扬的学生欢喜之情溢于言表。

学生的课后作业反映了课堂的影响。这节课尽管学生解了一些二元一次方程组，但是教师并没有规范步骤和解题格式，因此学生作业中的解题格式也并不规范，解答步骤的严密性还需要改进。但作业中展现了学生乐于探究、敢于将自己的想法表达出来、在有了一种做法之后还继续寻找更好的解法的面貌，这都是以往从未出现过的非常积极的变化。

延迟性评价也有利于学生对于数学思想方法的领会，有利于培养学生的知识迁移能力。例如，在一元二次方程单元的测试中，本课题组的教师发现学生在解决实际问题时，有的列出分式方程，有的列出二元一次方程组——

$$x-5=\frac{54}{x}-2 \qquad \begin{cases} x-5=y-2 \\ xy=54 \end{cases}$$

这些都是初中数学不学的方程，而学生敢于列出这样的方程，并且将它们转化为一元二次方程解决。

参考文献：

[1] 巴班斯基. 教学过程最优化——一般教学论方面［M］. 张定璋，等译. 北京：人民教育出版社，2007.

[2] 顿继安. 从“备学生”走向“研究学生”——基于学生研究的数学教学［M］. 北京：教育科学出版社，2015.

[3] 史宁中，孔凡哲. 方程思想及其课程教学设计——数学教育热点问题系列访谈录之一［J］. 课程·教材·教法，2004（9）：27-31.

[4] 顿继安，姚晖，徐帆. 数学教学中难点突破方式的思考与实践［J］. 基础教育课程，2013（9）：43-44.

大观念视角下的小学数学单元整体教学

朱俊华① 刘晋扬②

从字面上看，大观念与大概念、大想法、大问题等词语同义。“大观念是一种抽象的概念，它们是在事实基础上产生的深层次的、可迁移的观念，具有概括性、抽象性、永恒性和普遍性的特征。”[1]大观念作为一种新兴的教育理念，是科学课程设计和教学设计的重要依据之一。作为一种高度形式化、兼具认识论与方法论意义、普适性极强的概念，它超出了一个普通概念应有的内涵与外延，已成为学生思维网络的联结中枢。它指向学科核心内容和教学核心任务，能反映学科本质，并联系学科关键思想和相关内容。以大观念理念设计的数学单元整体教学有助于提升学生的学习兴趣，使学生真正理解数学概念本质，发展学生的整体观、结构观，同时还能帮助教师拓宽教学思路，从而更加有效地开展数学整体性教学。因此，从大观念视角来探讨单元整体教学的设计是有必要的，也是有意义的。

一、依托大观念形成一致性单元目标体系

有的教师可能认为把每个课时的目标相加就形成了单元整体目标，实则不然。单元整体目标不是简单地做加法，而应具有统整性。也就是能从单元知识的内涵本质入手，设计单元的核心目标，并从单元核心目标中衍生出各个课时的目标，使得单元整体目标和课时目标具有一致性、互补性和融通性。

1. 从主要问题中形成单元整体学习的核心目标

大观念下的单元整体教学常常是基于本单元需要解决的主要问题来设置学习目标的，这个目标具有一定的统领性，是基于上位知识的概括性、整体性目标，我们也可以称之为“上位目标”。单元目标更加体现学科育人价值，重视知识目标、能力目标、情感价值目标的相互融合，注重学生知识自主建构和转化、有效的知识迁移、真实问题的解决等目标的达成。

---

① 朱俊华，江苏省淮安市天津路小学副校长，淮安市数学学科带头人。
② 刘晋扬，江苏省淮安市天津路小学教师。

比如，教学五年级上册“多边形的面积”单元时，我们就不能仅限于把目标设定为会计算平行四边形、三角形和梯形的面积这么简单，而应该聚焦于学生的学科素养目标，即通过对平行四边形、三角形和梯形等图形面积公式的探究，渗透转化的数学思想，发展学生图形推理、直观想象、空间观念等能力。当学生形成这些能力和思维以后，便可以将其迁移到更多图形面积计算的学习中去，达到举一反三的学习效果。

2. 从单元整体目标中衍生出相互联结的课时目标

单元整体目标是以主要问题为入口来联结具体的课时目标，并通过具体目标的一一落实来实现大观念学习目标要求的。课时目标显然要和单元整体目标相匹配，是单元整体目标的具体化表现。

比如，教学“分数的意义和性质”单元时，我们始终是以理解分数的意义为核心目标来贯穿每一课时。第一课时就是帮助学生理解平均分、单位“1”、分数单位等概念，进而理解分数的意义是把单位“1”平均分成若干份，表示这样的一份或几份的数。接着学习分数与除法的关系、不同量之间的分数关系、真分数和假分数、分数的基本性质等，这几课时的学习目标看似相互独立，各有侧重，其实每一个知识都是对分数概念内涵和外延的完善与补充，都是让学生站在更高的视角，从本质上去理解分数的意义，所以说它们是一致的。

二、围绕大观念开展单元统整性教学活动

围绕大观念开展单元整体教学，要求我们遵循从整体到局部、从上位概念到下位概念的教学原则，帮助学生搞清楚知识的来龙去脉，搞清楚知识的发生、发展和生长过程。《义务教育数学课程标准（2011 年版）》也强调：“数学知识的教学，要注重知识的‘生长点’和‘延伸点’，把每堂课教学的知识置于整体知识的体系中，注重知识的结构和体系，处理好局部知识与整体知识的关系，引导学生感受数学的整体性，体会对于某些数学知识可以从不同的角度加以分析、从不同的层次进行理解。”

1. 教学活动的开展要连续学生的认知经验

认知心理学家奥苏贝尔从儿童习得知识的角度倡导设计一些与教学内容相关的、包摄性较广的、比较清晰和稳定的引导性材料，成为学生学习新知识和理解、记忆新知识的“脚手架”。[2] 儿童学习任何知识都不是一片空白的，

都是有“前概念”作为基础的，所以我们开展数学教学活动时要激活儿童的认知经验，确保经验的连续性。

比如，教学“多边形的面积”单元时，教材编排的是引导学生通过剪、移、拼等方法把平行四边形转化成长方形，把三角形和梯形转化成平行四边形。教学的难点无疑是如何使学生主动想到这些方法，教师怎样激活学生的已有经验，等等。其实，早在四年级下册教材中就安排过相关的练习：一是教材第 92 页第 9 题，图中是用七巧板中的三块拼成的平行四边形，问：“你能将其中一块平移，把它改拼成长方形吗?”二是教材第 94 页“探索与实践”，第一个活动让学生把一个平行四边形分成两个图形，再通过平移得到一个长方形；第二个活动是剪出两个完全一样的梯形，拼成平行四边形，并思考拼成的平行四边形的底和梯形的上底和下底有什么关系，两个图形的高又有什么关系。教材安排这样的活动别具匠心，为五年级“进一步学习多边形的面积”打下基础。所以，我们在组织学生开展活动时，更要有单元整体意识，以大观念为导向，有意识地渗透相关知识，让学生在活动中展开思考和想象，为多边形面积的探究积累活动经验。

2. *教学活动的开展要关联各种数学元素*

布鲁纳认为：“任何学科都拥有一个基本结构，掌握学科的结构就是允许以许多事物有意义且相互关联的方式来理解该学科，习得结构就是理解事物如何相互关联。”[3]在数学教学中，关联指的是用整体关联的思维开展数学学习，包括纵向关联、横向关联。纵向关联表现为数学知识点、线、面、体的不断累积的过程和学生认知、数学素养的螺旋上升的过程。横向关联表现为不同领域知识的相互渗透，方法的相互借鉴和思想的相互融通，学生认知的相互碰撞、促进、分享和融通，以及学生数学素养的相互促进、互生共长。

比如，教学“除法的认识”单元，这个单元的重点是让学生感受除法的意义，教学时我们首先是要建构除法与平均分、减法、乘法等知识的意义关联。教材上出示了“6 个小朋友，每车坐 2 人，需要几辆车”的实际问题，学生能想到的首先是平均分，用 6 个小圆代替，分一分、数一数便知需要 3 辆车。当然也可以用减法计算解决，$6-2-2-2=0$，正好分了 3 次，所以需要 3 辆车。当学生把图形均分、减法和除法 $6\div 2=3$ 联系起来思考时，就会发现平均分可以用除法计算，除法又是减去几个相同数的简便运算。同时，学生会感悟到，除法和乘法有着密切的联系，它们都可以使用乘法口诀进行计算，而且除法是乘法的逆运算。今后的学习还要把除法和倍、分数、小数、百分数、比等知识相关联，搞清楚它们相互之间的逻辑关系。除此以外，除法还会和数与代数中的单位换算，图形与几何领域的周长、面积计算，统计领域的平均数、概率等许多知识产生横向关联。所以，我们在学习这些知识时必须要有整体观。

数学是一门结构性很强的学科，关联是学生主动建构新旧概念、法则、规律等数学元素之间联系的重要途径，也是基于数学大概念（大观念）的核心推进。

3. *数学活动的开展要有助于发生学习迁移*

所谓迁移，其实就是学结构和用结构的过程。前者主要是认识知识关系、确定学习对象、形成学习经验，后者主要是将这种经验迁移到新的情境中，学习新知、解决问题、完善认知结构。所以，数学活动的开展既要考虑到“立结构”，还要考虑到今后“用结构”。

比如，教学“角的度量”单元，角的度量又称角的测量，是平面三角的基本概念之一，指测度（或比较）角（旋转量）的大小的过程。它包含两个方面：测量的方式、方法（包括测量单位、进位制），测量的结果（量数）。由此可见，角的度量的知识本质就是度量。度量的本原是将事物的属性量化，看被度量的物体里含有多少个单位个体的数量，赋予物体一个“数”，从而可以在同一维度上比较物体。那么我们就可以帮助学生建立度量类知识学习的一般标准（图1）：认识度量对象→建立度量标准→认识度量单位→掌握度量方法→测量、计算。有了这样的“标准”，学生学习角的度量就可以自然迁

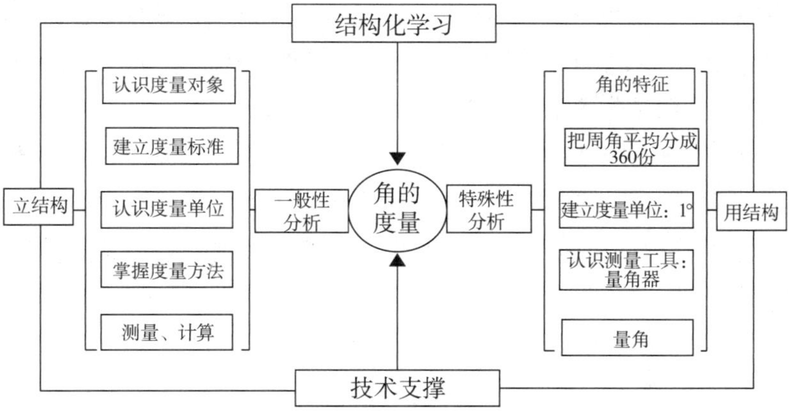

图1 度量类知识的结构化学习

移。这样，量角就是确立一个统一的单位作为标准对所要度量的角进行比较，从而得到一个具体的“数”，这个“数”就是对角的大小的一种描述。

三、基于大观念的学习要求设计单元评价方案

大观念教学注重学生的能力表现，需要学生通过探究建构自己的知识理解，我们的评价方案也要精心设计。就单元整体教学而言，我们需要设计统整性评价任务和表现性评价标准，来考查学生在大观念下的单元整体学习中的情况和效率。

1. 落实并发挥评价任务的导向功能

评价除了有总结功能，还有一项重要功能是导向功能，它能够指导学生的学习和教师的教学，因为好的评价和教学目标、教学活动是一致的。单元整体教学的评价也不例外，甚至有着自己独特的要求。SOLO 分类理论提供了一个系统的途径来描述学习者的思维水平在复杂的学习环境中是怎样增长的，该理论包含五种结构水平，其中，关联结构水平和抽象扩展结构水平是单元整体学习所追求的评价标准。关联结构水平要求学习者利用问题线索、相关素材及素材的相互关系解决问题，并能在设定的情境或经验范围内利用相关知识进行概括。[4]抽象扩展结构水平则更进一步，在前者基础上要求能更进一步向外扩展，在其他情境中运用。

比如，以“小数的意义”单元为例，评价学生学习的效果不能仅限于学生从十进制分数到小数的意义的理解，还要看其是否能把小数和整数的位值关系（都是十进制）相联系，是否能通过小数的意义理解小数运算的算理，能把小数意义研究的经验迁移到其他知识的学习中去。只有这样的评价标准和导向，才能让学生在开展小数学习时拥有方向和整体意识。

2. 建立单元整体学习的评价机制

泰勒说：“评价方法的开发不是单纯的技术问题，而是不断完善教育实践的根本性活动。”[5]学生的数学学习除了需要有明确的目标引领、生动的活动推进，还需要有科学合理的评价方法作为保障。大观念下的单元整体学习提倡开展表现性评价，即对学生学习过程中的想法、感受等内在状况通过语言、动作、图画等媒介表现出来。

以“分数的意义”单元教学为例，大观念视角下的单元整体学习效果评价可以从单元知识结构、学生的认知结构和思维结构等角度对学生的学习进

行评价（表1）。

表1 “分数的意义”单元整体学习评价设计

评价维度	评价任务	评价标准		
		优秀	良好	合格
知识结构	能否梳理分数单元各种知识的内在关联，以及和其他知识的联系	学生能通过思维导图厘清分数的意义，理解分数可以表示整体与部分或者两个不同数量的关系，还能厘清分数与除法、真分数和假分数、分数基本性质等知识的内在关联	学生能通过画图或语言表达分数的意义，条目式梳理分数既可以表示部分与整体的关系，还能表示两个不同数量之间的关系	结合具体情境认识分数，理解分数就是把单位“1”平均分成若干份，表示这样的一份或几份的数
认知结构	能否整合已有经验，主动建构分数概念，深度理解分数的意义	学生在构建分数意义的过程中，勾连与分数相关的学习方法与经验，建立更丰富、完善的分数认知结构，并迁移到后续的分数学习中	学生能够根据具体教学情境，把前后知识联系起来思考，主动回忆以前学习的把一个物体、一个整体平均分得到分数，进而迁移到单位“1”的理解，完善认识分数的意义	学生在教师的帮助下能回忆起以前学习的分数的概念，结合具体情境搞清楚分数的意义
思维结构	能否产生联想，以系统思维理解和表达分数的意义	学生具有整体观念，能够站在“数”的层面理解、表征、描述分数，并能灵活应用、自如表达，对于分数有着前瞻性思考，并产生新的方向	学生能够举一反三灵活表征分数，能在对比、归纳中理解单位“1”的含义，能举例描述，并有强烈的持续探究欲望	学生能够结合具体情境想象单位“1”可以表示一个物体、一个图形、一个计量单位或一个整体等

知识层面，学生要能够厘清分数各种元素的逻辑关系，理解单位“1”的深刻内涵，厘清分数与倍、除法、真分数和假分数、分数基本性质、分数加减法之间的内在关联，还要能和后面将要学习的分数乘除法、比、百分数等知识相关联；认知层面，学生要能够激活已有认知经验和最近发展区，主动建构分数的意义，同时能够将分数意义的学习经验迁移到比、百分数等知识的学习中去，形成完整的认知结构；思维层面，学生要培养整体思考的能力，

形成系统性思维，把分数的知识和整数、小数等知识联系起来思考，提升思维能力。

参考文献：

[1] 钟启泉，崔允漷. 核心素养与教学改革 [M]. 上海：华东师范大学出版社，2018.
[2] 曹才翰，章建跃. 数学教育心理学 [M]. 北京：北京师范大学出版社，1999.
[3] 布鲁纳. 教育过程 [M]. 邵瑞珍，译. 北京：文化教育出版社，1982.
[4] 彼格斯，科利斯. 学习质量评价：SOLO 分类理论（可观察的学习成果结构）[M]. 高凌飚，张洪岩，主译. 北京：人民教育出版社，2010.
[5] 田中耕治. 教育评价 [M]. 高峡，等译. 北京：北京师范大学出版社，2011.

如何评价：学科核心素养导向的单元学习

——以小学“认识万以内的数”为例

熊 梅[①] 杨 雨[②] 刘文元[③]

随着学科核心素养导向的单元学习改革的推进，如何立足于一个学习单元进行整体、综合的评价，成为评价改革探索的重要议题。本研究以苏教版小学数学二年级下册第四单元“认识万以内的数”为例，探析学科核心素养导向的单元学习评价程序和方法。单元评价的程序分为确定单元目标、明确单元评价标准、制定单元评价计划、明确记录评价结果的活动和单元终结性评价五个步骤。

一、确定单元目标和评价标准

（一）确定单元目标

单元评价总是围绕单元目标展开的。因此，在单元评价之前首先要确定合理的单元目标。合理的单元目标需要做好三个方面的分析。首先是课程标准分析，通过对课标的研读，整体把握学生应学会哪些知识，掌握哪些技能，形成哪些情感态度价值观。其次是教材分析，教师要以单元整体的视角研究教材，打破单一教材的局限，融合不同版本教材的特点；打破课与课之间的相对独立性，对教学内容进行重组。最后是学情分析，学情分析可以包括以下几点：第一，了解学生已有的知识经验，注重在学生已有的知识和即将学到的知识之间建立联系，调动学生已有的知识经验帮助其理解新知识；第二，了解学生的心理认知特点，降低学生对知识的理解

① 熊梅，贵州师范大学教育学院教授。
② 杨雨，贵州师范大学教育学院课程与教学论硕士研究生。
③ 刘文元，贵州省贵阳市乌当区乐湾国际实验小学教师。

难度；第三，了解学生的学习动机，激发学生的学习兴趣，转变学生的学习态度。

通过上述分析，从学科核心素养的角度可以将“认识万以内的数”单元学习的核心确定为“数感”，从知识技能、数学思考、问题解决、情感态度四个维度确定单元具体目标，并用字母表示目标编码。

1. 知识技能

①能用“个”“十”“百”“千”等计数单位数万以内的大数，认识“千”“万”等计数单位，进一步认识数位顺序表（K1）；②能将表示数量的直观模型抽象成万以内的数，能用多种方法表示万以内的数（K2）；③能读、写万以内的数（K3）；④能根据万以内数的组成进行简单整百、整千的加、减法口算（K4）；⑤能用算盘表示数，能读、写算盘表示的数（K5）；⑥能正确比较万以内数的大小（K6）；⑦认识“≈”，并能用“≈”表示一个接近整百、整千的数的近似数（K7）。

2. 数学思考

①在具体情境中经历数数的过程，理解“千位”“万位”（T1）；②结合不同的现实背景，理解万以内的数作为“基数”“序数”的不同意义（T2）；③在数数的过程中理解十进位值制，能够迁移和转化（T3）；④结合现实情境感受“1000”有多大（T4）。

3. 问题解决

①能用万以内的数解决有关比较大小的实际问题，形成数感（S1）；②能结合现实素材和实际问题，认识并理解近似数，进一步形成数感（S2）。

4. 情感态度

①经历从具体数量抽象出数的过程，体会数学的简洁与概括，体会数学与生活的密切联系（E1）；②积极参与，善于思考，乐于合作（E2）。

（二）明确单元评价标准

单元目标解决了单元评价“评什么”的问题，但还不够量化，因此需要根据单元目标明确单元评价标准。单元评价标准是根据课程标准中的学业质量标准，对学生的单元学习结果进行评价。因目前使用的 2011 年版义务教育课程标准中尚无学业质量标准，我们可以从“质”“量”两方面来制定评价内容和质量水平。“质”即评什么，是单元目标和单元学习内容。“量”即量规，是明确学生通过单元学习之后，在目标和内容上达到何种状况和水平。可以按照 A、B、C 三个水平进行评价。A 表示超过了基本水平，B 表示实现了基本水平，C 表示尚未达到基本水平。以情感态度目标为例，其评价标准细化如表 1 所示。

表 1　情感态度评价标准

<table>
<tr><th>评价目标</th><th>具体内容</th><th>评价内容</th><th>水平</th></tr>
<tr><td rowspan="6">情感态度</td><td rowspan="3">E1</td><td>能在现实情境中体会万以内数的意义，能用万以内的数表达和数有关的事物</td><td>A</td></tr>
<tr><td>能对生活中出现的数进行合理的解释说明</td><td>B</td></tr>
<tr><td>无法对生活中出现的数进行合理的解释说明</td><td>C</td></tr>
<tr><td rowspan="3">E2</td><td>主动参与学习活动，在合作学习过程中，主动交流，认真倾听，提出疑问；出色完成各项分工任务</td><td>A</td></tr>
<tr><td>主动参与学习活动，在合作学习过程中，主动交流，认真倾听，提出疑问</td><td>B</td></tr>
<tr><td>在学习过程中不主动，没有合作意识</td><td>C</td></tr>
</table>

二、制定单元评价计划

制定单元评价计划需要考虑课时、单元学习活动、单元评价标准和单元评价方法四个要素。该单元共分为 12 个课时，围绕“数的意义”“数的表示”“数和数的关系”“数的应用”这一主线展开学习。本研究以第 2 课时“数数和千以内数的认识”为例，制定单元评价计划，具体如表 2 所示。

表 2　单元学习评价案例

课时	单元教学活动	评价规准	评价基准		评价方法
2	初步感知	理解计数单位“千”	A	能用“个”“十”“百”等计数单位数千以内的数，认识计数单位“千”，能用小方块表示出“个”“十”“百”“千”等计数单位	观察法 访谈法
			B	能用“个”“十”“百”等计数单位数千以内的大数，认识计数单位“千”	
			C	不能用“个”“十”“百”等计数单位数千以内的大数，不认识计数单位“千”，不认识“千位”	
	初步理解	理解千以内数的意义	A	能将直观模型表示的数量抽象成千以内的数，能用多种方法表示一个千以内的数	作品法
			B	能将直观模型表示的数量抽象成千以内的数，能用小方块、计数器表示一个万以内的数	
			C	不能将直观模型表示的数量抽象成千以内的数	
	深入理解	千以内数的读写	A	能准确读、写千以内的数，并能够将读、写千以内的数的方法表达清楚	观察法 访谈法
			B	能准确读、写千以内的数	
			C	不会读、不会写千以内的数	

三、明确记录评价结果的活动

在开展评价时要明确通过何种活动记录学生的评价结果，评价活动要依据评价目标和内容进行选择，不同的单元目标需要通过不同类型的活动得以体现。因此，要立足多个视角进行观察和评价，选择最适合的活动收集评价资料。

以“数数和万以内数的认识”为例，通过“佩奇探究营业额”的情景，学生经历了“用多种方法表示‘九千七百零六’元”“在 9706 元基础上再数 293 元”“在 9999 元的基础上再添 1 元”三次学习活动，分别完成“万以内数的组成和写”“万以内数的组成和读”“认识计数单位‘万位’”三个单元目标。明确何种目标需要通过何种活动情景得以实现，有利于客观评价学生目标的达成状况。

四、进行单元终结性评价

单元学习结束之后，需要对每个学生单元学习目标的达成情况进行终结性评价。根据评价基准赋予相应的分值：A＝3 分、B＝2 分、C＝1 分，根据其计算公式：各项得分之和除以项目数，可以得出 B 的评价基准为 1.5≤B≤2.5，小于 1.5 则处于 C 等级；大于 2.5 则处于 A 等级。

在该单元中，针对学生数感的发展主要从“知识技能”“数学思考”“问题解决”三个维度共 13 个目标进行评价。本研究以随机抽取的学生为个案，展示该单元的学习成果，如表 3 所示。

表 3　单元终结性评价

评价对象	知识技能								数学思考					问题解决			终
	K1	K2	K3	K4	K5	K6	K7	终	T1	T2	T3	T4	终	S1	S2	终	
生 1	A	A	A	A	A	A	B	A	A	A	A	B	A	A	B	B	A
生 2	A	B	A	A	B	A	B	A	A	B	B	B	B	A	B	B	B

根据单元终结性评价的赋分和计算原则，学生 1 在知识技能上最终得分约 2.86 分，等级为 A；在数学思考上最终得分是 2.75 分，等级为 A；在问题解决上最终得分是 2 分，等级为 B。因此，学生 1 在数感目标上最终得分约为 2.67 分，处于 A 等级，即超过了基本水平。学生 2 在知识技能上的最终得分约 2.57 分，等级为 A；在数学思考上最终得分 2.25 分，等级为 B；在问题解决上最终得分是 2 分，等级为 B。因此，学生 2 在数感目标上得分约为 2.33 分，处于 B 等级，即达到数感发展的基本水平。

五、运用多样的单元评价方法

单元学习评价注重学生学科核心素养的发展、注重评价的过程性及学生在真实情境中的表现。因此，学科核心素养导向下的单元学习评价在方法上注重多元、综合的评价方法。

1. 目标评价与发展性评价相结合

根据评价的参照标准可以将评价分为目标评价与发展性评价。目标评价又称绝对性评价，是与相对性评价相对应的一种评价方法。目标评价是指制定单元目标的“评价内容”，进而制定判定目标达成到何种程度的“评价水平”，将收集到的评价信息与“评价水平”相对照，从而对学生的单元学习状况进行评价。发展性评价即“以评价对象的某一状况作为评价标准而实施的评价。评价过程中可以比较个体状况前后的变化，也可以对个体不同侧面进行相互比较。这种评价以尊重个性发展为出发点，每个评价对象都可以分别设定标准，让个体自己同自己比，从而判断自己的学习情况”[1]。该单元通过4个维度15个评价目标，旨在探索基于2011年版义务教育课程标准的小学数学单元学习评价。如表2、表3是应用目标评价的体现，发展性评价的使用如表4所示。以目标K1为例，在单元学习开展之前，学生仅能理解100以内数的组成，还未形成计数单位的概念。随着单元学习的展开，学生经历数数的过程，理解不同计数单位之间的关系，在“数的理解”上取得显著进步。发展性评价主要体现在借助课堂观察记录、访谈法和学生自评表进行评价。以第2课时为例，教师运用课堂观察和访谈法，评价学生对计数单位意义的掌握。

表4　学生课堂行为观察记录表

时间		地点		班级		学科	数学
课题	第2课时： 数数和千以内数的认识	试验教师		组别		观察教师	
课堂观察							
观察要点	学生行为质性描述						课后访谈提纲
	C1（　　　）			C2（　　　）			
能用小方块圈出946	A. 能	B. 基本能	C. 不能	A. 能	B. 基本能	C. 不能	“八百零三”里有几个百，几个十和几个一？这个数怎么写 “409”怎么读
能用计数器拨出946	A. 能	B. 基本能	C. 不能	A. 能	B. 基本能	C. 不能	
能在计数器上从946数到999	A. 能	B. 基本能	C. 不能	A. 能	B. 基本能	C. 不能	

表 5 学生学习评价卡

二年级　　班　　姓名：　　　　　　　　　互评同伴：

<table>
<tr><th colspan="2" rowspan="2">评价标准</th><th rowspan="2">评价基准</th><th colspan="3">等级</th></tr>
<tr><th>自评</th><th>互评</th><th>总评</th></tr>
<tr><td colspan="2" rowspan="3">独立学习</td><td>A. 能独立阅读学习指南，按照学习建议完成学习任务</td><td rowspan="3"></td><td rowspan="3"></td><td rowspan="12"></td></tr>
<tr><td>B. 经提示后能理解学习指南，按照学习建议完成学习任务</td></tr>
<tr><td>C. 不能按照学习指南的建议独立完成学习任务</td></tr>
<tr><td rowspan="9">合作学习</td><td rowspan="3">分享</td><td>A. 能主动将自己的学习成果与同伴分享，表达非常清楚</td><td rowspan="3"></td><td rowspan="3"></td></tr>
<tr><td>B. 在他人要求下将自己的学习成果与同伴分享，表达清楚</td></tr>
<tr><td>C. 不愿意与同伴分享自己的学习成果</td></tr>
<tr><td rowspan="3">倾听</td><td>A. 能认真倾听同伴的分享，而且都能听明白</td><td rowspan="3"></td><td rowspan="3"></td></tr>
<tr><td>B. 能认真倾听同伴的分享，有些内容没太听明白</td></tr>
<tr><td>C. 不去倾听同伴的分享</td></tr>
<tr><td rowspan="3">质疑</td><td>A. 发现同伴分享中的问题，能够提出来，并给出建议</td><td rowspan="3"></td><td rowspan="3"></td></tr>
<tr><td>B. 发现同伴分享中的问题，能够提出来</td></tr>
<tr><td>C. 发现同伴分享中的问题，不想提出来</td></tr>
<tr><td colspan="6">你认为在今后的学习中，哪些方面需要改进：</td></tr>
</table>

2. 诊断性评价、形成性评价与终结性评价相结合

评价贯穿于单元学习过程的始终，通过诊断性评价、形成性评价和终结性评价对学生单元学习情况进行整体、全面的评价。在单元学习展开之前，为了解学生已有知识经验，围绕“数的认识”，通过对实验班级（共 36 人）进行前测，结果显示：学生不能充分理解“计数单位”的意义；80% 的学生不能区分小棒、小方块和计数器三种模型的使用方法，10% 的学生不能准确读出中间有零的数，40% 的学生不能清楚表达百以内数大小的比较方法。基于前测结果的分析，本单元重视“计数单位意义”的教学，并重视通过形成性评价对学生的知识技能进行评价，如表 4 所示。在单元学习结束后，通过学生评价卡，了解学生情感态度目标的发展情况，如表 5 所示。

3. 标准化测试与表现性评价相结合

标准化测试即纸笔测验，适用于对认知层面的知识技能目标进行评价。

对于非认知目标的评价，如思考力、批判力、表达力等，则需发挥表现性评价的作用。表现性评价是指在一个学习阶段结束之后，为学生创设一个真实的情境，要求学生完成一个活动，或制作一个作品以证明其所掌握的知识与技能等，即让学生在真实情境中去表现其所知与所能。[2]

标准化测试以第 7 课时为例。为学生设置巩固练习任务，了解学生对“万以内数大小比较”的掌握。对于非认知因素评价则注重表现性评价的应用，以第 4 课时“感受 1000 有多大”为例，教师为学生提供了 5 个“1000”有多大的体验活动，如 1000 个回形针连起来的长度、1000 个小印章的体积、1000 粒豆子有多少、1000 本数学书摞在一起有多高、1000 张纸摞在一起有多厚。教师通过观察学生的课堂行为、赏析学生作品等方式，对学生的学习过程做出评价，从而判定学生学习发展状况。

参考文献：

[1] 涂艳国. 教育评价 [M]. 北京：高等教育出版社，2007.

[2] 威金斯. 教育性评价 [M]. 国家基础教育课程改革“促进教师发展与学生成长的评价研究”项目组，译. 北京：中国轻工业出版社，2005.

基于大概念的高中物理单元逆向教学研究

任虎虎①

教学实践中，一线教师较多关注课时层面的设计与实施，较少从整体出发关注单元层面的设计与实施，即关注局部忽视整体，这样很难落实新课程标准的理念和培育学生的学科核心素养。教学设计要兼顾整体和局部，处理好“森林与树木”的关系，因此，开展单元整体教学很有必要。在物理课程中如何开展单元整体教学呢？以大概念为引领进行逆向教学设计是一条行之有效的路径。《普通高中物理课程标准（2017 年版）》明确指出“重视以学科大概念为核心，使课程内容结构化，以主题为引领，使课程内容情境化，促进学科核心素养的落实”，同时，理解和应用大概念、发展物理观念也是单元逆向教学的价值追求。

一、大概念和单元逆向教学的内涵

（一）大概念的内涵、基本特征和获取路径

大概念，又称大观念或核心概念，是指在一个学科领域中最精华、最有价值的内容，在学科中发挥着概念“魔术贴”或“文件夹”的作用。大概念是在事实基础上抽象出来的深层次的、有意义的、结构化的、可迁移的概念。在教学实践中，大概念通常表现为一个有用的理论、主题、基本假设、问题或原则等。

笔者经过文献研究得出大概念具有抽象性、中心性、意义性、结构性、发展性和迁移性六大基本特征，这六个特征是相互关联的一个整体。抽象性：大概念是更加上位的概念，是经过几代人甚至几十代人凝练的结果。中心性：大概念反映了学科的核心知识、核心思想和价值，学科大概念是学习本学科的基本出发点和归宿。意义性：大概念能组织和解释大量的现象和数据，是连接学科与实践、学科与生活的纽带。结构性：大概念反映了本学科的基本知识结构和思维结构，能统整零散的概念，揭示和学习大概念就能掌握学科

① 任虎虎，江苏省太仓高级中学教师，中学一级教师。

结构。发展性：大概念不是暂时保存的记忆，而是将学校所学事实性知识忘记之后留下的东西，大概念的形成需要学习者一生不断地体会和完善，所以在不同学段、不同时期可以反复出现。迁移性：是其核心特征，大概念能纵向统领学科内核心内容，横向联结学科间知识，有助于使新的、不熟悉的概念看起来更熟悉，掌握大概念有助于学生具备迁移应用及解决实际问题的能力。

大概念的获取路径包括：以课程标准为基准，以基本问题为导引，以高阶思维为架构。学科大概念指向学科核心任务，学科核心任务暗示学科核心素养，从中可以看出，课程标准中所提及的内容实际就是学科大概念的深刻折射。基本问题和大概念是对应的，指那些突出学科“大概念”，能够鼓励、启发甚至是要求学生超越知识本身，帮助学生对所学知识达到更系统、更深入的理解的可迁移的问题。高阶思维能力是大概念教学的诉求，主要包括四种能力：问题解决能力、批判反思能力、创造性思维能力和沟通协作能力。

（二）单元逆向教学的内涵

单元逆向教学强调“以终为始”进行单元整体教学设计与实施，即先确定单元预期学习结果，再确定合适的评估证据，最后才设计学习活动。注重围绕预期结果、可迁移应用的挑战性评估任务来设计和组织教学，以获得对所学知识本质的深度理解，达到解释、阐明、应用、洞察、移情和自知六个维度。[1]

（三）基于大概念的高中物理单元逆向教学

基于大概念的高中物理单元逆向教学是为了解决目前高中物理教学存在的课时之间的零散性、知识理解的浅层性和单元之间的割裂性等问题。它倡导实施单元整体教学，并围绕基本问题、核心任务来揭示、理解和应用大概念；强调首先以掌握知识及能力、理解意义和学会迁移为单元预期结果，其次以挑战性、开放性、真实性表现任务为单元评估依据，最后以探究整合、实践反思、问题解决为单元学习活动主线的逆向过程，实现从整体到局部的课堂教学，促进“大概念—单元—课时”的深度融通，增强学习的意义感、自我感、效能感和获得感。

二、“抛体运动”单元逆向教学设计示例

追求理解的逆向教学设计（Understanding By Design，简称 UBD）是近年

来美国课程改革中涌现出来的一种新理论和新实践。笔者基于 UBD 教学设计模板，对高中物理新教材中的“抛体运动”单元进行了大概念单元逆向教学设计。

（一）高中物理新教材“抛体运动”单元分析

人教版高中物理新教材必修[2]将“抛体运动”和“圆周运动”作为两个独立的单元，而旧教材必修 2[3]将两者放在一起组成“曲线运动”单元，另外新教材“抛体运动”单元在内容安排上也有变化（表 1）。

表 1 新旧教材对比

对比	新教材	旧教材
单元划分	“抛体运动”和“圆周运动”是两个独立的单元	“抛体运动”和“圆周运动”组成“曲线运动”单元
单元内容	共 4 节内容：1. 曲线运动；2. 运动的合成与分解；3. 实验：探究平抛运动的特点；4. 抛体运动的规律	有关抛体运动共 3 节内容：1. 曲线运动；2. 平抛运动；3. 实验：研究平抛运动
细节变化	无	第 8 页和第 14 页两次提到用水平喷出的水柱显示平抛运动的轨迹

1. 增设“运动的合成与分解”，突出思想方法

新教材中增设“运动的合成与分解”一节，而旧教材将该内容放在“曲线运动”一节内。旧教材的安排造成第一节教学内容过于庞杂，相比之下新教材的安排更符合一线教师的教学实际。另外，合成与分解的思想方法是研究曲线运动的基础，是本单元的学习重点，新教材的安排更凸显其价值和重要性。

2. 实验前移，突出实验探究价值

新教材将“平抛运动的实验”一节前移，并变“验证”为“探究”，突出了实验在物理学科中的地位和价值，有助于提升学生实验探究的能力，有助于落实“科学探究”这一物理学科核心素养。

3. 删除用水柱显示平抛运动轨迹的内容，突出严谨性

旧教材中出现两次用水柱显示平抛运动的轨迹，新教材则删除了这一内容。在实际教学中笔者也尝试过这一方法，发现该方法有两个缺陷：（1）水是透明的，即使加了墨汁，水柱的空间位置也不好确定。旧教材在第 14 页表述“设法把它（轨迹）描在背后的纸上就能进行分析处理了”，但用什么方法，教材中没有说。如果采用拍照法，摄像头必须和水柱所在平面垂直，操

作起来比较困难，只能作为一个趣味实验进行演示。（2）由于是细水柱，空气阻力对其轨迹影响较大。另外，瓶中水在向外流出的过程中，上面压强有变化，即使旧教材在第14页做了改进说明，实际操作中笔者发现误差还是很大。不再使用这一方案突出了新教材在内容编排上的严谨性。

（二）基于UBD模板的“抛体运动”单元逆向教学设计

基于UBD模板的单元逆向教学设计共分为三个阶段：阶段1——预期结果；阶段2——评估证据；阶段3——学习计划。WHERETO模式是阶段3对应的教学策略，具体是：方向在哪里（W）；吸引学生（H）；探究和准备（E）；反思和修订（R）；展示和评价（E）；根据学生需要、兴趣和风格进行调整（T）；为了最大的参与程度和有效性进行组织（O）。

笔者基于对《普通高中物理课程标准（2017年版）》的分析，确定了“抛体运动”单元的大概念和核心任务。大概念：将复杂运动分解为简单运动，进一步提高关于力与运动关系的认识；核心任务：探究并认识平抛运动的规律，用运动合成与分解的思想方法分析抛体运动，体会将复杂运动分解为简单运动的物理思想方法。然后基于UBD模板对“抛体运动”单元进行逆向教学设计（表2）。

表2 基于UBD模板的“抛体运动”单元逆向教学设计

<table>
<tr><td colspan="2">阶段1——预期结果</td></tr>
<tr><td colspan="2">学习迁移</td></tr>
<tr><td colspan="2">1. 能将复杂运动分解为简单运动，进一步提高关于力与运动关系的认识
2. 通过实验，探究并认识平抛运动的规律，用运动合成与分解的方法分析抛体运动，体会将复杂运动分解为简单运动的物理思想方法</td></tr>
<tr><td colspan="2">理解意义</td></tr>
<tr><td>学生将理解：
1. 通过实验探究明白物体做曲线运动的条件
2. 平抛运动是理想化模型，其运动规律是，水平方向做匀速直线运动，竖直方向做自由落体运动
3. 分析复杂曲线运动的思路，化繁为简，化曲为直，体会合成与分解思想方法的价值</td><td>基本问题：
1. 物体为什么会做曲线运动？力是如何改变做曲线运动物体的运动状态的
2. 矢量的合成与分解都遵循平行四边形定则吗？合成与分解的思想方法对大家的生活和学习有哪些指导意义
3. 如何设计探究平抛运动规律的实验方案
4. 如何分析一般的斜抛运动</td></tr>
</table>

续表

<table>
<tr><td colspan="2">阶段 1——预期结果</td></tr>
<tr><td colspan="2">掌握知能</td></tr>
<tr><td>学生该掌握的知识：
1. 曲线运动的定义，曲线运动速度方向的判定方法
2. 合运动和分运动的概念，合运动和分运动具有等时性和独立性
3. 抛体运动的轨迹是抛物线</td><td>学生该掌握的技能：
1. 能用频闪照相机、DIS 传感器等工具确定曲线运动的轨迹
2. 能用直角坐标系，数形结合计算平抛运动的速度与位移的大小和方向</td></tr>
<tr><td colspan="2">阶段 2——评估证据</td></tr>
<tr><td>表现性任务：
1. 分析生活中的小船渡河问题并根据合成与分解思想进行相关物理量的计算
2. 能分析生活中常见的抛体运动
3. 提供提高“投弹”精度的具体方案</td><td>其他证据：
1. 自我测试过程：完成教材中本单元的“复习与提高（A 组和 B 组）”
2. 家庭作业：列举生产、生活中常见的抛体运动实例
3. 反思：说一说学习本单元后的收获</td></tr>
<tr><td colspan="2">阶段 3——学习计划</td></tr>
<tr><td colspan="2">1. 观察生活中的曲线运动，如投篮时篮球的运动轨迹，了解曲线运动。WH
2. 运用蘸墨汁的钢球实验和理论分析得出曲线运动的速度方向判断方法。HE
3. 通过水平桌面上的磁铁吸引钢球实验得出物体做曲线运动的条件。HE
4. 实验演示红蜡块运动，描出其轨迹，分析其运动过程，提出合运动与分运动的概念，得出运动合成与分解满足平行四边形法则，并与力的合成与分解进行比较和归纳。RT
5. 设计问题串，先独立解决小船渡河问题，再小组讨论，展示交流。E
6. 学生小组合作设计实验方案探究平抛运动的规律。O
7. 引导学生理论探究平抛运动的规律，建立直角坐标系，借助数形结合确定任一时刻平抛运动的速度和位移。E
8. 展示斜抛实例，让学生根据所学知识和方法以及力和运动的关系对其进行简化处理。WE
9. 通过列表对平抛运动、斜抛运动和竖直上抛运动的受力、运动轨迹、运动规律、速度（位移）的计算方法等方面进行比较。RO</td></tr>
</table>

通过“抛体运动”单元逆向教学设计分析，不难发现 UBD 模板对单元逆向教学设计有很好的指导意义，实现了“目标—评价—教学”的一致性。在此基础上，笔者进一步总结出进行单元逆向教学设计的三个具体策略。

三、基于大概念的中学物理单元逆向教学策略

由于大概念的抽象性等特征，揭示物理学科大概念的教学需要以现象和事实为基础进行解构和重构，需要以基本问题为引领纵向、横向整合学习内容，需要以挑战性任务为评估依据不断探究、反思和整合，促进物理概念的生长和变大，向上理解概括和向下迁移应用，具体的层级结构如图 1 所示。

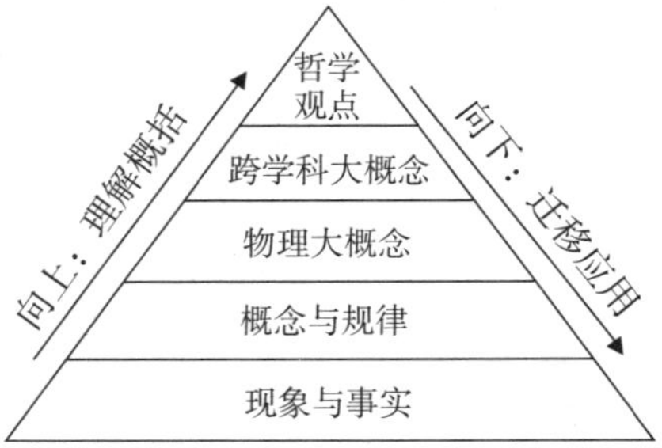

图 1　物理大概念的层级结构

（一）基于基本问题的“1 + X”问题群策略

逆向教学设计重视基本问题的应用，基本问题是指那些突出学科“大概念”，能够鼓励、启发甚至是要求学生超越知识本身，帮助学生对所学知识达到更系统、更深入理解的可迁移的问题。基本问题将激发已学知识、生活体验与当前学习内容之间的意义关联，需要在学习过程中重复出现；有的基本问题是跨学科的，如“结构是如何决定功能的”这一基本问题在物理、化学和生物学科中都有重要价值。

围绕基本问题进行“1 + X”问题群设计是以基本问题为核心，以关键问题和辅助问题为支架（图 2），每个大概念对应 2 ~ 3 个基本问题，每个基本问题对应若干关键问题，每个关键问题又对应若干辅助问题。学生研究清楚这个问题群就获得了相应的大概念。围绕基本问题进行“1 + X”问题群设计策略适用于某一单元教学，也适用于某一具体课时教学。

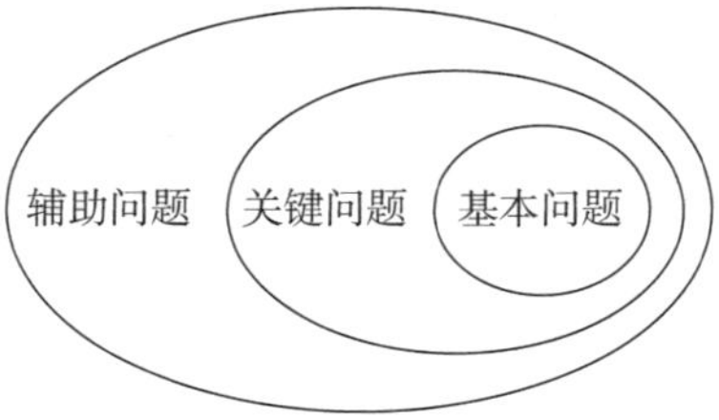

图 2　“1 + X”问题群结构

（二）基于核心任务的探究整合策略

核心任务是指在学科学习中最重要的行为表现，真实的、挑战性的核心任务能促进学生对大概念的理解和迁移。基于核心任务的探究整合设计首先要确定核心任务、理解核心任务本质，其次要将核心任务分解为几个子任务，然后设计研究方案，对子任务进行探究整合以获取大概念。课前可以自学的形式搜集信息，整合现象与事实；课中对挑战性任务进行批判性理解和探究，以小组展示分享的形式进行知识内化；课后延伸学习，以迁移应用完成新任务的形式巩固拓展。基于核心任务驱动教学模式如图 3 所示。

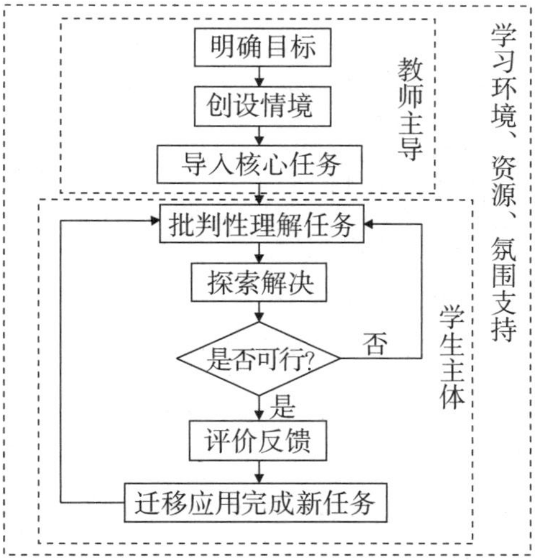

图 3　指向深度学习的任务驱动教学模式

大概念的教学目标是核心任务教学的出发点，任务不能脱离目标而存在。批判性理解任务是“任务”能否完成的关键环节，在一个任务完成后要及时进行评价反馈，评价要和前面确定的教学目标相对应，通过评价促进自我反思，把握知识本质，总结思想方法，并进一步迁移应用完成新任务，通过子任务的逐步探索达到完成核心任务的目的。

（三）基于学习进阶的微专题教学策略

学习进阶与逆向设计有很多相似之处，都是先确定预期结果，再设计学习活动。学习进阶是对学生在一个时间跨度内学习和探究某一主题时，依次进阶、逐级深化的思维方式的描述。学习是一个不断积累、不断发展的过程，学生对某一主题或大概念的理解不是一蹴而就的，而是要经历许多个不同的中间状态，这些中间水平通常称为“阶”，每个“阶”就是大概念理解过程中的一个关键概念，可以通过微专题教学突破（图4）。

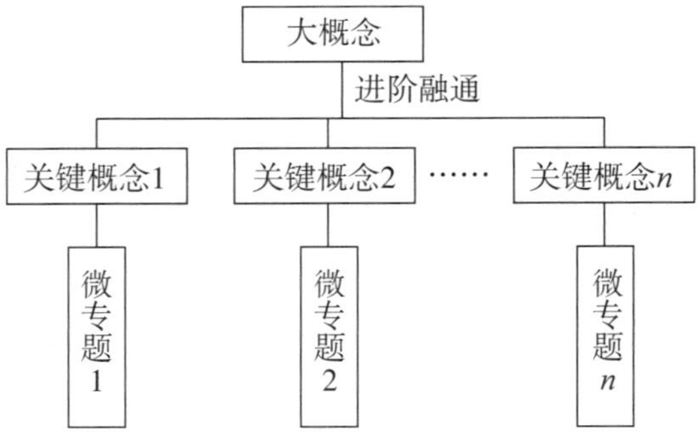

图4　基于学习进阶的微专题教学结构

微专题就是为突破某个重要问题或关键概念而开展的一个或几个课时的教学活动。它多用于复习课教学，新课教学也可以用。微专题复习有助于帮助学生查找漏点、扫清盲点、厘清疑点和突破难点；有助于整合知识、建立联系；有助于形成结构化知识、促进大概念的发展。[4]微专题教学立足于学生的原有知识和认知结构，通过原有相关或相似的知识点提炼而成，使原有认知与提炼的内容发生相互作用，整合相关的物理概念、规律、原理、模型和思想方法等，形成一种联系紧密、逻辑清晰的微型专题结构。微专题内容可以是一个单元，也可以是几个单元相关知识的整合。

指向大概念的单元逆向教学为一线教师提供了一种全新的教学设计视角，其充分体现了以学习者为中心的思想，让教师真正成为学生学习的设计师。高中物理单元逆向教学设计关注理解和应用物理大概念、核心任务、基本问题和有效评估，能促进学生对物理知识本质的理解、物理学科结构的意义生成、物理观念的发展，达到培养物理学科核心素养的目的。

参考文献：

[1] 格兰特·威金斯，杰伊·麦克泰格. 追求理解的教学设计（第二版）[M]. 闫寒冰，宋雪莲，赖平，译. 上海：华东师范大学出版社，2017.

[2] 人民教育出版社，课程教材研究所，物理课程教材研究开发中心. 普通高中教科书物理必修（第二册）[M]. 北京：人民教育出版社，2019.

[3] 人民教育出版社，课程教材研究所，物理课程教材研究开发中心. 普通高中教科书物理必修（第二册）[M]. 北京：人民教育出版社，2010.

[4] 陆永华. 基于深度学习的高中物理微专题复习摭谈 [J]. 物理教师，2020（3）：94－97.

深度学习视域下的单元教学任务设计

——以初中物理为例

周 莹① 冯 华②

随着基础教育体制机制改革的深化，项目式学习、翻转课堂、小组合作学习、研究性学习、社会综合实践等各种教学模式在学校教育中被广泛应用。这些教学模式在给学生带来多样化学习资源的同时，也隐藏着教学形式化、课时冗余化、内容零散化、学习浅层化等种种问题。为了解决上述教学实际中存在的问题，深度学习、单元教学越来越引起教师的关注。然而，怎样理解单元教学和深度学习，怎样理解两者之间的关系，怎样设计单元中的核心任务才能实现深度学习等问题，仍然是教师教学实践中亟待解决的困惑。厘清上述问题，才能使教学实践更符合教学规律，促进学生核心素养的发展。

一、深度学习与单元教学内涵

（一）深度学习的内涵

关于深度学习的内涵，国内外学者有很多论述。美国国家研究理事会在《为了生活和工作的学习——在21世纪发展可迁移的知识与技能》中指出："深度学习是个体通过把在一个领域中学到的知识，迁移和应用到一个新的问题情境中去，其中包括书本知识和知晓如何、为什么以及什么时候应用这些知识去回答问题和解决问题的能力。"安富海认为："深度学习是一种基于理解的学习，是指学习者以高阶思维的发展和实际问题的解决为目标，以整合的知识为内容，积极主动地、批判性地学习新的知识和思想，并将它们融入原有的认知结构中，且能将已有的知识迁移到新的情境中的一种学习。"[1]郭华认为，"所谓深度学习，就是指在教师引领下，学生围绕着具有挑战性的学习主题，全身心积极参与、体验成功、获得发展的有意义的学习过程"，并具有批判理解、有机整合、建构反思与迁移应用的特征。[2]郭元祥认为，深度学

① 周莹，北京教育学院数学与科学教育学院STEM教育研究中心主任，博士。
② 冯华，北京教育学院数学与科学教育学院物理系教授。

习是对知识内在结构逐层深化的学习，以及对学习过程的深刻参与和学习投入。[3]崔允漷把深度学习定义为：“学生基于教师预设的专业方案，经历有指导、有挑战、高投入、高认知的学习过程，并获得有意义的学习结果。”[4]虽然上述学者视角不同，对深度学习内涵的界定有所区别，但综合分析，学者们共同强调了深度学习的五个基本特质：理解的深刻性、载体的综合性、思维的高阶性、过程的体验性、结果的迁移性。

（二）单元教学的内涵

《教育大辞典》对于单元教学的定义是：“将教材、活动等划分为完整单元进行教学的一种教学法。每个单元均有规定的学习目标和内容，时间长短因学习内容和学生个人情况而异。其目的在于改变偏重零碎知识和记忆文字符号的教学，强调学生手脑并用获得完整的知识和经验。”[5]钟启泉提出：“教学中的‘单元’是基于一定的目标与主题所构成的教材与经验的模块或单位。”[6]崔允漷指出：“一个学习单元由素养目标、课时、情境、任务、知识点等组成，单元就是将这些要素按某种需求和规范组织起来，形成一个有结构的整体。”[7]郭华认为：“单元是指学科课程实施的单元，选择有利于培养学科核心素养的教学内容和情景素材进行教学，通常以主题为中心。”[8]

对于单元教学的内涵，学者们的共识是：单元教学是包含目标、内容、实施与评价的相对独立、自成系统的教学单位，是克服碎片化教学的方法和途径。

综合上述观点可以看出，深度学习和单元教学既是深化教育教学改革过程中学者关注的内容，也是全面提高教育质量实践中教师必须面对的问题。在理论研究层面，两者的研究对象有所不同；在教学实践中，单元教学是促进深度学习的载体，深度学习是实施单元教学的目的，两者相互作用，促进学生核心素养发展。

二、深度学习视域下的单元教学特征

通过对深度学习和单元教学内涵的综合分析，笔者认为深度学习视域下的单元教学应具备以下特征。

（一）教学目标

教学目标表达学生预期学习结果，一般包括认知、情感和动作技能三个领域。[9]深度学习视域下的单元教学目标在认知领域，强调理解的深刻性和思维的高阶性。理解的深刻性指对学习内容本质、意义的理解，是在解释、阐释的基础上赋予思考和行动灵活性，增添信任感和自信心；思维的高阶性指思维过程中体现高阶思维及能力，即问题解决、审辨式思维、创造性思维。在情感领域，强调学生积极参与、体验成功、获得发展；在动作技能领域，注重在解决未知问题过程中技能的熟练应用。

（二）教学内容

深度学习视域下的单元教学内容的重要特征是具有综合性。教学内容的组织是将课程标准要求的内容，按照一定逻辑整合、重构为有结构的载体，以主题统领，以任务呈现。学生通过对载体呈现的复杂信息进行深入加工，实现理解的深刻性、思维的高阶性和认知技能的发展。

（三）教学过程

深度学习视域下的单元教学过程意味着教师不能把知识当作已发现的真理来教，而要为学生设计充分思考、探究的情境，促使他们全身心投入学习活动中，体验人类认识客观世界的过程和形成积极主观世界的过程，体验真理形成的社会过程。

（四）教学评价

教学评价有多种形式，是持续的过程，是教师、学生和家长共同承担的责任。深度学习视域下的单元教学评价应注重对通过学习扩展经验、提升理性，形成解决未知问题的能力的评价；注重对学习结果迁移、应用和创新的评价；注重发展学生元认知能力的评价，其根本目的是促进学生核心素养发展。

三、深度学习视域下的初中物理单元教学任务设计建议

笔者在一线教学观察和调研中发现，在深度学习视域下的单元教学设计实践中，关键的，也是教师普遍感到棘手的问题是核心任务设计。深度学习视域下的单元教学任务是以教学目标为指引，在充分研究教学内容的基础上设计而成的。它既要符合学生的认知水平、生活经验，又要紧扣课程标准要求的学习内容，并且具有复杂性和挑战性，适合学生体验并迁移和应用学习结果。笔者基于对教学实践的思考，根据深度学习视域下的单元教学特征，结合具体案例提出初中物理单元教学核心任务设计建议。

（一）以澄清前科学概念为任务

前科学概念是学生在接受科学教育以前，通过日常生活中的各种途径，对事物、事件和现象等所形成的概括性认识。前科学概念中有些是对客观世界的朴素认识，有些则与科学概念相悖，称为错误概念。以澄清前科学概念为任务的单元教学，为学生创设经历认知冲突的、具有挑战性的探究情境，通过由朴素认识向科学认识深入或者由错误概念向科学概念转变的过程，实现高阶思维的培养。

下面以“浮力”教学内容为例，分析如何设计澄清前科学概念的单元教学任务。《义务教育物理课程标准（2011 年版）》（下文简称“课标”）对于这部分课程内容的要求是：“通过实验，认识浮力。探究浮力大小与哪些因素有关。知道阿基米德原理，运用物体的浮沉条件说明生产、生活中的一些现象。”[10] 教材一般也按照“浮力—阿基米德定律—物体浮沉条件”的顺序安排章节。

在实践中，教师一般会按照教材章节首先讲解浮力概念，然后带领学生学习阿基米德定律，计算浮力的大小，最后应用阿基米德定律解释物体的浮沉条件。这种安排遵循“是什么—为什么”的逻辑，可以更加清晰地表达知识，但未能就知识的形成与学生的生活经验和认知经验建立联系，导致许多学生机械接受教材给出的结论，但未形成相应的理解。笔者对 78 位按照这一思路学完“浮力”单元的九年级学生进行问卷调查发现，仍约有 73.68% 的学生认为“重的物体下沉，轻的物体上浮”，约有 65.78% 的学生认为“浮力的大小与物体的密度有关”，这充分说明多数学生的学习是浅表性的。

深度学习视域下的单元教学要以学生关于这部分知识的前科学概念为起点设计任务，使学生在完成任务的过程中，逐渐发现前科学概念与科学概念的冲突，经过高阶思维，深刻理解科学概念，并能迁移到未知情境中解决问题。

“浮力”是初中学生前科学概念较多的一部分学习内容。通过调查发现，学生共有 16 种错误的前科学概念，如“漂在水上的物体受浮力”“轻的物体漂在水面上，密度小的物体轻，所以密度小的物体受的浮力大”“同样大小的铁块和木块完全浸没于水中，木块所受的浮力大，因为一松手木块就能漂起来”“物体在水中越深受的浮力越大，因为将物体往水中按压得越深越费力”，等等。

针对这些前科学概念，教师可以设计指向深度学习的单元教学核心任务：探究为什么物体在水中有的浮有的沉。在这项核心任务解决的过程中，将会形成逐层递进、构成单元教学结构的子问题：为什么有的物体浮在水面？沉入水中的物体受浮力吗？浮力是怎样产生的？怎样计算浮力的大小？物体浮、沉的条件是什么？

为此，需要将教材中的章节整合与重构为新的教学单元：液体内部的压强—浮力—阿基米德定律—物体浮沉条件；大气压强—流体压强与流速的关系；应用、解释与流体压强、浮力有关的现象。在单元教学过程中，教师为学生准备实验、文本、网络资源等，帮助学生充分思考、深入探究，体验科学家在认识客观世界过程中的思想、方法和规范，发展高阶思维能力。

（二）以解决未知问题为任务

解决未知问题的任务对学生来说最具有挑战性。通过问题的挑战性，激发学生的探索欲望；学生为解决问题学习新知识并应用新知识解决问题，有助于深刻理解知识，发展高阶思维能力。因此，以解决问题为目的的任务应具备一定的复杂程度并贯穿学习过程的始终，使完成任务与深刻理解知识密切联系，与高阶思维密切联系，而不是仅仅以引出知识为目的设计任务，一旦完成导入作用，任务就被扔到一旁，不再提及。

以“密度”单元的教学为例。[11]课标对于这部分教学内容的要求是：“通过实验，理解密度。会测量固体和液体的密度。解释生活中一些与密度有关的物理现象。”[10]尽管内容不多，但如果仅仅按照教材中“通过探究同种物质质量和体积的关系得到密度的概念”来设计任务，很难引发学生的深度学习；而设计“实验室有一捆大约50千克的裸细铜丝，请你帮助老师估测这捆铜丝的总长度”这种来自现实世界且真实而复杂的任务，则可以更为有效地促进学生的深度学习。实际上，学生为了完成此任务，首先要分析如何通过测量得到已知，以及如何借助已知推得需知：铜丝的质量和直径可以通过测（称）量获得；铜丝的长度和直径可以确定它的体积；如果铜丝的体积和质量有关系，就可以间接得到铜丝的长度。通过分析，复杂任务转化为简单的子任务：（1）通过实验探究铜的质量和体积是否有关系，具体是什么关系；（2）通过实验探究其他金属的质量和体积是否也具有此关系，以证明第一步探究的结果是否具有普遍意义；（3）在教师的指导下，定义密度概念并学习物理学定义概念的方法；（4）利用密度概念估测重约50千克的一捆裸细铜丝的长度。在完成此任务的过程中，学生不仅学习了密度概念，还能够深入理解密度是自然界物质的属性；为描述物质的属性，物理学采取将一类事物的本质特征抽象、概括、定义概念的方法，并用比值法定义物理量；同时，学生在完成任务的过程中应用了推理、论证等高阶思维方法。

在经过深度学习完成这个任务后，学生在本单元继续研究如何测量形状不规则物体的密度、液体的密度等，并应用密度概念解释生活中的现象、解决生活中的问题，在应用过程中深入理解了物理概念的意义。

由此可以看出，就具体知识而言，“密度”单元的内容很简单，但经过设计的单元任务蕴含了物质观的建构、科学探究的应用、科学思维的发展和质疑创新的空间，以简单的知识让深度学习成为可能。

深度学习视域下的单元教学核心任务设计还有很多种方法，如以解释现象、学习物理学的研究方法为核心任务等。但需要把握的核心是，以建构学科的知识体系为基础，依托综合、复杂的解决具体问题或完成具体任务的载体，使学生在积极的体验中，通过高阶思维的培养，实现对学习内容本质、意义的理解，促进核心素养养成。

参考文献：

[1] 安富海．促进深度学习的课堂教学策略研究［J］．课程·教材·教法，2014（11）：57－62.

[2] 郭华．深度学习及其意义［J］．课程·教材·教法，2016（11）：25－32.

[3] 郭元祥．深度学习：本质与理念［J］．新教师，2017（7）：11－14.

[4] 崔允漷．指向深度学习的学历案［J］．人民教育，2017（20）：43－48.

[5] 顾明远．教育大辞典［M］．上海：上海教育出版社，1992.

[6] 钟启泉．基于核心素养的课程发展：挑战与课题［J］．全球教育展望，2016（1）：3－25.

[7] 崔允漷．如何开展指向学科核心素养的大单元设计［J］．北京教育（普教版），2019（2）：11－15.

[8] 刘月霞，郭华．深度学习：走向核心素养（理论普及读本）［M］．北京：教育科学出版社，2018.

[9] 皮连生．学与教的心理学［M］．上海：华东大学出版社，1997.

[10] 中华人民共和国教育部．义务教育物理课程标准（2011年版）［S］．北京：北京师范大学育出版社，2012.

[11] 周莹．物质大概念统领下的“密度”单元设计［J］．基础教育课程，2019（9）：20－25.

物质大概念统领下的“密度”单元设计

周 莹①

《普通高中物理课程标准（2017 年版）》（以下简称“课程标准”）中提出了物理观念，界定了物质观、运动和相互作用观、能量观等要素，但并未做出对各个观念的具体解析。物理学的研究对象是客观世界中的物质，从微观粒子到整个宇宙都是物理学的研究范围。物质观的建立，决定了学生对物理学研究对象的理解，是建立其他物理观念的基础。

然而笔者在一线教学观察中发现很多教师对物理观念的认识模糊，难以将物理观念的形成和自身的课堂教学行为产生联系。在“教师对物质观理解”的调研中发现，大多数教师存在不能描述什么是物质观、不知道物质观的形成需要学生具备哪些基础知识等疑问。针对上述问题，笔者认为教师对“物质观”的理解和落实需要围绕物理观念的两个核心特征——关键性和发展性进行。因此，我们在分析课程标准和教材的基础上，梳理出物质观建立所需要的大概念以及物质观在不同学段的进阶发展，以物质大概念为统领重新设计了“密度”单元教学，并以“质量”概念教学一课为例阐释促进“物质观”发展的教学改进策略。

一、物质大概念的提炼

人类对物质的认识由来已久，起源于对世界构成和存在形式的思考和解释。早期的人类对物质的概念更多是从哲学层面定义，如中国古代的五行、阴阳、气一元论，古希腊的“气、水、火、土”元素论等。最早具有现代科学意义的物质观是德谟克利特的原子论，自此物质概念逐渐由宏观走向微观。随着人类观测技术的提高和近代物理量子力学和相对论的出现，研究物质的尺度范围不断扩展，人类认识到了微观物质遵循与宏观物质不同的运动和相互作用规律，物质和能量之间也建立起了联系。因此，物质观的历史发展过程是人类对所处世界认识不断深入的过程，同时也与运动和相互作用观、能

① 周莹，北京教育学院物理系讲师，博士。

量观的发展密不可分。

从学科视角认识人类物质观的形成和发展，结合课程标准要求，我们对基础教育阶段的相关知识内容做出梳理，提炼了物质大概念（表1）。

表1　物质大概念

项目	物质大概念陈述	对应跨学科大概念
存在	1. 我们身边的物体、自然界乃至整个宇宙都是由物质组成的	1. 模式 2. 系统和系统模型
	2. 物质是客观存在的、可观测的	
分类	3. 物质有不同种类、不同形态、不同属性	3. 尺度、比例、数量 4. 结构和功能
	4. 物质按尺度不同可分为宏观物质和微观物质；物质是有结构的，宏观物质由大量微观物质组成	
	5. 构成宇宙的物质分为实物粒子和场	
相互作用	6. 不同物质之间存在不同的相互作用	5. 稳定和变化 6. 因果关系
	7. 物质在不停地运动，宏观物质和微观物质遵循不同的运动规律	
守恒	8. 物质有质量和能量，并满足质能守恒定律	7. 能量和物质

二、物质大概念统领的知识体系和发展

为了更好地在初中物理课堂教学中发展学生的物质观，根据学习进阶理论，我们需要明确上述大概念在不同学段的知识载体和能力发展路径，以此为依据设计符合初中生认知特点的教学活动。对上述大概念在初中学段的发展分析如下。

（一）存在

1. 知道我们身边的物体、自然界乃至整个宇宙都是由物质组成的。

2. 知道物理学以客观世界中的物质及其相互作用规律为研究对象，包括宏观：身边的、自然界中的物体；微观：分子、原子。

（二）分类

1. 知道不同材质的物体由不同种类的物质构成，首次建立物质的概念。

2. 能区别固、液和气三种物态，描述这三种物态的基本特征。

3. 除了实物物质之外，理解磁场的概念。

（三）相互作用

1. 掌握宏观物体之间的力：重力、弹力、摩擦力。

2. 掌握宏观物体的一维运动规律，如匀速直线运动。

3. 初步掌握微观物质的运动现象及规律，如扩散现象、分子动理论。

（四）守恒

1. 掌握质量的定义是物体所含物质的多少，是物体本身的属性，不随物体的状态、形状、位置而改变。

2. 在化学反应中掌握电荷守恒定律、质量守恒定律。

三、物质大概念统领的单元教学设计案例

基于大概念设计单元教学目标，重新整合物理学科课程内容，有助于建立核心素养导向下的物理课程体系。教师在物质大概念和进阶路径的基础上确立初中阶段促进学生物质观发展的培养目标，思考如何选择合适的促进物质观发展的教学内容载体，并在系列教学设计中通过创设情境、实验探究等方式予以实现。例如，物质大概念统领下的“密度”单元层级式知识结构如图 1 所示。

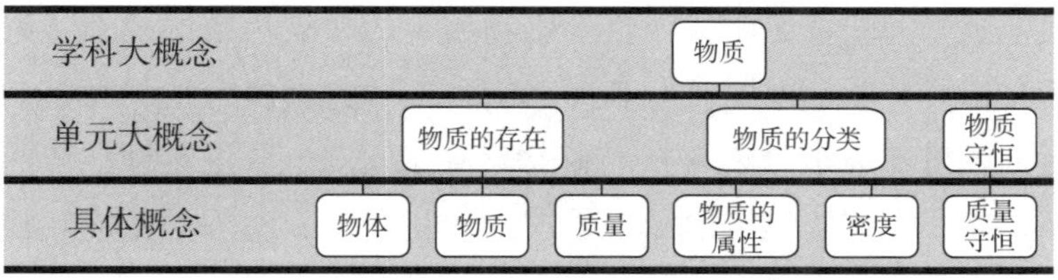

图 1　“密度”单元层级式知识结构

下面以其中的“质量”概念教学为例做具体阐释。

“质量”是义务教育教科书（人教版）初中物理八年级上册第六章第一节的内容。“质量”概念一节内容在学生物质观建立和发展过程中处于关键位置：是学生从小学阶段具体的实物认识过渡到抽象的物质认识的第一步，为后面建立质点概念打下基础；也是学生从关注宏观物体过渡到关注组成物体的物质，将来进一步过渡到物质结构和微观组成的重要环节；质量作为物质的重要属性，概念的建立和实验测量为后续学习密度、能量等概念做了铺垫。依据课程标准和教材，我们重新整合本节课内容，梳理出了物质大概念统领的“质量”一课的层级式知识结构（图 2）。

在整个密度单元教学设计中，我们对学生物质观建立的前概念进行了前测问卷调研，测试中发现在对质量概念的前认知中，学生存在物体概念和物

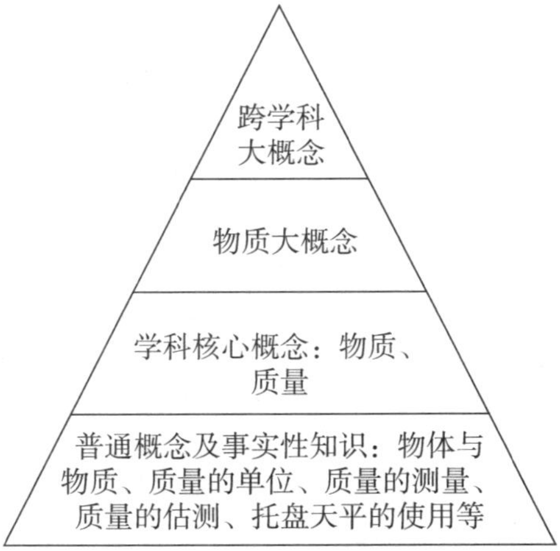

图 2 “质量”层级式知识结构

质概念混淆、质量单位和体积单位混淆、不理解质量为何是物体的属性等误区和困难点。

基于上述对课程标准、教材和学情的分析，我们在“质量”新授课中设计了以质量概念的建立为明线，以学生物质观的发展为暗线的双主线教学目标，基于目标设计教学主要环节和问题链，整合并选择合适的教材内容和素材，通过创设情境渗透跨学科核心概念、对比实验、联系物理学史和前沿研究等教学策略，突破从学生前测中发现的认识误区，实现学生对物质认知从具体到抽象、从宏观到微观的顺利过渡，切实促进学生“物质观”的发展。教学过程如下。

教学环节一

创设情境，引入物体和物质的概念

【素材】播放宇宙和自然界不同尺度的场景图像：宇宙中的星云、自然界中的万物：树木、房屋、水、尘埃……

【问题设计】观察这些图片，分别代表了什么物体？

【物理概念】物体、物质。

【物质观发展】自然界中的万物，从宏观到微观都是由物质组成的。

【跨学科大概念】尺度、比例、数量、系统。

教学环节二

分类比较，认识身边的物体和物质

【素材】①从身边的实物开始认识物质，能讲出不同种类的物质分类。对比图片1：竹筷、竹勺、竹砧板，图片2：铁丝、铁片、铁钉。②区分物体和物质，如铁丝、铁钉是物体，铁是物质。

【问题设计】①图片中的物体分别由什么做成？②做成竹筷和竹砧板所用的竹子一样多吗？

【物理概念】物体、物质、质量。

【物质观发展】区分物体和物质的概念，明确宏观物体是由物质组成的。

【跨学科大概念】结构和功能、尺度、比例、数量。

教学环节三

阅读材料，认识质量的单位

【素材】①学生前测中对质量单位的认识和误区统计。②生活中的质量单位、质量国际单位的历史和前沿阅读材料。

【问题设计】①你知道生活中有哪些质量单位吗？②你知道质量的国际单位kg是如何定义的吗？

【物理概念】质量。

【物质观发展】物质是客观存在、可观测的，可以用数据定量表达物质的多少。物质有质量；质量单位的定义和发展。

【跨学科大概念】尺度、比例、数量级。

教学环节四

实验操作，质量的测量

【素材】①前测中质量测量的生活经验。②生活中、实验室中测质量的工具图片。③学生阅读实验操作说明，演示实验：托盘天平的操作。④实验器材：托盘天平、橡皮泥。

【问题设计】①同学们在生活中有没有测量过质量？②托盘天平的使用要点是什么？

【物理概念】质量。

【物质观发展】物质是客观存在、可观测的。学习生活和实验室中测量质量的方法和技能。

【跨学科大概念】系统和系统模型。

教学环节五

对比实验，加深对质量是物质属性的理解

【素材】①实验：测橡皮泥形状改变前后的质量。②实验：碘加热前后物

态变化，质量不变；水凝固前后物态变化，质量不变。③实验：聂海胜上太空前后测质量的实验。④实验：糖溶解于水，质量不变；测碳酸钠和稀盐酸反应前后质量。

【问题设计】①物体形状改变，质量变吗？②物体状态改变，质量变吗？③物体位置改变，质量变吗？④发生化学反应后，质量变吗？

【物理概念】质量。

【物质观发展】质量是物体的固有属性，不随物态、形状、位置的变化而变化。通过实验验证质量守恒定律：化学反应前后质量守恒；通过系列对比实验进一步理解封闭系统中的质量守恒。

【跨学科大概念】系统和系统模型、稳定与变化、守恒。

四、反思与启示

（一）利用前测数据和阅读素材，鼓励学生自主发展物质观

在“质量”一课中，物体、物质和质量的概念建立与实际生活联系较多，通过课前对学生的前测调研可以唤醒学生的生活经验、发现学生认识的误区。根据“质量”课前测，我们对其中思维难度低的下位概念及事实性知识，如质量的单位、生活中质量的测量工具、托盘天平的操作说明等的教学，采取了学生分享学习和自主学习替代教师直接讲授的策略。

（二）通过大概念引领，突破由宏观到微观的思维障碍

“质量”一课中，学生物质观建立的难点在于他们此时还没有建立起微观的视角，很难解释为何质量不随物态的变化而变化、化学反应前后质量不变等实验现象。我们认为在学生物质观发展的过程中，不仅需要学科的概念和事实性知识支撑，更要联系背后的跨学科大概念来理解。例如，教师通过课程引入时展示从宇宙到身边的自然界、实物物体的图片，以及点评质量单位不同时按数量级排列等策略，引导学生从跨学科大概念尺度、比例、数量级等角度，初步认识到从宏观到微观的物质世界。再比如，教师在解释质量是否变化时，打破学科界限，对比物理和化学实验，引入系统的概念解释：碳酸钠和稀盐酸化学反应实验在敞口烧杯中进行时，反应前后质量为何变了？在密封的塑料瓶中完成化学反应，前后质量为何不变？从而引导学生从系统的视角来理解物质的守恒，体会在封闭系统中物质没有减少，质量就不会改变，从而理解碘升华物态变化中质量不变。

（三）联系物理学史和前沿研究，体会物质观的发展性

在学生物质观的整体发展过程中，由于认知的局限性，初中生对物质大概念的理解具有阶段性，这种理解到高中以后还会发生变化。如对质量概念的界定，初中仅仅从牛顿《自然哲学的数学原理》一书中引用了“质量是物体所含物质的多少”作为描述，显然是不严谨的。因此对此时物质观的理解不能绝对化、固定化，而是要让学生从科学史及前沿研究相联系的角度，体会物理观念的发展性。例如，在本节课授课前，恰逢第 26 届国际计量大会召开，通过了“修订国际单位制”决议，修订后的新国际单位体系以量子力学中的普朗克常数为基准，替代“国际千克原器”重新定义了质量的国际单位“千克”。将这部分阅读材料和教材上的《质量单位——千克的由来》阅读相结合，能帮助学生更好地理解质量概念的发展性、客观性、可检验性，从而培养学生的科学态度与责任感。

（四）通过实验获取证据，审辨物质观建立的科学性

不同于历史上哲学层面对物质的解释，物理学科视角下的物质观发展不仅仅是模糊的经验和感受，更要经得起实验检验。促进学生物质观的发展不是简单记忆知识结论，而需要在物理实验中通过证据支持，分析论证、去伪存真，不断加深学生对物质的认知和理解。因此在“质量”一课中，对于学生认识有误区、理解有困难的部分，我们精心设计了多项实验予以突破。如在质量不随物态变化而变化的理解过程中，设计了碘升华和水结冰等不同物态变化过程前后质量测量的对比实验，并创新引入了物理变化和化学反应实验的对比，帮助学生更进一步体会物质的守恒。

学科大概念与化学实验单元教学

何彩霞①

在当前实施素养为本的教育改革背景下，以学科大概念为核心开展单元教学被认为是学科核心素养落地的关键途径。[1][2][3] 化学实验是中学化学课程内容的重要组成部分，对于化学实验，宋心琦先生提出的“化学实验体系三要素”[4] 揭示了化学实验原理、装置、操作等要素及其相互关系，是统领具体实验内容的更为本质的思想方法，可谓是关于化学实验的学科大概念（以下简称“大概念”）。那么，如何以“化学实验体系三要素”为指导来开展实验单元教学？本文就此展开探讨。

一、以大概念为统领建立具体实验内容间的内在联系

聚焦学科知识本质，梳理具体化学实验内容之间的内在联系，看到具体化学实验内容背后的大概念，是开展化学实验单元教学的基础和前提。

以大概念为统领建立知识间的内在联系，可采取如下思路：一是自下而上进行归类概括，即从具体实验出发，去分析与之相对应的较大概念，较大的概念又可以归入一个更大、更广泛的大概念。如过滤、萃取、蒸馏、结晶等是化学常用的实现物质分离与提纯的实验方法，其具体原理各不相同，但它们的共同之处在于“利用混合物中各组分性质的差异来分离和提纯物质”，这是关于物质分离和提纯的更为本质的思想方法，是过滤、蒸馏、萃取等具体概念背后的大概念。与具体的过滤、萃取等相比，这一大概念具有更为广泛的适用性，能够解释较大范围内的相关现象和事物[5]。又如，在初中化学教学中，依据实验内容的相似性，可以将实验室制取氧气、实验室制取二氧化碳等具体知识内容纳入“实验室制取气体的一般思路和方法”这一较大的概念之下，再从“实验室制取气体的思路和方法”的内涵及其所揭示的关键问题来看，又可将其纳入“化学实验体系三要素”这一更为高度概括、广泛适用的大概念之下。二是自上而下进行具体细化，即以大概念为视角，按照

---

① 何彩霞，北京教育学院数学与科学教育学院教授。

一定逻辑将其逐渐解构和具体细化。如以“化学实验体系三要素”为统领，依据化学实验的目的和内容不同，可以将其细化为“实验研究物质组成的思路和方法”“实验室制取气体的思路和方法”等抽象程度较低的次级大概念；依据实验研究对象不同，再将“实验研究物质组成的思路和方法”细化为“混合物组分的测定、纯净物元素组成的测定”；而混合物组分的测定还可细化为“混合气体中组分含量的测定”……以此类推，直至“空气里氧气含量测定”这一具体实验。

在教学实践中，通常需要综合运用上述两种思路，通过自下而上以及自上而下的分析和梳理，将具体化学实验内容与抽象程度较高的概念、学科中普遍适用的大概念建立起有意义的对接，使众多具体知识相互联系并有一定意义。如对于初中化学中以气体为研究对象的一些实验，以“化学实验体系三要素”为统领，可以揭示知识间的纵横关系（图1），为认识和研究相关问题提供认识角度和思维路径，起到思维引领、提供方法性工具的作用。

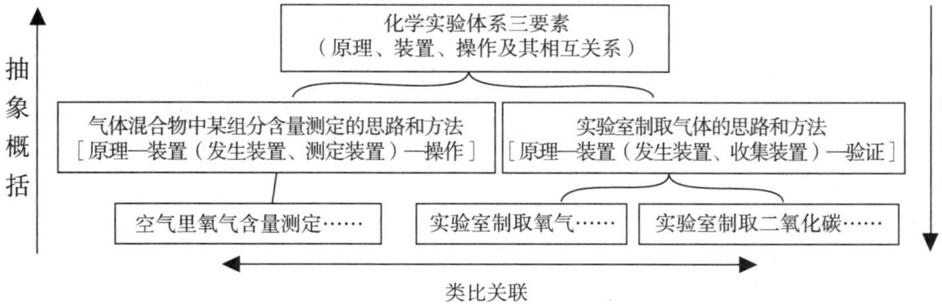

图1 大概念视角下初中阶段有关气体实验的知识框架示意图

二、以大概念为统领确定单元及单元目标

以大概念统领具体实验内容来构建单元，其核心在于确定单元学习目标，需要依据课程标准的要求、具体实验教学内容的特点以及学生的实际情况和发展需要来分析大概念的学习进程及其目标进阶。以大概念为统领的单元主要有以下层次：单一典型实验、跨越章节的实验整合、立足学段的实验整合以及跨越学段的实验整合。现以初中化学中有关气体的化学实验教学为例加以说明。

1. 单一典型实验内容

以“化学实验体系三要素”为指导，对于“空气里氧气含量测定”的教学，能够更加准确把握其核心在于帮助学生初步感知“化学实验体系三要素”，即以科学家拉瓦锡测定空气成分实验、红磷燃烧法测定空气中氧气含量实验为主要素材，通过教学，期望达成以下主要教学目标[6]：（1）能从原理、装置、操作等角度，分析拉瓦锡测定空气成分的实验，初步形成对实验体系三要素（原理、装置、操作）及其关系的认识；（2）仿照拉瓦锡测定空气成分的实验，能够从实验体系三要素的角度分析和认识“红磷燃烧测定空气中氧气的含量实验”；（3）初步体会实验研究气体混合物组成的思路与方法，体会科学家严谨的科学研究态度。

2. 跨越章节的实验整合的单元

以“化学实验体系三要素”为指导，将处于教材中不同章节的实验室制取氧气、实验室制取二氧化碳的内容进行系统考虑后整合成单元，通过单元教学，不仅是从原理、装置和验证的角度认识实验室是如何制取氧气和二氧化碳的，更为重要的是促进学生形成实验室制取气体的一般思路和方法[7]，其具体内容如下：（1）选择制取气体的化学反应原理，即选择什么药品、通过什么反应、在怎样的实验条件下（如是否需要加热、加催化剂等）来制取气体；（2）确定制取气体时应采用的实验装置，包括气体发生装置和收集装置等；（3）验证所制得的气体等。这样的单元教学，学生习得的不仅是具体的知识点，更是结构化的知识以及解决这类问题的思路与方法。

3. 立足学段的实验整合的单元

基于初中化学教学及中考的要求，关于气体的实验教学，还涉及对一些较为复杂问题的分析与解决，如装置问题（气体发生装置、气体净化装置、气体收集装置、气体体积测量装置）、化学实验中的压强问题等。为此，从立足初中整个学段考虑，可以对学段内相关内容进行整合，将新授课和复习课统整起来进行系统设计（图2），通过变化内容载体、不断拓展大概念的认识角度和抽象程度，促进学生建立相关知识间内在的本质联系和相互关系，让学生在获得基础的化学实验知识技能的同时，建立对化学实验研究问题的系统思考以及解决问题的思路和方法，进而能够解决较为复杂的问题。

4. 跨越学段的实验整合的单元

也可将不同学段的相关实验内容进行整合，形成跨学段的单元。如实验室制取气体，初中一般只提供气体发生装置、气体收集装置；而在高中阶段还要根据情况，增加除杂装置和尾气处理装置等。通过单元教学，对于装置

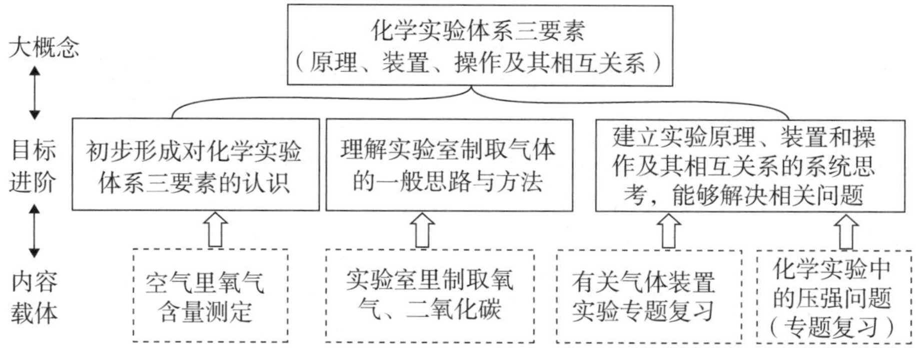

图 2　大概念视角下初中阶段有关气体实验单元及其目标进阶

这一要素的拓展，能够实现跨学段的目标进阶。

如上所述，以大概念为统领来确定单元及单元目标时，大概念的解构程度以及单元的大小、实施形态（连续的、非连续的）是不同的。在实际教学中要确定怎样的单元，取决于教师对学生知识学习、思维发展和能力提升的系统考虑，也依赖于教师的学科理解力以及教师对课程与教学内容的整体把握。

三、围绕大概念组织单元教学的主要策略

以大概念为统领进行化学实验单元教学，重在促进学生对知识的深入理解，形成结构化的学科知识以及解决问题的思路方法。以此为导向，在组织单元教学时，可采取如下教学策略。

1. 围绕大概念组织教学内容

围绕大概念组织教学时，在课堂教学内容或任务主线的设计方面，以具体的实验内容为载体，根据单元目标的总体规划和具体课时的目标进阶，把指向主要教学目标、能体现大概念的关键性内容具体化为教学任务，以此构建课堂教学内容或学习任务的主线索，这样既凸显教学的核心和关键所在，也可将零散的知识置于有逻辑结构的框架之下，让学生学习有内在逻辑的相关知识。

如在实验室制取氧气的教学基础上，“二氧化碳制取的研究”的教学思路设计如表 1 所示。

表 1　“二氧化碳制取的研究”教学思路

内容主线	驱动性问题	学生认识发展
明确问题	依据实验室制取氧气的知识，请思考：在实验室制取二氧化碳需要考虑哪些方面	回忆实验室制取氧气需要考虑药品、装置、验证等，明确学习任务
任务 1 药品的选择	［问题 1］实验室制取二氧化碳要选择怎样的药品 问题 1.1 根据已学知识思考，都有哪些方法可以得到二氧化碳 问题 1.2 这些方法适合在实验室制取二氧化碳吗？为什么	从反应物、反应条件、产生的气体是否容易收集等方面思考反应原理和药品选择问题
任务 2 装置的选择	［问题 2］你将选择怎样的装置？选择的依据是什么	依据反应物状态、反应条件来思考选择发生装置，依据二氧化碳气体的密度、是否易溶于水来选择收集装置
任务 3 操作方法	［问题 3］如何验证、验满二氧化碳	依据二氧化碳的性质进行验证
拓展提升	请比较实验室制取氧气和二氧化碳，你有哪些收获	发展对化学实验体系三要素的认识，总结实验室制取气体的思路与方法

2. 围绕大概念用问题引领学生思考和理解

把教学内容或任务转化为引导性问题，用问题驱动学生思维，是促进学生理解知识、认识大概念的主要策略。如表 1 所示，在“二氧化碳制取的研究”教学中，把指向主要教学目标和能体现“化学实验体系三要素”关键内容的教学任务转化为统领课堂教学的引导性问题，通过引导性问题调动学生参与学习过程，在问题分析和解决的过程中认识、体验和感悟实验室制取二氧化碳的原理、装置、验证及其相互关系等问题，并将之与实验室制取氧气进行比较和概括抽象，从而形成对实验室制取气体的一般思路和方法的认识。

又如，以“化学实验体系三要素”为统领，“空气里氧气含量测定”实验教学的内容主线及问题设计见表 2。

表2　“实验研究空气中氧气含量”的教学思路

内容主线	驱动性问题	学生认识发展
明确问题	我们知道空气中有氧气，那如何证明空气中含有氧气？如何测定其含量	调用已有知识，能够依据氧气的助燃性用实验证明空气中含有氧气，思考如何测定氧气含量
拉瓦锡测定空气成分实验	拉瓦锡是如何测定空气成分的	从原理、装置、操作等角度，分析和理解拉瓦锡测定空气成分的实验
红磷燃烧法测定空气中氧气含量	你能模仿拉瓦锡实验来测定空气中氧气含量吗	模仿拉瓦锡空气组成实验，按照“化学实验体系三要素”，对用红磷燃烧法测定空气中氧气含量的实验进行分析和设计，体验实验的过程
拓展提升	通过实验研究空气成分的学习，你有哪些收获	初步形成对化学实验体系三要素的认识，总结实验研究空气（气体混合物）成分的原理与方法

3. 让学生经历“手脑并用”的学习活动

学生的学习是通过活动体验来完成的。在教学中，针对学习任务和驱动性问题，需要设计“手脑并用”的多样化活动将具体实验内容背后的大概念外显出来，主要如下。

一是充分发挥实验的作用，根据实验内容特点和学习需要，让学生经历实验、观察、分析、解释、设计简单实验方案等活动，引导学生基于实验事实进行分析、推理并获得相应的结论，利用所学知识对实验现象及结果进行解释和说明，基于设计简单的实验方案来解决实际问题。

二是注重思维方法的启迪，通过分析、比较、总结与概括等思维活动，引导学生将相关知识建立联系，增进学生对“化学实验体系三要素”以及实验方法论的理解，提升学生的认识水平。如在“二氧化碳制取的研究”的教学中，利用学生已经学过实验室制取氧气的知识，启发学生思考需要从哪些方面来考虑实验室制取二氧化碳的问题，由此建立新旧知识的关联，实现知识的迁移；在拓展提升阶段，通过比较实验室制取氧气和二氧化碳，引导学生归纳概括实验室制取气体的一般思路与方法，把学生的思维引向深入。这样的设计，改变了以往关注具体事实识记的教学，重在引导学生建立知识间的关联，形成结构化的知识以及解决问题的思路和方法。

4. 利用结构化板书凸显大概念的思维引领作用

以大概念为统领设计结构化板书，将知识间的内在联系以及分析和解决问题的思维路径外显出来，帮助学生将知识结构化，使结构化的知识转化为分析和解决问题的思路与方法，成为解决相关问题的思维工具。

如以“化学实验体系三要素”为视角来分析“初中化学实验中的压强问题”，大致包括实验原理（物质变化过程）、实验装置（物质变化的发生装置、气压变化的表征或测量装置）、实验操作（操作顺序、装置内气体压强变化的制造或消除）、与气体压强变化相关的实验现象等方面，这些内容相互依存、共为一体，需要整体把握这些内容及其相互关系[8]。在关于“化学实验中的压强问题”的专题复习中，为了帮助学生形成系统化的思考以及能够分析和解决相关问题，教学中按照“分析引起气体压强变化的原因→根据原理和装置来操控液体或气体的流向→拓展提升并运用于解决相关问题”的思路来展开学习任务，随着学习的推进而逐渐形成如图 3 所示的结构化板书，以此帮助学生认识到若要解决化学实验中的气压变化问题，就必须搞清楚化学体系内是什么原因导致压强发生改变、压强改变后导致的流体流动方向以及由此产生的相应现象及其相互关系。

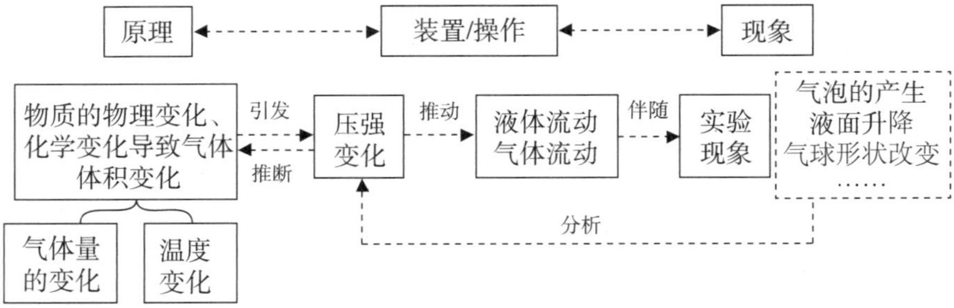

图 3　以大概念为统领的“化学实验中的压强问题”复习教学板书设计

四、结语

以大概念为统领进行化学实验单元教学，要求教师从更大范围进行分析和思考，结合课程内容和学生实际来整体规划学生的发展目标及其具体的课时目标，让教学体现出知识的整体性和学生认识的递进性。只有这样，才能从以往关注具体知识点的碎片化教学转变为关注学生知识结构化、认识思路结构化的教学，才能真正实现学生思维发展、能力提升与知识学习的协调同步。如何提炼大概念、如何以大概念为统领来把握知识间的本质联系，并基于学生认识发展的递进性来开展单元教学，这对教师来说是富有挑战性的研究课题，值得继续深入探讨。

参考文献：

［1］中华人民共和国教育部．普通高中化学课程标准（2017 年版）［S］．北京：人民教育出版社，2017.

［2］邵朝友，崔允漷．指向核心素养的教学方案设计：大观念的视角［J］．全球教育展望，2017（6）：11－19.

［3］崔允漷．如何开展指向学科核心素养的大单元设计［J］．北京教育（普教），2019（2）：11－15.

［4］宋心琦．化学实验教学问题［J］．中学化学教学参考，2011（11）：3－6.

［5］何彩霞．化学观念统领下的知识结构及认识思路——以“物质组成”知识为例［J］．化学教学，2015（8）：10－14.

［6］何彩霞，杨金萍．基于知识本质联系促进学生认识发展的单元教学——以“实验研究物质的组成”为例［J］．教育与装备研究，2019（5）：20－24.

［7］义务教育课程标准实验教科书·化学（九年级上册）［M］．北京：人民教育出版社，2015.

［8］何彩霞，仇永红，余丽蓉．围绕学科本质与思维方法展开复习——以“初中化学实验中的压强问题”为例［J］．教育与装备研究，2016（7）：41－46.

核心素养的达成需要教学的整体规划与设计

——以初中化学学科为例

王　锋①

当前，我国基础教育课程改革走向深入，改革的重点是发展学生核心素养，落实立德树人的根本任务。为此，教学中应充分挖掘教学内容的育人价值，根据高阶目标培养的系统性、内隐性和长期性等特点，对教学进行整体规划与设计，并采取相应的教学策略循序渐进地开展教学，实现以核心素养为导向的课堂教学转型。

整体教学规划设计是指教学过程中对课程整体或某一主题内容开展系统研究，从整体上规划教学目标、实施过程、教学策略及教学评价等。通过整体教学规划设计，教师可以更加明确课程的培养目标，明确教学的实施计划及过程，明确各阶段的实施重点及相应教学策略。当前，对整体教学规划设计的研究更多局限于单元整体备课，而教学是一个复杂的系统，仅从单元开展整体教学规划设计，还不能很好地解决"只见树木不见森林"的问题。因此，整体教学规划设计应从学段课程培养目标方面开展系统的梳理，以明确课程教学重点以及教学策略，规划教学实施过程。整体教学规划设计的重点是明确核心内容，梳理隐性的教学目标，研究各种重要目标的教学关键期及教学策略。本文以初中化学学科及人教版义务教育九年级化学教材为例，探讨如何开展学科整体规划设计，把备课内容从课题拓展到课程的全覆盖，以形成更有针对性的教学规划及教学设计。

一、梳理课程标准中学科核心素养内容

《普通高中化学课程标准（2017 年版）》提出化学学科核心素养内容包括宏观辨识与微观探析、变化观念与平衡思想、证据推理与模型认知、科学探究与创新意识、科学态度与社会责任五个方面。虽然初中化学教学仍在使用《义务教育化学课程标准（2011 年版）》，但化学学科核心素养的思想应该渗

① 王锋，福建省厦门市教育科学研究院化学教研员。

透并成为我们教学的重要指导。整体教学规划设计过程中，可从化学学科核心素养五个方面梳理和整合化学课程内容。这种梳理与原来的三维目标解构课程内容有较大的区别，可按每一个学科核心素养的内涵，对核心知识、基本技能、关键能力、必备品格等进行融合梳理。

以“宏观辨识与微观探析”素养为例，其在初中化学课程中表现为：能从物质的组成认识物质的多样性，并对物质进行简单的分类；能用化学用语表示常见物质的组成及变化，初步认识宏观和微观的相互关系，形成“结构决定性质”观念，说明并解释一些简单的化学问题。

这一素养包含以下课程目标：通过观察能辨识一定条件下物质的形态及变化的宏观现象，初步认识物质及其变化的分类方法；能运用化学式及化学方程式等化学用语表征物质及其变化；能从物质的微观层面理解其组成、结构和性质的联系，初步形成“结构决定性质，性质决定用途”的观念；认识物质的微粒性，初步认识核外电子在化学反应中的作用，能用微粒的观点解释某些常见的现象。

二、明确各种类型核心素养的教学策略

从总体上，核心素养的达成须通过创设真实的情境，让学生参与各种有意义的教学活动，让学生对相应教学内容达到深度学习，从而获得关键能力和必备品格。但不同类型的核心素养有不同的内容特点。如“宏观辨识与微观探析”的核心内涵是建立宏观现象与微观世界的关系，教学过程应突出表征策略，即教学上重视建立“宏观—符号—微观”三维表征，应用符号表征宏观与微观的本质规律；“科学探究与创新意识”的核心内涵是发展学生科学探究能力和创新意识，教学过程应突出探究策略，即教学上应通过实验等实践途径，开展对相关问题的探究，让学生经历科学探究过程，训练学生科学思维方法，发展学生科学探究能力和创新意识；“科学态度与社会责任”的核心内涵是培养科学品质以及树立可持续发展观念，教学过程应突出深度活动体验策略，即教学中通过创设化学史以及 STSE（科学、技术、社会、环境）情境，组织相关的学习活动，让学生通过深度体验，获得情感升华、态度转变，形成价值观。

三、对各种内容进行整体的实施规划

学生在学习过程中，需要借助相关学科基本技能，挖掘相关知识的教学

价值，通过有深度的教学活动，形成关键能力和必备品格。可见，基础知识、基本技能是发展学生核心素养的重要载体，它们仍是教学的重要内容。但是，如果没有学科核心素养的统领，教学中只能就知识教知识，就技能练技能，学生获得的知识和技能是孤立、零碎的，就不会对物质、变化有本质的理解，不能达到对知识之间整体联系的认识，不能较有效地建构化学科学概念，更不能把这些内容有效地融入关键能力及必备品格素养体系。此外，关键能力、必备品格与知识技能相比，是相对隐性的目标，教学中如果一开始没有明确关键能力、必备品格等教学内容，教学就容易迷失在显性的知识的记忆、技能的训练中。因此，教学必须从达成核心素养之关键能力和必备品格出发进行整体教学规划，让学科核心素养统领下位教学内容，更好地发挥教学内容的教育教学功能。

教学内容实施规划要思考如下问题：有哪些具体的内容？这些内容分散在哪些单元课题中？教学的关键是哪些？教学中如何突破这些关键点？下面以“宏观辨识与微观探析”素养为例，简要说明在人教版九年级化学教材中针对这一素养如何实施教学规划。在初中化学课程中，“宏观辨识与微观探析”素养的渗透可以分为四个阶段：第一阶段，从绪言到第二单元的教材内容，学生对宏观物质及其变化获得感性的认识，并从物质组成、分类、性质等概念视角更本质地认识物质及其变化；第二阶段，第三单元的教材内容，学生初步形成微观的概念，从微观视角理解宏观现象，初步建立宏观与微观的关系；第三阶段，第四单元、第五单元的教材内容，建立符号表征，初步学习应用化学符号表示物质的组成及其变化；第四阶段，后续的教材内容，重点内容有溶液、金刚石石墨和 C_{60}、酸碱中和反应及其他元素化合物等，学生在前面三个阶段的基础上，了解物质组成、分类、性质、用途等关系，并能用符号建立起宏观与微观之间的关系。教学中的难点及突破点在于：第二阶段教学内容较为抽象，应采取的教学策略是化抽象为形象，让微观本质与宏观世界建立联系；第四阶段前面教学中的内容容易与后期元素化合物教学中的内容脱节，教学中应充分应用三维表征较好地建立物质组成、分类、性质、用途等关系。

四、开展单元整体备课，梳理由课程到单元、由单元到课题的目标及内容关系

从课程整体开展规划设计解决课程总体内容的顶层规划，把握课程理念，解读课程目标，并对各种类型目标进行实施过程及策略的设计。后续规划设计需以此为依托，重点解决教学目标细化的问题，找到课程目标与教材内容的结合点，找到教学内容与学情的最佳结合点。规划设计过程中，应充分发挥教学单元在整体教学中承上启下的作用，重点梳理由课程到单元、由单元到课题的目标及内容关系。

一方面，梳理课程目标与单元教学的关系。单元整体教学、课题教学中可能融合了各个方面的素养目标，在规划设计中应找到各种素养教学目标的平衡点。在单元整体规划设计过程中，应根据课程整体教学规划要求，明确单元及课题在整体达成核心素养中的作用及阶段性任务，充分分析单元及课题教学内容的特点，找到核心素养阶段性培养重点。最后，结合学情及学生学习难点制定单元教学的最优教学策略。另一方面，梳理单元目标与课题教学的关系。核心素养作为高阶教学目标，很难通过一两个课题的教学达成。在单元规划设计过程中，应根据整体规划设计的素养目标分解和明确每个课题的教学任务。可能有些课题偏重知识技能教学，有些课题偏重方法教学，有些课题偏重情感态度价值观的形成。但是它们作为核心素养的课程，整体单元的具体内容，不是孤立零碎的，而是在整体规划设计过程中被赋予了不同的素养功能指向，为达成高阶目标创造了条件。

下面以“第十单元 酸和碱”为例说明如何开展单元备课。常规教学重点是让学生认识常见酸和碱的性质及用途，进一步构建酸碱盐等无机物知识网络，完成教学内容的结构化。如果站在核心素养统领下的教学整体规划设计视角，这单元除了达成以上教学目标外，还有其特殊的教学价值：在认识酸碱物质的性质过程中，可以较好地强化物质变化观等观念内容；可以挖掘氢氧化钠与二氧化碳、氢氧化钠与稀盐酸实验的探究价值，探究一类没有明确变化现象的物质混合是否发生化学反应，提升学生的探究意识与探究能力。此外，可以从酸和碱的性质出发，让学生深入构建物质组成、分类、性质、用途等关系；可以在氢氧化钠与稀盐酸实验的探究过程中，引导学生从宏观表征反应、符号表征物质及其反应，强化宏观符号表征意识，从而较好地养

成“宏观辨识与微观探析”素养。

五、实施教、学、评一体化规划设计，有效开展教学评价

教学评价在教学中起到重要的诊断、导向作用，教学中应重视发挥教学评价的这些功能，实施教、学、评一体化规划设计，提升核心素养达成质量。整体教学规划设计中，应树立“素养为本”的化学学习评价观，紧紧围绕化学学科核心素养的发展水平和化学学业质量标准来确定化学学习评价目标，注重过程性评价和结果性评价的有机结合，灵活运用活动表现评价、纸笔测验和学习档案评价等多样化的评价方式，倡导学生自评、同伴互评与教师评价相结合，充分发挥评价促进学生化学学科核心素养全面发展的功能。整体规划设计过程中应重视教、学、评一体化规划设计，重点从以下两个方面开展。

第一，过程评价中发挥学案与作业的评价诊断反馈功能。根据整体教学规划要求，把教学目标落实到具体教学中，编制具有评价诊断功能的学案和作业，引导、促进教与学有效落实核心素养目标。在开展基于学案与作业的过程性评价过程中，除了关注学生关键能力的达成情况，还特别关注学生的必备品格以及价值观念形成情况，并能根据学情调整教学计划。以“铁生锈条件的实验探究”为例，简要说明如何通过学案、作业等教学内容引导学生开展相应教学活动。

【案例 1】铁生锈条件的实验探究

●合作探究：（课前探究，一周前完成）

【观察】铁在哪些条件下更容易生锈？

【猜想假设】我猜想：铁生锈需要的条件是__________。

【设计实验】设计实验证明以上“铁生锈的条件”。

【小组交流讨论】展示个人的设计方案，并汇总整合小组的方案，最后形成小组共同的方案。其中，小组讨论中哪些内容是我之前没考虑到的？

（说明：在小组充分讨论后，小组可以阅读教材探究方案，讨论教材的设计意图，但不一定按照教材设计进行探究，鼓励学生按照自己的方案和生活替代品进行探究。）

【实验并收集证据】相关的现象及实验说明（可以自行设计表格记录）。

【结论与解释】相关结论及解释，对实验的反思。

●交流讨论：

实验过程方案、现象及结论。你对铁制品的锈蚀有什么建议？

（先小组交流讨论，后推荐小组代表准备全班发言。教师可选择有代表性的小组进行发言，再进行全班讨论。讨论过程中做适当记录。）

●校本作业：

（1）完成“自行车防锈措施”方案设计，小结防锈原理。

（2）我国的金属资源现状如何？结合自己身边的事例，谈谈如何保护金属资源。

案例简析：依据以上学案内容开展学习活动，在活动中学生通过设计实验、完成探究活动、展示活动以及课外拓展校本作业，能够较好地实现教、学、评一体化教学过程。教师根据学生在学习活动中的表现及活动过程中完成的相关作品，诊断学生达成相关目标的情况；从学生活动表现中了解其态度转变及价值观形成情况，及时发现学生学习中存在的问题，根据学情及时调整教学计划，从而达成高质量教学。

第二，基于“素养立意”命题及测试，开展结果性评价。在阶段性测评及学业评价中，坚持以化学学科核心素养为导向，提升试题质量，充分发挥试题评价及导向作用。再以“铁生锈条件的实验探究”相关内容为例，编制相关纸质测试试题如下。

【案例 2】某研究小组对铁制品锈蚀相关问题进行探究（2018 年厦门市中考化学模拟试题）。

实验一：探究氧气浓度对铁制品锈蚀的影响（图 1）

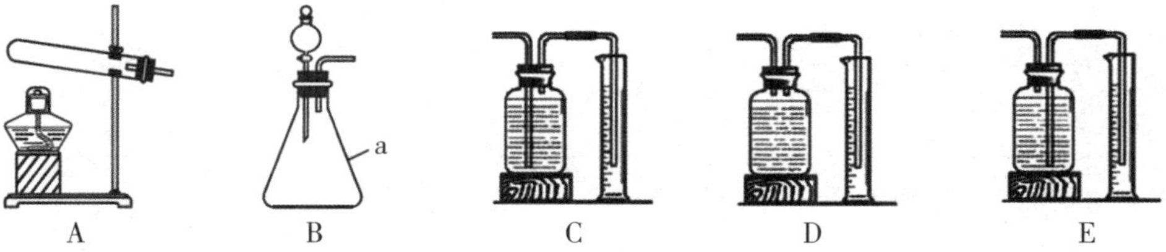

图 1

（1）仪器 a 的名称为__________。

（2）写出实验室用高锰酸钾制取氧气的化学方程式：__________，发生装置应选__________（填装置编号）。

（3）收集氧气浓度不同的混合气体（含氮气和氧气），可用来收集混合气体的装置是__________（填装置编号）。

（4）设计一个实验，探究氧气浓度对铁制品锈蚀快慢的影响，简述实验方案（实验操作步骤、需控制的变量、应观察的现象，可结合图示说明）。

实验二：探究铁锈的成分

若铁锈成分为 $Fe_xO_y \cdot nH_2O$，用图 2 所示装置（夹持仪器已省略）进行实验（每步反应和吸收均完全）。$Fe_xO_y \cdot nH_2O$ 受热容易分解产生水蒸气。无水硫酸铜能吸收水而变蓝，碱石灰既能吸收水也能吸收 CO_2。

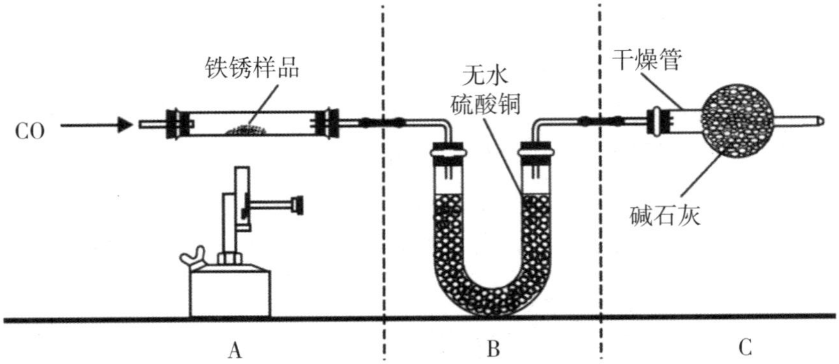

图 2

（5）指出图 2 所示实验装置的一个明显缺陷：____________________。

（6）加热前，先通 CO 气体一段时间，目的是____________________。

（7）为确定铁锈组成，将铁锈样品加热，样品逐渐变黑，无水硫酸铜逐渐变蓝，实验过程测得以下数据（忽略装置内残留的水蒸气）：

	铁锈样品的质量/g	装置 A 的质量（不包括喷灯的质量）/g	装置 B 的质量/g
反应前	23.2	258.1	232.4
反应后		246.1	239.6

根据以上数据计算该铁锈样品中含 Fe 元素质量为__________，n 的值为__________。

案例简析：试题以学生熟悉的铁制品锈蚀为情境，以锈蚀原理为核心内容，以“探究氧气浓度对铁制品锈蚀的影响”“探究铁锈的成分”等问题重点考查学生的“科学探究与创新意识”素养，较好地体现了核心素养命题的“素养”“情境”“问题”和“知识”四要素，较好地考查了学生在实际情境中解决问题的能力和学生相关核心素养水平。

总之，核心素养的达成需要从课程到课时进行系统的学科整体规划设计，让高阶目标“显性化”；让教师明确每单元、每课题课时对于实现高阶目标的作用和明确具体的阶段性任务，进而采用最优教学策略，让教学更具有针对性。只有让一线教师真正实现从课程整体高度设计教学，特别是从课程整体高度指导学生完成促进其素养提升的学习活动，才能真正实现核心素养落地，更好地实现立德树人的教育任务。

第三节　其他学科的大概念和大单元

议题视角下的单元教学设计初探

——以普通高中思想政治统编教材必修一第一课为例

王　悦[①]

随着课程改革的深化和普通高中思想政治统编教材（以下简称“新教材”）的使用，高中思想政治课堂一课一框的传统教学模式受到了挑战。在有限的时空下，如何呈现给学生结构化、系统化、具有内在关联的课程，成为所有一线思想政治学科教师思考的问题。以单元为单位进行单元整体设计，立足课程视角，聚焦学科核心素养，将课程标准中的课程目标逐步分解，将教材内容重新整合并进行结构化、系统化处理，有利于有效解决此问题。

一、单元教学设计实施的必要性

（一）基于新教材改革的理念需要

在以往的教学中，教师常常注重将课本的知识讲完，偏重课时教学，忽略了结构化的知识整合与系统化的教学。如果仅仅从课时教材内容的学习出发，并由此思考教学目标、重难点，知识教学就容易碎片化。而单元教学是从系统论的角度出发，从单元的视角将教材内容进行重新整合，因此，此部分的课时内容并非教材既定的一“目”或一“框”的内容，但这部分内容一定是整个单元教学中与其他内容环环相扣的一课，这样的设计更注重学生对学科知识的整体建构以及系统掌握。

（二）基于现实教学情况

自 2019 年 9 月起，普通高中的思想政治、语文、历史学科在全国部分省市率先开始使用新教材。就高中思想政治学科的教学内容而言，整个高中阶段，要完成必修课程 4 本书，共 6 学分；选择性必修课程 3 本书，共 6 学分；

① 王悦，上海师范大学附属中学闵行分校教师，一级教师。

以及选修课程三门。其中，高一上半学期要完成 2 本书的教学，分别为必修 1《中国特色社会主义》与必修 2《经济与社会》；必修 1 包括 4 课 9 框 21 目与 2 个探究内容，必修 2 包括 4 课 8 框 16 目与 2 个探究内容。若按照“一目一课时”来安排教学，每个探究内容按 1 课时安排，则完成必修 1 和必修 2 的教学任务需要 41 课时，而高一思想政治课按照一周 2 课时来安排，一学期的有效教学时间为 15 周，一学期共 30 课时左右。如何在 30 课时的时间里完成 41 课时的教学内容？难度非常大。教师需要在授课过程中，根据实际教学情况，进行单元教学设计的重构与整合，而不是继续沿用传统的“一目一课时”的授课模式，因为传统授课模式已经无法满足教师完成既定教学目标的需求。

二、单元教学设计的关键环节

高中思想政治学科的单元是依据学科课程标准和教学基本要求，围绕着内容主题、热点专题、探究问题以及社会实践学习活动等，选择相应的学习材料，进行结构化组织的学习单位。[1]高中思想政治学科单元教学设计表现为一种注重从整体上把握事物联系的课程设计与实施方法，注重设计的标准化、整体性与发展性，是对学科课程发展基本问题的系统思考与整体行动方案的设计，也是对中学政治学科课程如何实施的一种思想方法和操作规格的表述。[1]由此看来，针对单元教学的设计，教师可以根据相关的标准，结合学情，设计有组织、系统性的学习单位。在进行单元教学设计时，单元规划、基于议题式的单元教学活动设计、单元作业设计、单元评价设计、单元资源设计等关键环节必不可少。

（一）单元规划

在单元规划过程中，首先要研读课程标准与教材，感悟教材本身是如何划分课程模块与单元主题的，理解教材所划分的课程模块的逻辑，但要注意不能仅仅局限于教材所划分的单元。随后，从“单元”角度出发，梳理单元主要内容、单元逻辑链，参考学科标准要求等级，并结合班情、学情等制定单元教学目标，划分专题学习内容。

下面以新教材必修 1《中国特色社会主义》“第一课社会主义从空想到科学、从理论到实践的发展”为例具体说明。

首先，研读教材以及课程标准，明确本单元主要是“回看我们走过的道路”，帮助我们弄清楚“我们从哪里来，我们现在在哪里，我们将往哪里去；

人类社会发展的总趋势是什么，人类社会发展总趋势的规律又是如何；科学社会主义是如何从空想到科学、从理论到实践发展的”等内容。教师需要引导学生通过探究这些问题，深化对人类社会发展规律的认识，坚定社会主义必胜的信念。据此，根据本单元内容，梳理出“是什么—为什么—怎么样”的单元逻辑，具体表现为：

“是什么”——人类社会发展的总趋势是什么？每个国家的发展路径都是按照这个轨迹进行的吗？

“为什么”——人类社会发展的趋势是由什么规律决定的？

“怎么样”——社会主义从空想到科学、从理论到实践经历了怎么样的过程？在教、学、评一体的新课程理念下，学业质量水平标准应该作为单元规划时需要考虑的一个重要方面。教师只有深刻理解了，才能更好地开展教学。以第一课为例，分类梳理出不同内容对应的学业质量水平等级（表1）。

表1

水平	质量描述
水平一	描述原始社会和奴隶社会生产力、生产关系的特点；描述封建制生产关系和资本主义生产关系的特点；了解资产阶级革命的原因、口号和结果；了解工人阶级作为独立政治力量登上历史舞台的标志；知道科学社会主义的创立者；描述社会主义生产关系的特点
水平二	阐释原始社会解体的原因；理解阶级的含义，能够辨认与阶级相关的社会现象；正确认识奴隶社会的两大对立阶级和主要矛盾；正确认识封建社会和资本主义社会的主要矛盾；阐释资本主义经济危机的成因和主要表现；正确认识当代资本主义社会基本矛盾的表现；阐明科学社会主义的思想来源和产生的历史前提；理解唯物史观和剩余价值学说是科学社会主义的理论基石；叙述《共产党宣言》的主要内容；阐明十月革命的历史意义
水平三	分析奴隶社会代替原始社会的历史进步性；分析封建社会和资本主义社会的历史进步性与局限性；分析空想社会主义产生的历史条件和局限性；概述社会主义从一国实践到多国实践的历史轨迹
水平四	辨析各种错误思潮，阐明人类社会发展的历史趋势

研读课程标准、教材是单元规划的第一步，如何进行单元规划，要依据学情的差异进行个性化处理。以笔者所教的学生为例。笔者所任教的学校属于上海市实验示范性学校，总体来说，学生层次较高。在知识上，他们对一些重大历史事件或热点时政事件均有了解，部分学生还能精准地将内容表述出来，但缺乏系统的政治学科素养的训练与视角。在方法上，学生不喜欢照

本宣科的灌输式讲解与机械记忆，他们更喜欢挑战深度思维。在情感态度价值观上，大部分学生具有一定的道路自信、理论自信、制度自信、文化自信，但也受到当下价值观多元取向的影响。基于此，教学上更要注重对学生情感的激发，引导其坚定社会主义必胜的信念。

由此，根据课程标准、教材与学情，确定单元目标为：结合相应史实材料情境，能够归纳原始社会与封建制、奴隶制、资本主义制度下的生产力与生产关系；理解生产力与生产关系、经济基础与上层建筑如何相互发生作用，以及两者之间的矛盾运动；懂得生产力与生产关系、经济基础与上层建筑的矛盾运动是推动社会发展的根本动力，深化对人类社会发展规律的认识，培养科学精神，坚定社会主义必胜的信念。

最后是划分专题。按照教材本身的逻辑，必修一第一课是由 2 框 5 目内容构成的。但是基于地区、学情等差异，在具体的教学过程中，并非一课一框或者一课一目，而是在单元视野下，围绕基本的学科问题与逻辑展开。笔者基于所教学生的情况，将第一课划分为：人类社会发展的一般进程、理解人类社会发展进程的一般规律、看待资本主义的兴与衰、科学社会主义的理论与实践、探究历史进程中的统一性和多样性五个专题，一个专题为一课时。

（二）基于议题式的单元教学活动设计

《普通高中思想政治课程标准（2017 年版）》中，提出要构建以培育思想政治学科核心素养为主导的活动型学科课程。而教学设计能否反映活动型学科课程实施的思路，关键在于确定开展活动的议题。[2] 因此，在设计教学活动时，还需要设计相关议题。下面以新教材必修一第一课的五大专题内容为例，具体说明基于议题式的单元教学活动设计。

在专题一“人类社会发展的一般进程”中，围绕中心议题“人类社会发展的一般趋势是什么样的”开展学习探究活动。如通过网络或实地参观博物馆，收集并展示人类社会发展不同阶段的生产工具的资料；小组交流五种社会形态中各自典型的生产工具代表，比较不同阶段的生产力发展水平；列举相应史实，推出不同社会形态下人与人之间的关系等。专题一是整个单元的第一课时，具有统领作用，引导学生在宏观视野下厘清人类社会发展进程的五种形态，理解不同社会形态的特征。

在专题二“理解人类社会发展进程的一般规律”中，围绕中心议题“怎样揭示人类社会发展的奥秘”展开思考，并搭建系列化的小议题，如“阶级与国家是如何产生的”“原始社会、奴隶社会、封建社会、资本主义社会是如何形成与发展的”“奴隶社会代替原始社会是历史的进步还是退步（评判依据）”“生产力与生产关系，经济基础与上层建筑之间有着什么样的关系”等，从而引导学生思考，破解中心议题。学生基于议题，开展对应的学习活动，如基于相关情境绘制表格；讨论不同社会形态下的生产力、生产关系、经济基础、上层建筑、主要阶级矛盾的表现；思考生产力与生产关系、经济基础与上层建筑之间的关系；列举实例，反映不同社会形态的更替，证实生产关系是否适应生产力发展是衡量社会进步的标准等。

本专题的学习活动设计指向小议题，通过小议题的层层推进最终破解大议题，使学生能够厘清五种社会形态下的生产力与生产关系、经济基础与上层建筑，并阐释它们之间的矛盾运动关系，揭示生产力与生产关系的矛盾运动是社会发展的根本动力。

在专题三“看待资本主义的兴与衰”中，围绕中心议题“如何看待资本主义的兴衰”开展学习活动，如评析当代资本主义的发展困境、交流分享资本主义社会的经济危机、归纳表现形式等。学生通过小组合作完成生产力与生产关系的矛盾运动的结构图，并解释说明资本主义经济危机的直接原因与根本原因，根据生产力与生产关系矛盾运动图，预测资本主义社会发展趋势等。

专题三是基于整个单元规划的子单元，因此在进行专题三教学的时候，教师要注意把握的重点不是资本主义的兴与衰，而是如何看待资本主义的兴衰，引导学生通过查找相关资料，探究资本主义社会基本矛盾的表现，理解资本主义基本矛盾是生产力与生产关系的矛盾在资本主义社会的体现，评析当代资本主义的发展困境，明确资本主义终究要被社会主义所取代。

在专题四“科学社会主义的理论与实践”中，围绕中心议题“如何理解社会主义从空想到科学、从理论到实践的过程”开展学习活动。如结合相应情境，思考小议题“空想社会主义为什么是空想的”；通过了解马克思的故事，朗诵《共产党宣言》文本，思考小议题“科学社会主义为什么科学”；通过回顾苏联解体的过程，比较当时的中国状态，思考小议题“东欧剧变、苏联解体是否意味着科学社会主义的失败”等，引导学生在了解名人的故事中，理解空想社会主义产生的历史局限性；通过阅读名著，分享对科学社会主义理论的憧憬，理解科学社会主义的内涵；通过苏联解体，进行价值辨析，真正认同社会主义代替资本主义是不可逆转的。

在专题五“探究历史进程中的统一性和多样性”中，围绕中心议题“不同国家、地区的历史各具特色是否违背社会发展的一般进程”开展学习活动，如以小组为单位进行实践活动，探究不同国家的发展道路以及社会制度、基本国情、发展程度差异、地理环境、文化因素等对社会发展道路的影响，并交流汇报。学生通过探究不同国家的发展路径，理解人类历史进程中的统一性和多样性。

（三）单元作业、评价、资源设计

思想政治学科单元作业是依据单元教学目标、课时目标和学生实际情况，设计一系列学习任务集合。[1]而作业的类型，除了常规的习题之外，教师更应该布置一些多样性的、实践活动类的作业。比如，在“科学社会主义的理论与实践”一课中，可以布置学生观看节目《马克思是对的》，阅读《共产党宣言》原著，交流读书笔记，设计情景剧“马克思与‘00后’”等。又比如，在探究“人类社会发展的一般进程”与“探究历史进程中的统一性和多样性”的课程教学中，需要设计相关的课外实践活动作业。此外，在设计单元作业时，考虑到学生的课业压力较大，在作业的设计上要尽可能有趣，因材施教，或者设置一些不同类型（如“必做题”与“选做题”）的作业，以满足不同层次学生的需求。

思想政治学科的单元评价设计是依据单元教学目标，围绕学生思想品德和思想政治素质的变化发展，观察学生的单元学习过程，是对学生掌握和运用学科相关知识的水平与能力，及其相应的态度与价值观表现做出的判断，是为促进学生转变学习方式，提高思想品德和思想政治素质，促进教师改进教学，提高教育质量服务的活动。[1]在单元评价设计上，注重学生的书面作业很重要，但同时还要兼顾学生的过程性作业、学生的课外活动作业、学生学习状态的转变、学生课堂学科思维的成长过程等方面。

教学资源是指在教学过程中，有利于实现教学目标、优化教学活动、提升教学品质的一切可利用要素的总和。[1]教学资源的种类繁多，尤其是在当今大数据与“互联网＋”时代，教师可能并不缺资源，但是缺乏针对议题式教学的典型资源，以及对各种资源的整合能力。

以“社会主义从空想到科学、从理论到实践的发展”这一单元为例进行作业设计，具体如表2所示。

表 2

单元	专题	单元作业	单元评价	单元资源
社会主义从空想到科学、从理论到实践的发展	专题一：（实践活动探究）人类社会发展的一般进程	人类发展史图片、资料的分组收集及展示	1. 书面作业： （1）教师从作业的正确率及完成作业的态度方面给予相应的等第评价 （2）教师从逻辑性、表达性等角度给予个性化评价 2. 实践活动课外作业：设计相关表格，领取相关任务；组内评价、个人评价、教师评价相结合 3. 实践活动课堂交流展示：设计相关评价表格，从学科逻辑、作业态度、语言变现力等维度进行组内、组外评价	1. 社会发展简史内容 2. 图书馆书籍资源（如《人类简史》《反杜林论》《共产党宣言》等） 3. 博物馆资源 4. 网络资源 5. 视频资源《马克思是对的》五集
	专题二：理解人类社会发展进程的一般规律	1. 书面试题作业 2. 用生产力与生产关系结构图演示两者的关系 3.（选做）用生产力与生产关系结构图演示人类社会发展进程		
	专题三：看待资本主义的兴与衰	1. 书面试题作业 2. 收集当今资本主义发展所面临的困境与挑战的资料		
	专题四：科学社会主义的理论与实践	1. 书面试题作业 2. 观看视频节目《马克思是对的》第四集；阅读《共产党宣言》，写心得体会，交流分享		
	专题五：探究历史进程中的统一性和多样性	查找相关资料，选取你所感兴趣的一个国家，从地理环境、文化因素、基本国情等角度探究该国家的发展路径		

单元教学设计没有统一的标准与模式，教师可以根据课程标准、学科基本要求、学情、实际有效教学时间，对教材进行系统性、结构化、个性化的处理。而不管哪种单元教学设计，最终都是基于学科核心素养，指向的都是学习者系统化地理解知识以及知识之间的内在逻辑关联。

参考文献：

[1] 上海市教育委员会教学研究室编著. 中学思想品德和思想政治·单元教学设计指南[M]. 北京：人民教育出版社，2018.
[2] 中华人民共和国教育部. 普通高中思想政治课程标准（2017 年版）[S]. 北京：人民教育出版社，2018.

学科任务导向型评价体系引领下的大概念教学

——以思想政治学科为例

邹寅斐①

思想政治学科任务导向型评价体系围绕思想政治学业水平考试命题的框架，“以学科任务导向为标志，由关键行为表现、学科任务、评价情境和学科内容四个基本维度构成，目的在于有效测试思想政治学科核心素养的真实发展水平”[1]。整合化或结构化的学科内容是形成和培育学科核心素养的基础，学生只有具备系统化、结构化的学科知识，才能深刻理解特定的情境，形成解决问题的思路，完成任务。[1]《普通高中课程方案（2017年版）》中提出，要“重视以学科大概念为核心，使课程内容结构化”。这里的“课程内容”即学科任务导向型评价体系的“学科内容”。大概念是指处于学科中心，具有高度统摄学科知识和持久迁移价值的核心概念、原则、理论、观点和方法，是学科本质和核心知识。大概念位居学科知识中心地带，有极大的吸附能力，能将相关的知识统摄进来，使学科内容系统化、结构化。

推动大概念教学，教师要聚焦学科大概念，以大概念为“车辖”，整合零散的学科知识、技能和方法，使学科内容变成结构化的系统学科知识、技能和思维方式。参照学科任务导向型评价体系，大概念教学需将知识、情境、任务和表现有机融为一体，即教师要从现实世界中提取丰富的学习材料和设计情境化的活动任务，帮助学生参与活动任务，通过描述、阐释、阐明、论证、辨析、评价、预测等探索学科大概念，把握学科本质和学科知识之间的内在联系，生成独有的学科思维，在活动体验中形成持久的价值观、必备品格和关键能力。

一、大概念教学与学科任务导向型评价体系的关系

（一）大概念与学科任务

在思想政治学科任务导向型评价体系中，学科任务是引领，基本的学科

① 邹寅斐，广东省广州市南沙第一中学，一级教师。

任务类别有“描述与分类，解释与论证，预测与选择，辨析与评价”[2]，分别对应“是什么”“为什么”“怎样做”和“应该怎样做”。后两项指向一致，都是解决“怎样做”的问题，不同的是，“预测与选择”是从实践角度回答，而“辨析与评价”是从认识、应然的角度探讨怎样做。大概念既是各种条理清晰的关系的核心，又是使事实更容易理解和有用的一个概念锚点。[3]大概念是整体性的知识理解和应用，也涵盖了“是什么”“为什么”和“怎样做”的问题，能有效对接四项基本学科任务。

（二）大概念教学与四个基本维度

学科任务导向型评价体系的评价情境、学科内容、学科任务和关键行为表现四个要素，在大概念教学的要素中表现为反映现实世界的真实情境、以大概念为核心的学科内容、真实性挑战的活动任务和参与活动任务的行为表现。如果没有情境做背景和平台，没有活动任务做牵引，没有参与活动任务的主体学习行为，大概念中潜在的意义就不能转化为现实的意义，这不仅无法激发学生的学习动机、实现对知识的理解和迁移，也无法培养学生的学科核心素养。推动大概念教学，教师可以把可迁移的学科内容与来自真实情境、问题搭建的具体活动任务融为一体，在学生运用学科知识内容完成情境带来的活动任务过程中，观测评估学生外显的关键行为表现，反馈学生学习情况，及时调整教学策略，提高学生学科核心素养发展水平。

二、对接学科任务导向型评价体系的大概念教学策略

（一）根据学科任务，以大概念为核心组织学习内容

以大概念为核心组织学习内容，可根据学科任务的四种类别建构学科知识结构。以大概念“物质和意识的辩证关系”为例，具体如表1所示。

表1　依据学科任务构建的“物质和意识的辩证关系”知识结构

学科任务	学科大概念：物质和意识的辩证关系
描述与分类（是什么）	物质决定意识，意识对物质具有能动作用
解释与论证（为什么）	1. 世界的本原是物质，意识是物质派生的 2. 意识具有目的性、自觉选择性和能动创造性
预测与选择（怎样做）	一切从实际出发，实事求是
辨析与评价（应该怎样做）	坚持辩证唯物主义观点

以统编教材必修4《哲学与文化》第一单元第一课和第二课为例。第一课从哲学的共性问题讲起，探讨哲学是什么、哲学的基本问题、马克思主义哲学是科学的世界观与方法论。但为什么马克思主义哲学的辩证唯物主义是科学的，只有学习完第二课“探究世界的本质”才能揭开谜底。学生只有在理解了物质和意识的辩证关系“是什么”和“为什么”的问题后，才能进一步理解“怎样做”和“应该怎样做”。在学生没有“物质”和“意识”概念储备下，进行“怎样做”和“应该怎样做”的学习有违学生的认知逻辑。意义学习过程的本质在于将符号表示的新观念与学习者的原有知识建立起一种非任意的、实质性的联系。[4]教学内容是教材内容的“教学化”，教师要在充分理解和把握学科逻辑和教材主线的基础上，遵循学生学习活动的心理逻辑，以大概念为核心重构教学内容，使教学内容“心理化”，从而转化为适合学生学习的内容。例如，打破单元界限，系统串联散乱分布于各处的知识，重整知识结构，从解决“为什么世界的本原是物质”“意识是如何产生的”两个基本问题入手，从时间的先后关系上解释“物质决定意识”，由此深入探究物质和意识的辩证关系，再由“物质和意识的辩证关系”串联“唯物主义和唯心主义”“马克思主义哲学”等核心概念，如图1所示。

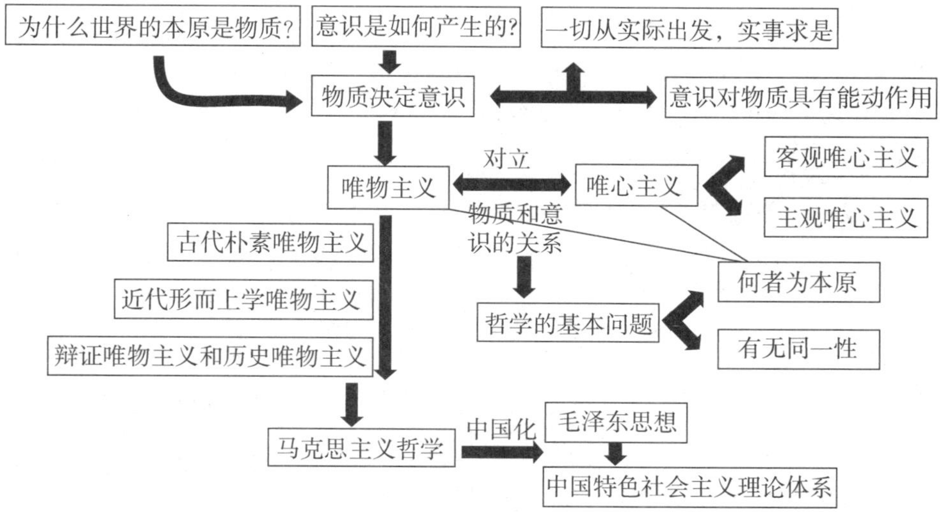

图1 “物质和意识的辩证关系”大概念相关知识结构体系

大概念教学不仅能让学生整体理解系统化的学科知识，而且有利于学生将学科观点和方法整合进自己的认知体系，在培养科学精神的同时为信仰、坚持和运用马克思主义打下坚实的基础。

（二）根据学科任务导向型评价体系，设计以大概念为引领的真实性挑战任务

真实性挑战任务是以源于现实世界的真实情境为背景和载体的探究性活动任务。大概念教学依附于学科探究活动：如果没有探究体验的过程，知识不能在学习过程中被探讨、论证、辨析、生成，无法在新的不特定情境中被迁移应用，知识就不能被真正理解。当然，学科探究活动也离不开大概念：没有大概念导航的探究活动容易失去方向。大概念让知识有意义地连接，组成结构化的知识体系，并能为知识节点增加进入情境、解构情境的“附着点”，从而有助于学生在面对新知时迅速搜索同类型应用情境，对材料进行分解、剖析，最终运用结构化知识重新“拼装”，完成学科任务。

例如，在“社会主义市场经济”大概念的引领下，设计统编教材必修2《经济与社会》第二课第一框“使市场在资源配置中起决定性作用”的教学探究活动——以“小口罩、大市场”为议题，依托“市场机制、市场体系和市场缺陷”的教学内容创设序列化情境，设置真实性挑战任务。

课堂第一个环节设置辨别资源配置方式的“描述与分类”任务：疫情蔓延，众多企业介入口罩市场和政府委托医药公司提供线上预约口罩服务，说说它们分别是资源配置的哪一种手段。

课堂第二个环节设置阐释市场运作机制的“解释与论证”任务：依托“邻居老李想转行做口罩打探市场行情”的情境，让学生思考为什么口罩市场能迅速发展起来，市场是怎样配置资源的；依托“口罩市场竞争激烈，企业竞相研发新口罩机”的情境，让学生结合材料说出市场配置资源的优点。在前两个活动任务完成之后，进一步追问“为什么要使市场在资源配置中起决定性作用”。

课堂第三个环节设置评析建设高标准市场体系必要性的“辨析与评价”任务：以“一元口罩事件”为背景，提出问题——你认为市监管局该罚吗？请学生谈谈自己的看法。

课堂第四个环节设置结合市场缺陷选择转行或不转行的“预测与选择”任务：依托“老李左右为难”的情境，让学生根据市场的变化试着说服他转行或不转行。

学生独立思考、合作探究、交流分享，完成挑战任务，在分类、分析、阐释、评析、论证、预测和选择的行为表现中学习与建构学科知识。本课知识内容在“社会主义市场经济”大概念的统整下呈现结构化特点（图2）。

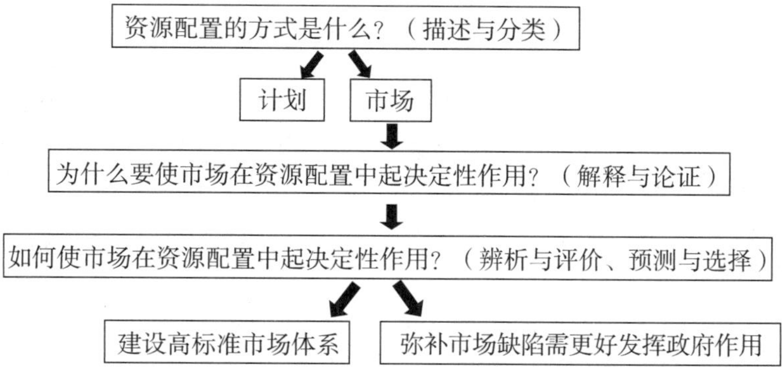

图2　“使市场在资源配置中起决定性作用”知识点结构

学科任务导向型评价体系的四个维度以学科核心素养为最终指向，以此设置的真实挑战任务能提升学生的学科核心素养。学生观察口罩市场，辨别资源配置方式，分析总结市场运行机制，理解市场配置资源的优势，评析市场体系的必要性，理性评估市场风险，说出市场局限，预测市场前景，做出创新性的方案选择。这样的探究任务锻炼和提高了学生对市场的分析力、判断力和预见力，增强了学生参与市场经济的能力，同时使学生更加理解和认同坚持社会主义市场经济和完善社会主义市场经济体系的深刻意义，有助于培养政治认同、科学精神、公共参与的学科核心素养。

（三）根据学生关键行为表现，调整大概念教学

根据学科任务导向型评价体系设计大概念教学，应充分发挥该评价体系对课堂教学的评价作用，用好课堂过程性评价，观测评估学生在完成真实性挑战任务过程中表现出来的关键行为，及时调整课堂教学，提升教学效果。仍然以“使市场在资源配置中起决定性作用”一课为例，具体内容如表2所示。

表2　学生关键行为表现与教学策略调整对应表

学科任务	真实性挑战任务	学生关键行为表现	课堂教学策略调整
描述与分类	指出两种情形分别是资源配置的哪一种手段	经过自主学习能准确说出企业介入是市场手段、预约口罩是计划手段	任务难度较低，鼓励学生勇于说出自己的判断

续表

学科任务	真实性挑战任务	学生关键行为表现	课堂教学策略调整
解释与论证	活动一：为什么口罩市场能迅速发展起来？你能看出市场是怎样配置资源的吗 活动二：你能结合口罩企业竞相研发新口罩机，说出市场配置资源的优点吗 追问环节：为什么要使市场在资源配置中起决定性作用	学生根据情境材料能回答供不应求、价格上涨使口罩市场迅速发展，进而说出价格和供求引导资源配置 学生能说出市场推动技术进步，提高资源配置效率，但没有提到竞争的诱因，因果论证过程不完整，只答出能更好地配置资源，不能完整解释和论证	学生顺利完成，为了让学生更全面地认识资源的流动变化，继续让学生分析如果口罩市场过于饱和，供过于求、价格下跌，资源会从口罩市场流出 在活动中提示学生注意是什么原因推动资源优化配置，完善观点，优化答案 引导学生归纳市场通过价格、供求和竞争三大机制实现资源优化配置，提醒学生关注事物之间的相互关系
辨析与评价	针对“一元口罩事件”，你认为市监管局该罚吗？谈谈你的看法	学生敢于表明立场观点，能综合学科知识建立评价标准，并据此积极评析，最后分成两派不同意见。一派认为不该罚，因为建设现代市场体系要完善主要由市场决定价格的机制，一元口罩已经是良心价；另一派认为市场应加强监管	学生能运用学科知识分析和解决真实情境问题，帮助学生完善不同观点的理由，运用多个维度进行辨析、辩护与辩驳，准确表达评价结论。补充活动任务未涉及的建设高标准市场体系的举措。引导学生阐明市场体系对市场发挥决定性作用的意义
预测与选择	老李左右为难，你能根据市场的变化试着说服他转行或不转行吗	学生能调用部分学科知识，预测市场的实际变化，选择一致的方案，论证转行（不转行）的合理性，比较口语化	肯定选择转行学生的预测分析有一定的合理性，提醒学生将非学科的描述性语言转换成学科语言。对能结合市场缺陷分析选择不转行的学生表示赞赏。指出要弥补市场缺陷需要更好地发挥政府作用

观测评估学生参与真实性挑战任务的关键行为表现，据此及时调整教学策略，有助于学生理解知识、锤炼思维、提高能力，更有助于培育和提升学生的学科核心素养。教学策略调整后，学生能更全面地认识和理解市场机制、市场体系和市场缺陷，做出正确的价值判断和经济行为决策，提升政治认同、科学精神、公共参与的学科核心素养。

综上所述，以学科任务导向型评价体系为引领，推动大概念教学的实施，在过程中注重观测学生参与活动任务的行为表现，评估教学效果，及时调整教学，有效突破重难点，必将有助于使学科知识内容转化为学生的学科核心素养。

参考文献：

[1] 梁侠，李晓东. 新版课程标准解析与教学指导（高中思想政治）[M]. 北京：北京师范大学出版社，2019.

[2] 韩震，朱明光. 普通高中思想政治课程标准（2017年版）解读 [M]. 北京：高等教育出版社，2018.

[3] 格兰特·威金斯，杰伊·麦克泰格. 追求理解的教学设计 [M]. 闫寒冰，宋雪莲，赖平，译. 上海：华东师范大学出版社，2017.

[4] 戴维·保罗·奥苏贝尔. 意义学习新论——获得与保持知识的认知观 [M]. 毛伟，译. 杭州：浙江教育出版社，2018.

《中外历史纲要》上册第一单元教学问题及对策

张逸红①

《普通高中历史课程标准（2017 年版）》（以下简称《历史课程标准》）在前言部分明确指出，本次修订的主要变化，一是凝练了学科核心素养，明确了学生学习该学科课程后应达成的正确价值观念、必备品格和关键能力；二是更新了教学内容，以学科大概念为核心，使课程内容结构化，以主题为引领，使课程内容情境化。[1]依据课程标准编写的普通高中历史教材，必修《中外历史纲要（上）》《中外历史纲要（下）》、选择性必修 1《国家制度与社会治理》、选择性必修 2《经济与社会生活》、选择性必修 3《文化交流与传播》以及《史学入门》《史料阅读》等，加在一起构成了高中历史课程的学科体系 1，它们是培育学生历史学科核心素养的重要载体。

2019 年秋季，北京市等 6 个省市在全国率先使用普通高中历史必修教材《中外历史纲要（上）》《中外历史纲要（下）》（以下简称“新教材”）。为准确把握一线教师使用新教材的情况，笔者以北京市西城区为主，深入教学现场，采取听课和访谈的形式，搜集了涉及北京多个区的 16 所学校、20 节现场课和 4 个交流案例。同时，结合 2019 年 9 月笔者对北京市西城区全体高一历史教师进行的问卷调查（涉及示范校和普通校共 34 所，各年龄段的教师共 55 位）结果，基于调查发现的教师在新教材使用中存在的一些问题，探究问题产生的根源，并尝试提出相应的对策。

一、教学中存在的典型问题

通过整理调查问卷、课堂观察和课后访谈记录发现，多数历史教师还未能及时跟上教学内容更新带来的变化，无论是理念还是实践，与《历史课程标准》所提出的“以学科大概念为核心，使课程内容结构化，以主题为引领，使课程内容情境化”的要求还有较大的差距。

---

① 张逸红，北京市西城区教育研修学院历史教研员。

（一）难以抓住学科大概念，教学内容取舍不当

笔者每到一所学校，几乎都能听到同一句话："内容太多了，课时不够用，根本讲不完。"从调查数据来看，80%的教师认为教学的最大困难在于课时不够用，51%的教师认为"不知内容如何取舍"，这二者其实密切相关。造成这种问题的主要原因是教师在教学实践中不能围绕主题取舍内容，节外生枝占用了过多时间。以第3课"秦统一多民族封建国家的建立"为例，主要有以下几种表现。

表现一：新课导入节外生枝。有位教师出示孟子见梁襄王的故事：……问曰："天下恶乎定？"对曰："定于一。"又问："孰能一之？"对曰："不嗜杀人者能一之。"教师提出的问题是："孟子的预言实现了吗？"从战国末期社会发展的历史大趋势导入，强调"定于一"即可，对于后者"孰能一之？""不嗜杀人者能一之"的引导明显偏离了主题。

表现二：不需补充细节之处徒增负担。在讲授秦统一的过程时，5位教师都是出示地图，或自己讲述，或指导学生概述秦灭六国的先后顺序。而对比初、高中教材就会发现，初中教材写道："秦国军队势如破竹，先后攻灭韩、赵、魏、楚、燕、齐六国。"高中教材写道："秦国采取远交近攻战略，分化瓦解，各个击破，相继灭掉东方六国。"高中教材减少枝节，不强调灭六国的先后顺序，但重点强调"远交近攻"的战略。

表现三：习惯性地将君主专制与中央集权连用，分散精力；课堂板书表述为"君主专制中央集权制度"。分析皇帝制度和三公九卿制度时，均凸显君主专制，而对于树立最高权威、保证从中央到地方政令畅通等巩固统一的作用强调得不够。

表现四：关于秦始皇的人物评价没有重点突出"巩固统一"的一面。有两位教师先提供《琅琊刻石》《过秦论》《贞观政要》和钱穆的《国史大纲》等材料，然后提出思考题：为何以上材料对秦始皇评价不同？谈谈你对秦始皇的认识和评价。此类设计用于旧课程的选修教材《中外历史人物评说》是较合理可行的，但用在新课程的必修教材《中外历史纲要》，从秦朝建立统一多民族国家的主题看，就冲淡主题了。

综合分析以上几种课堂问题，其产生的根源在于教师一时还难以抓住单元的核心概念（大概念）。高中必修课程中，中国古代史部分的学科大概念是"统一多民族国家的发展"，秦汉两课的课程标准要求落在"认识统一多民族

封建国家的建立及巩固在中国历史上的意义”上。[1]“史料阅读”栏目中“历代对秦始皇统一和秦制给予高度评价”有着鲜明的引导性，所提供材料也分别对应统一六国、颁行法律、实行郡县制等史实。但遗憾的是，一些教师忽略了教材的编写意图与重点价值导向，按照自己的想法和习惯去组织教学，难怪会出现“讲不完”的情况。

（二）肢解结构化课程内容，内容要素之间缺少必要的联系

1. 肢解结构化课程内容

数据显示，对于新教材，教师最为欣赏之处是引入史学研究新成果，表示认同的教师比例高达67%。史学研究新成果不仅包括更新旧知识，还包括出于课程内容结构化的需要而补充进来的新知识。对于“通史+专题”的体例，也有54.55%的教师表示认同，认为其突出了历史学科时序性的特点，便于教学，且单元划分清晰，主线、重点突出。但调研发现，部分教师课程内容结构化的意识还较为淡薄，教学中体现在对第2课“诸侯纷争与变法运动”的处理上。主要有两种表现：

表现一：大部分教师将思想文化放到下一课另行讲述，把第一、二子目政治、经济的变化和变法运动当作一个整体进行教学设计。加强中华优秀传统文化教育确实是高中历史课程突出的主题，但是从本课4个子目之间的关系来看，第一子目“列国纷争与华夏认同”反映当时政治格局的巨大变化；第二子目“经济发展与变法运动”，说明经济发展是基础；第三子目“孔子与老子”与第四子目“社会变革与百家争鸣”可以合并为“春秋战国时期的学术思想”，是社会大变革在意识形态上的反映。三个方面的变化构成一个整体，体现出课程内容的完整结构，教材这样的结构设计有助于让学生综合感受政治、经济、思想文化之间的密切关系，培养唯物史观。

表现二：政治经济的变动与变法之间的关系把握不当。例如，某位教师花了一多半时间用于教学第一子目“列国纷争与华夏认同”，仅用小部分时间讲第二子目的农业和工商业，下课时间就到了，最后给学生留下“综合探究作业：根据所学，说明商鞅变法的措施是如何反映历史发展的趋势，并影响后世的”。授课教师较好地区分了初高中教学的区别，设计的探究活动也抓住了本课重点，但问题在于课堂实施时在某一处挖掘过深，而没有将大部分时间交给学生用于探讨重点问题。

《历史课程标准》要求：“通过了解春秋战国时期的经济发展与政治变动，

理解战国时期变法运动的必然性。”[1]理解变法的必然性应置于春秋战国时期政治变动、经济发展的大背景下去认识。[2]可见，本课重点不是在于了解各种变动，而是结合变动理解变法的必然性。教材对应“列国纷争与华夏认同”一目的“学习聚焦”指出了把握政治变化的角度和程度：一是周天子“天下共主”的地位丧失后，诸侯纷争；二是各民族进一步交融，华夏族发展壮大。对应“经济发展与变法运动”一目则指出“变法成为潮流”。思想学术方面，法家成为战国时期受到重用的流派，法家思想成为商鞅变法的指导思想。本课的立意在于让学生既看到变动是变法的背景，又通过具体的变法内容认识到变法最终推动了社会转型，帮助学生把握历史发展的大趋势。

2. 正文与辅栏、各课内容之间，必修课与选择性必修课之间缺少必要的联系

新教材精心设计的辅助栏目深受一线教师的欢迎，其中使用频率如表 1 所示，使用最多的是“史料阅读”栏目，其次是单元导言。约 85% 的教师用一整节课、约 10% 的教师用半节课上导言课，基本都呈现了高中历史课程的结构。但在听课中发现，部分教师在必修课程正文与辅栏、各课内容之间，必修课与选择性必修课之间未能建立起必要的联系。

表 1 新教材中相关栏目的使用频率（多选题）

选项	比例
A. 单元导言	56.36%
B. 学习聚焦	36.36%
C. 历史纵横	40%
D. 思考点	40%
E. 学思之窗	34.55%
F. 史料阅读	70.91%
G. 探究与拓展	20%

问题集中反映在第 3 课对“编制户籍”这一内容的处理上。作为国家治理的基本模式之一，秦朝建立并不断完善的户籍制度为后世所沿用，其重要性不言而喻。此前虽有文献记载，但有关户籍档案的实物并未得见。2002 年湖南龙山县里耶古城出土了秦简 38000 多枚，为当时迁陵县的官府档案文书，其中包括部分秦代户籍简文，这引起了学术界广泛关注，并于 2019 年在中国

国家博物馆展出。新成果及时出现在高中历史教材中，并配以《里耶秦简户籍簿》插图和释文，但听课中发现，教师对此的教学处理过于简单，有的教师甚至没有提及。

其实，新教材对此设计是十分用心的：第一，插图秦简上的文字可佐证“统一文字”的措施；第二，户籍簿释文包含丰富的历史信息，如户籍登记的单位是“户”，秦朝基层组织“里”负责管理民众等；第三，紧扣主题，赋役制度是维护国家机器运转的重要手段，编制户籍作为征发赋役的依据，直接起到巩固统一的作用；第四，为学习本册书第二单元中的“隋唐时期的赋税制度创新”、选择性必修 1《国家制度与社会治理》的“中国古代的户籍制度”奠定了基础。

（三）一些教师知识更新不及时，沿用旧提法，忽略新知识

对于新教材，教师最为欣赏之处是引入史学研究新成果，但是关注到这一点不等于在教学实践中就会自觉地更新和完善自身的知识结构。通过课堂观察发现以下几种典型错误。

表现一：第 1 课中，对于中华文明的产生与早期国家之间的关系理解不到位，个别教师仍将夏作为第一个国家来讲，而不以距今约 5000 年前出现的一批古国作为标志。教材在两段话中分别叙述“在北方辽河上游有红山文化，长江下游有良渚文化。它们都出土了精美的玉器，并且出现较大规模的祭坛和神庙”（大汶口文化和良渚文化等），考古发现这时私有制已经产生，阶级分化日益明显。良渚文化于 2019 年被列入世界文化遗产名录，“中华文明五千年”，中国存在多处遗址证据，但以良渚最具代表性。[3] 因为缺乏相应的知识储备，教学中教师往往一句带过，忽略了对学生进行文化自信、加强历史与现实联系的极好教育机会，非常可惜。

表现二：第 3 课中仍将“焚书坑儒”这一内容归入巩固统一的措施，而不是“暴政”。现行普通高中统编历史教材已将此内容放在“秦的暴政”一目中，初中教材在“相关史事”栏目中讲述：“秦始皇为禁锢人们的思想言论……史称‘焚书坑儒’”；《中外历史纲要（上）》更是用正文进行记叙，并明确指出：焚书坑儒在中国历史上产生了十分恶劣的影响。所听 5 次课中，除一位刚教过初中的青年教师外，其余 4 位教师都按巩固统一的措施讲，这是教师传统认识根深蒂固、知识更新不及时的表现。

表现三：第 4 课中教师最易忽略的是西汉政府“对东南沿海和西南少数

民族地区的治理”，尤其是对东南沿海的治理，涉及对学生海权意识的培养。建议补充必要的相关史实，如中国最早发现、命名和开发利用南海诸岛及相关海域，最早并持续、和平、有效地对南海诸岛及相关海域行使主权和管辖权，秦汉时南海已成为当时重要的海上航路等。

综合以上表现可见，在实际教学中，部分教师对新内容、新观点视而不见，舍新用旧的问题比较严重。因此，加强教师与教材编者之间的对话，通过各种形式的培训及时更新知识，加强集体备课等尤显重要。

（四）缺乏对教材权威性的重视和对学情的关注

数据显示，教师使用最多的是“史料阅读”栏目，但只有 12.7% 的教师使用教材的史料，60% 的教师除了用教材的史料外还自行补充 1 ~2 则新史料，25.5% 的教师补充 3 ~5 则新史料。关于使用的方式，近 90% 的教师能融入课堂教学活动中，不到 10% 的教师让学生课下阅读，个别教师不用教材的史料而自己找新史料。依据学情补充恰当资料是可行的，但是首先要用好教材，否则就会过犹不及。有位教师在讲述第 1 课的“商和西周”这一子目时，补充了 5 则史料，教学设计如下。

1. 教学目标：了解商和西周的政治制度，通过文献与实物互证，培养史料实证的思维。

2. 教学过程：

（1）提供利簋和康侯簋的铭文、《史记》和《甲骨文合集》等五则资料。

（2）设计了六个问题：从材料中能读取哪些信息？反映出商代内外服制度下的什么义务？指出其中两则材料的史料类型；史料主要讲述了哪一历史事件？通过史料能看出西周在地方管理方面实行什么制度？你认为这两则材料对历史研究有哪些价值？

从课堂观察看，教师虽花了许多时间解释材料，但学生仍表示难以理解；学生读不懂材料因此无法展开讨论，整节课基本是教师的“一言堂”。精心设计的一课为何取得的教学效果不尽如人意？

关于本课内容，《历史课程标准》中是这样要求的：“通过甲骨文、青铜铭文及其他文献记载，了解私有制、阶级和早期国家的特征。”[1] 教师制订的教学目标包含了必备知识和核心素养，表述较到位，了解史料的类型和价值也是高一学生应达到的水平。但授课教师不经意说出的“学生阅读水平低、读不懂”恰恰点出了问题所在：选用的材料和设计的问题脱离了学情。调查显示，73%的教师认为“学生差距较大，部分学生基础较差”是高一教学的最大困难。高中历史新教材的亮点在于：一方面贯彻了历史学科五个核心素养，并将之融入历史史实的叙述中；另一方面教材的正文、辅助栏目、活动课等与历史学科核心素养的培育建立了有机的内在联系。因此，在正确历史观指导下编写的教材，不仅是学生学习的范本，也是学生掌握史料实证、历史解释的正确方法和路径样本。

如讲到商朝历史，教材正文部分叙述道：“考古学家在河南安阳一带发现殷墟遗址，遗址出土大批刻有文字的龟甲、兽骨。”这是提示甲骨文证实殷商历史，中国历史从此进入信史时期，此后史学研究基本以文献记载为主、考古成果为辅。

二、解决问题的对策建议

通过对教师在第一单元教学中存在问题的分析，笔者发现，它不是教材使用的单一问题，而是涉及课程目标、教材体例与结构、教学内容、教师专业素养等方面的综合性问题，因此需要长期关注、合力研究。直面问题探讨对策，避开类似的误区，建议从以下几方面入手。

（一）认真研读课程标准，明确教学的任务和重点

《历史课程标准》是指导高中历史教学的纲领性文件，其对必修模块每个专题的内容叙述，基本上是要求通过知识运用对历史的重要问题进行认识。例如“秦汉大一统国家的建立与巩固”这一专题，要求“通过了解秦朝的统一业绩和汉朝削藩、开疆拓土、尊崇儒术等举措，认识统一多民族封建国家的建立及巩固在中国历史上的意义；通过了解秦汉时期的社会矛盾和农民起义，认识秦朝崩溃和两汉衰亡的原因”。其中，“秦朝的统一业绩”“汉朝削藩、开疆拓土、尊崇儒术等举措”“秦汉时期的社会矛盾和农民起义”等是初中已学内容，而高中的学习重点在于“认识统一多民族封建国家的建立及巩固在中国历史上的意义”“认识秦朝崩溃和两汉衰亡的原因”。可见，我们的教学任务和重点，应定位在学生对历史问题的认识上，如特征、局面、变化、原因、意义、影响等。

（二）努力着眼单元整体设计，强干弱枝，循序渐进

面对新教材使用带来的挑战，进行单元教学整体设计并在课堂中落实是有效的解决途径。新教材的编写体例是“点—线—面”相结合，“点”是历

史事件、人物、现象等；“线”是历史发展的基本线索；“面”是对相对较长时段的历史，以专题形式论述和概括。“点—线—面”分别对应“目—课—单元”。教材在排列讲述重要的知识“点”时，都是根据历史的纵向发展和横向发展这两条纵横交错的“线”来安排的，而“面”也是在重要的“点”和基本的“线”的基础上呈现的相对完整的知识结构。

从认识历史的角度上看，只有将相关史事联系在一起进行考察，才能搞清历史的真实面貌。从学习历史的角度上讲，只有将相关的历史知识联系在一起，才能建构起较系统的知识体系。高中历史教学尤其要加强联系，即加强必修课与选择性必修课之间、必修课每一单元之间、课题之间、子目之间的联系与沟通。如第一单元中，从秦国的角度看，串联起“西周分封制—诸侯纷争中秦穆公称霸西戎—战国时期秦国变法崛起—经济发展中的都江堰—秦统一六国”；从民族关系的发展看，串联起“炎黄联盟—华夏认同—汉族形成”；从文字演变的角度看，串联起“早期甲骨文—青铜铭文—秦统一小篆”等。

（三）结合学情，突出重点和主线，优化教学环节

在单元设计思想主导下，第一单元围绕“统一多民族国家的建立和巩固”的主题，突出对学生进行国家主权、海洋权益等方面的爱国主义教育。在教学中可采取以下几个策略：

一是突出疆域四至。第3课依托教材的叙述进行简化：“秦朝又征服了南方越族地区，加强了对云、贵一带的控制。在北方，秦朝击退了游牧民族匈奴的进攻。”高中教材关于疆域四至的描述稍显复杂，可以采用初中教材中的叙述：“东至东海（包括现在的东海和黄海），西到陇西，北至长城一带，南达南海。”

二是强调中央设置的地方管理机构。教学第3课时，引导学生观看《秦朝形势图》，整体感知秦设置的郡，指导学生找出家乡所在郡的古今地名，拉近学生与历史的距离；教学第4课时，结合地图讲授西汉政府在河西走廊设立的酒泉、武威、张掖、敦煌四郡，以及公元前60年设置管理西域的军政机构——西域都护府。

三是肯定重要历史人物对于统一多民族国家的贡献。关于秦始皇和汉武帝，首选的评价角度是统一多民族国家的建立和巩固；讲张骞出使西域，突出其“凿空”之意义；讲“光武中兴”，强调光武帝针对西汉末年的种种社会问题采取的有效措施，继续巩固大一统国家；讲司马迁撰写《史记》，“网罗天下放失旧闻，考之行事”“通古今之变”，从一定程度上也起到了加强民族国家认同的作用。

综上所述，新教材使用时间不长，范围也有限，但是调研发现的问题具有一定的典型性和代表性，这可能是今后理论和实践探索的主方向，督促我们反思自身的教材培训和课堂教学，更好地理解和把握新教材，发挥历史教育立德树人、培育学生核心素养的作用。

参考文献：

[1] 中华人民共和国教育部. 普通高中历史课程标准（2017 年版）[S]. 北京：人民教育出版社，2018.

[2] 徐蓝，朱汉国.《普通高中历史课程标准（2017 年版）》解读 [M]. 北京：高等教育出版社，2018.

[3] 秦岭. 良渚的故事（上）[N]. 光明日报，2019-07-07.

核心素养本位下的美术教学探索

——以高中山水画大单元教学设计为例

孙 芳①

《普通高中美术新课程标准（2017 年版）》提出“以美术学科核心素养的培养统整课程内容、学习方法、评价方式、教科书编写和教学资源开发等”要求[1]，这对基层教师来说，是非常艰巨而富有挑战性的任务，也是改革的趋势。笔者结合现有的教学资源，以新课程理念为指导，实践探索核心素养下的美术大单元教学。以下选取高中山水画教学内容，力图从课程设置、教学方式、评价机制三个层面体现、落实与渗透美术学科五大核心素养，从课程建立的维度、教与学观念的转变以及评价任务与量规开发设计三个方面进行相关的探究与论述。

一、课程设置体现核心素养

以往，高中美术课通常是一课一练，只培养某一方面的美术素养，如鉴赏课关注“图像识读”，技法课关注“美术表现”，彼此孤立，缺乏关联。为改变这样的状况，教师需要从宏观角度审视教材，分析教材之间、教学之间的内在关联，从优化教材结构角度出发，对教材内容进行重新组合，从而有效落实美术学科的五大核心素养。

（一）“多个维度”重构课程

根据上海师范大学王大根教授对核心素养的解读，学生的美术学习过程应该经历像“美术家一样创作的过程”，体验各种美术活动，在完成自己作品的同时全面提升美术学科核心素养。也就是要经历主题、欣赏、技法、构思、创作、展评这样“多维度立体式”的学习过程（图 1）。

于是，笔者通过借鉴学习该思维导图，结合山水画课程特点，确定了课程框架（图 2），主题为“卧游之境——向古人学山水”，设计了与图 1 思维导图所对应的五个小单元。第一单元为“鉴赏名作，初识山水”，重点围绕

① 孙芳，浙江省嘉兴市海盐县元济高级中学美术教师。

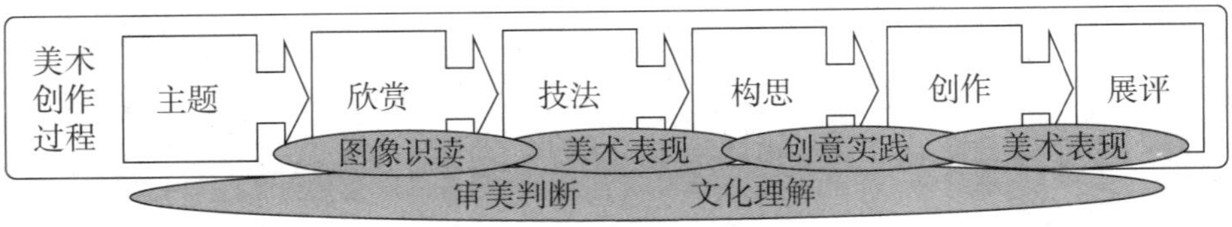

图 1 “多维度立体式”的学习过程

“图像识读”“审美判断”“文化理解”三个核心素养进行山水画鉴赏方法的设计与编排；第二单元为“借鉴经典，学习技法”，承接上一单元的文化认知，从笔墨技法层面提升山水画的“美术表现”“审美判断”“文化理解”等核心素养；第三单元为“筛选素材，构思构图”，在山水画的欣赏与技法基础上，逐步建立起独立的文化思考，培养“创意实践”“审美判断”“文化理解”等核心素养；第四单元为“运用技法，动手创作”，试图将前期的山水画学习转化为实践成果，提升“美术表现”“创意实践”“审美判断”“文化理解”等核心素养；第五单元为“回顾总结，评价反思”，回顾整个山水画课程的学习，再次围绕五个学科核心素养进行思考提升。以上，笔者通过“多维度”的山水画课程设计，将美术五大核心素养有目的地分布其中，互为依存，彼此联系，从而在课程建构上充分体现核心素养本位。

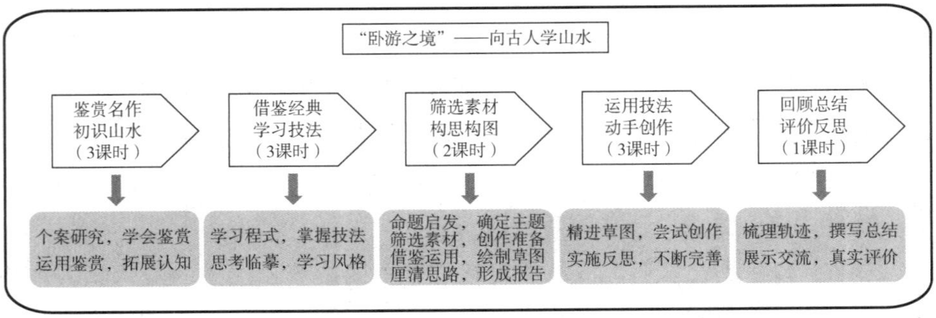

图 2 “多维度立体式”课程框架示例

（二）“问题驱动”链接课程

伽达默尔曾说过：“我们可以将每一个陈述都当作是对某个问题的反应或回答，而要理解这个陈述，唯一的办法就是抓住这个陈述所要回答的那个问题。”因此，该山水画课程设计主要围绕一个基本问题和五个小问题来驱动学习。[2]

如图 3 所示，课程的基本问题为“古代文人为什么喜爱画山水”，这是一个涉及中国古典美学、史学、哲学的综合性问题，需要依托各个小问题来分

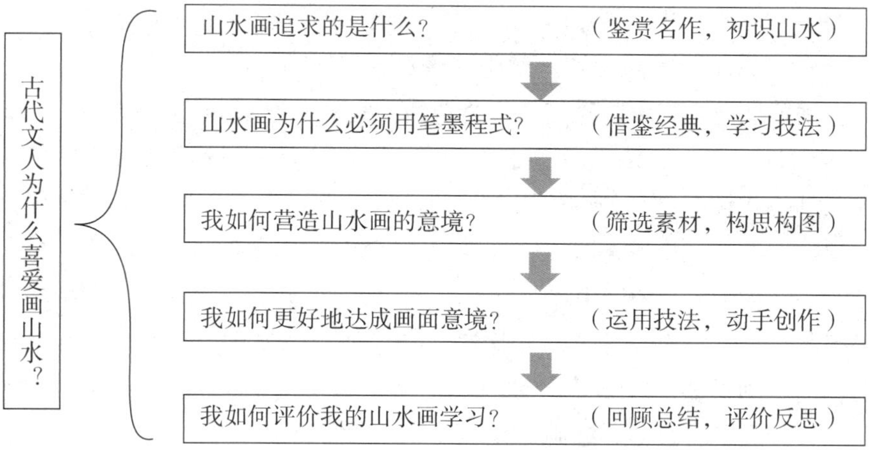

图 3 以问题设置驱动学习

层探究：第一个小问题是“山水画追求的是什么”，从知识层面，对山水画的观看方式、言语表达、文化传统、美学精神等做一个概要性的赏析探究，开始逐步走进山水画；第二个小问题是“山水画为什么必须用笔墨程式”，从技能层面，针对山水画的工具与笔墨语言展开临摹探究，学习笔墨风格，感受笔墨趣味，这是研究山水画；第三个小问题是“我如何营造山水画的意境”，从构思层面，模拟古人的创作思维，与古人进行神交，揣摩山水画创作的奥妙，这属于解析山水画；第四个小问题是“我如何更好地达成画面意境”，从创作层面，运用第二层次的技法去完善创作，真正成为古人的知音，这可以算是理解山水画；第五个小问题是“我如何评价我的山水画学习”，从评价层面，反思山水画的学习，对课程学习形成真实的评价与总结，这可以说是领悟山水画。由此可见，每一阶段的学习都有一个思考和关注的核心问题，以此建立起山水画的知识链接，并在不同阶段促进学生对课程基本问题的持续理解，形成深度学习，进而真正成为核心素养本位的课程。

二、教学方式落实核心素养

在传统的教学方式中，教师是知识的传授者，是课堂的主导者，学生是知识的接受者，是受支配者，这样的方式往往会造成学生只知其然而不知其所以然的“虚假学习”。若要从教学方式上真正落实核心素养，就必须改变这种传统教与学的方式，教师要以“授之以渔”的方式为学生规划出合理的学习路径和方法，成为学生学习旅途中的引路人。学生则养成主动发现、主动探究的学习习惯，在“做中学”和“学以用”的过程中逐步走向“真学习”。

（一）设计“学习工具”，教师“变教为导”

在许多优秀教案中，我们经常会看到一些“学习工具”，主要包括“任务单”“学习单”“评价表”等，这些其实就是围绕教学目标为学生量身定做的辅导工具，并且都具有各自的引导功能。以“学习单”为例，它在教学过程中发挥着方法引导作用，所以往往要根据不同美术种类设计针对性较强的指导方法。如表1“‘中国山水画鉴赏’学习单”，该学习单在设计时结合山水画的鉴赏特点，将古代著名的“谢赫六法”融入基本的鉴赏方法之中，使其更适合山水画的鉴赏，这样的“学习工具”才能更有效地引导学生的学习。因此，只有为各阶段精心定制出具有针对性的简明“学习工具”，才能真正称得上是“授之以渔”，也更符合当下核心素养本位的要求。

表1 “中国山水画鉴赏”学习单

方法	主导问题	具体要求
描述	作品整体形式及笔墨感受如何	尺幅形式（长卷、立轴等） 山水造型（整体气势与感受） 风格样貌（写意灵动、细腻精致等）
分析	作品如何表达意境	骨法用笔（皴法） 应物象形（人、动物、建筑等形态描绘） 随类赋彩（墨色或颜色） 经营位置（高远、深远、平远）（虚实疏密构图） 位移模写（技法的继承与发展） 气韵生动（以上技法组合所传达出的艺术境界）
解释	作品的文化和艺术价值是什么	社会背景（历代山水画有不同的时代特征和风格） 文化影响（儒释道文化） 艺术思潮（如宋徽宗提倡“格物致知”的美学思想） 作者生平（人生经历等）
评价	你喜欢这样的作品吗？说说个人观点	历史角度 文化角度 艺术角度 其他角度

在设计出有效的“学习工具”后，教师“教”的观念就发生了变化，再也不是“我讲你听”的模式，而是一种导学模式。以山水画大单元教学为例，第一单元，教师先根据“中国山水画鉴赏任务单”来明确学习任务，并要求学生选出鉴赏作品；再根据“中国山水画鉴赏学习单”引导学生自主探究学习。在相关探究活动中，教师以引导为原则适当“介入”，助其解决一些赏析

难题以优化鉴赏；最后根据“山水画鉴赏评价量规”引导学生梳理鉴赏成果，形成书面的鉴赏报告。在第二单元中，教师根据“山水画技法要求表”和“山水画技法评价量规”，结合教师示范，分步、分层引导学生临摹与思考笔墨技法。在第三单元中，教师首先给出“山水画创作任务单”，也就是“真实性学习任务”，然后提供步骤清晰的“山水画草图设计学习单”和“山水画草图评价量规”，有效引导与落实草图绘制，形成创作思路报告。在第四单元中，教师根据“山水画创作要求表”和“山水画创作评价量规”引导学生完成创作。在第五单元中，教师还根据“总结要求表”和“展评标准”引导学生撰写总结报告，并展示交流。通过以上描述应该不难看出，这种导学的方式更符合研究式教学，师生间是一种互助合作关系，更注重学习的体验过程，从而更能发挥学生的主观能动性，激发学生潜能，促进美术核心素养的养成。

（二）学生“做中学”，主动建构认知

当教师改变了传统“教”的模式，那么学生的“学”当然也不再是一味地听讲，他需要根据教师的一系列新举措做出相应的改变。

以山水画单元中的名作鉴赏课为例，学生要在各种探究活动中完成自己的学习。首先，通过观看原大高清复制品实物展览，结合任务单提示，学生充分感受与领略山水画的艺术魅力，强调自己的视觉体验，主动提升艺术感知能力，而不是依赖教师的讲述去了解这件作品的魅力。其次，通过上网查找资料，结合学习单，按照描述、分析、解释、评价的分类，搜索与该名作相关的信息，注重收集与整理资源的过程，提升信息的筛选整合能力，而不是等着教师直接将知识呈现出来。再次，针对赏析中遇到的知识盲点与难点，先通过小组合作讨论试图解决，再结合教师的总结提升形成自己的见地。在这一过程中，学生既要注重自己的发现，也要擅于倾听与交流，从而提升合作探究能力。最后，通过撰写鉴赏报告，结合“评价量规”的指标，完成赏析，真正学会山水画的赏读。以上设计便是学生“做中学”的体现，笔者采用“教师留白，学生留痕”的教学策略，将学习经历归还学生，在丰富多样的学习活动中建构认知，使学习变得主动而充满灵性，从而让核心素养真正落到实处。

三、评价机制渗透核心素养

长期以来，我们对评价的认识往往存在误区，通常认为评价是凌驾于教学之上的，属于教学之后的一个环节，因此容易将其孤立，使其功能的发挥

受到极大的限制。而随着新的课程改革的推进，教学—学习—评价逐渐被看成三位一体的关系，[3]即“教—学—评一致性”，评价与教学、学习紧密交织在一起，互相制约，互相影响，从而建立起有效的评价机制，使学生在评价机制中获得更多的学习动力。

（一）嵌入“真实性”评价任务

任何学习都不是一蹴而就的，在学习过程中，需要嵌入一系列阶段性的评价任务（即学习任务）去考量学习成效与学习进度，当然这些评价任务必须要与相应的教学目标相匹配，在一个目标一个目标有序地推进中，逐步完成每个目标的评价任务，这样的评价才算得上“真实”评价。

举例来说，山水画课程的总任务是“向古人学山水”，如果我们的评价任务只是到课程结束时完成一幅山水画，那么不仅评价方式单一，也无法体现出学生各阶段的学习表现，从而失去评价的真实意义。因此，教师针对每一单元学习目标设计对应的评价任务：第一单元的主要目标是锻炼学生的山水画鉴赏能力，学会赏读山水画，因此任务是真实记录探究过程，做好鉴赏笔记，并完成一份800字左右的鉴赏报告，以此真实地反映学生鉴赏学习的情况；第二单元的主要目标是熟悉山水画的笔墨语言与风格程式，掌握山水画的基本表现技法，因此任务是练习临摹《芥子园画传》中的山石竹木、水波烟云图稿，并临摹一幅喜爱的山水名作，以此真实地反应笔墨技法与风格的学习情况；第三单元的主要目标是设计出带有主题意境的山水画草图，因此教师给出了能联系真实生活感受的任务——为你自己的书房创作一幅山水游记小品，要求体现你的游记感受与心境，并通过“借鉴式”创作的方式完成草图设计，形成思路报告；第四单元的主要目标是完善山水画的创作，要求学生把笔墨的运用与画面主题的表现发挥到最佳状态，因此任务是出色完成山水画创作；第五单元的主要目标是回顾总结，加深对山水画课程的理解，所以任务是梳理各单元学习工具及学习成果，撰写总结报告，形成学习档案袋，交流反思。这些评价任务被穿插在不同阶段的学习过程中，用以调控教和学的整体进程，使学生更清楚地了解与掌握自己的学习情况，更好地发挥自己的学习力。

（二）细化“可操作”评价指标

对于表现性任务，只有依据一定的指标（即评价量规）才能客观评判学生达成目标的表现、在达标过程中的位置以及目前位置与目标之间的差距等。[3]就美术学科而言，学生的图像识读需要评价量规，课堂上学生的美术表现与创意实践也需要一定的标准，这样才能有层次地诊断学情，有区别地指导学生，有目标地进行后续教学。

为避免“有评无价”的现象，教师在山水画大单元中参考评价量规的模板设计开发出了层次分明且具体化的评价量规。如表 2 所示“山水画鉴赏评价量规”，此表的评价等级根据任务达成的预估情况共分为五个层次，并给出相应的分值参考，且每一个层次都围绕单元学习目标制定出了描述性的评价标准明细。由此学生便可以根据这个评价量规清楚地知道自己应该努力的方向，以及如何才能达到高标准的要求；教师也可以对学生撰写的鉴赏报告做出公平合理的量化评价，使评价行为真正纳入可操控的范围之内，为核心素养的落实提供有力的保障。

表 2　山水画鉴赏评价量规

得分	作品鉴赏评价标准	最高得分	10
0	你没有达到以下任何细则所描述的标准		
1～3	你描述了这件作品的整体形式和初步的笔墨感受；你知道画家和各种社会因素会对作品产生影响；仅仅表达对这件作品的喜爱与否		
4～6	你描述了这件作品的整体形式和初步的笔墨感受；你看到画家运用一些技法语言；你知道画家生平会对作品产生影响；能简单地评价这件作品		
7～8	你描述了这件山水画作品的整体形式及所产生的笔墨感受；你分析了画家所运用到的山水画语言要素对作品效果的影响；你解释了画家个人和主要社会因素对作品的影响；你能考虑到“古代文人为什么喜爱画山水”“山水画追求的是什么”，能较全面地评价该作品，并说出自己的观点		
9～10	你充分地描述了这件山水画作品的整体形式及所产生的笔墨感受；你分析了画家是如何运用“谢赫六法”的品评要素营造出作品的意境；你解释了画家个人和各种社会因素对其作品产生的影响；你能联系“古代文人为什么喜爱画山水”“山水画追求的是什么”，从历史、文化、艺术的角度有见地地评价该作品，并阐明自己的观点和理由		
评语			

参考文献：

［1］中华人民共和国教育部．普通高中美术课程标准（2017 年版）［S］．北京：人民教育出版社，2018．

［2］王大根．美术教案设计［M］．上海：上海人民美术出版社，2007．

［3］杨向东，崔允漷．课堂评价：促进学生的学习和发展［M］．上海：华东师范大学出版社，2012．

大单元教学设计初探

——以体育课程为例

潘建芬[1]

单元教学设计，其上与课程设置、教学思想有关，下与教学方法、教学模式有关，横向与教学目标、教材研究、教学评价有关，对于深化当前教学改革、提高教学质量有着重要意义。大单元教学设计就是从优化教材结构和通盘设计着手，宏观审视教材完整的贯穿过程，发现教材之间、教学之间相互关系和互为补充的内在关联，运用系统的整体原理编排教材，沟通教材之间的联系，超越常规课和小单元设计，使每个单元不光有教学“点”的设计，还有教学重点“面”的设计，更有贯穿学期、年级、水平或学段的大单元“线”的设计。教师需要站在更高的视角，对教材内容进行重新集中再组合、再分配，以加强教学的整体性、系统性和有效性。

一、体育大单元教学设计的现实依据

大单元教学设计是单元教学设计的突破和升级，是大体育观和大体育教学思想的具体体现，也是落实党中央、国务院加强学校体育工作的内容载体。其延伸与发展是时代发展的需要，符合学校体育改革的要求，也符合健身育人的要求，有着政策层面的现实依据。

（一）实现学校体育三位一体目标的改革要求

2013 年，教育部列出七项国家重点扶持的体育项目，同时也是大校园教育运动项目，并将依托田径、游泳、体操、足球、篮球、排球和武术七个体育项目，实现学校体育提高学生健康水平、提高学生运动技能、培养学生健全人格的三位一体目标，加快体育改革的步伐。这与体育课程促进学生在运动能力、健康行为、体育品德三方面核心素养的获得和全面发展一致。而在大力发展这些基础大项、团队项目或国粹项目，形成大校园教育运动项目的过程中，如果没有课程内容的科学安排，没有专项运动学习练习的系统连贯，

---

① 潘建芬，北京教育学院体育与艺术教育学院教师，副教授。

没有大单元教学的整体构建，将难以达成其三位一体的目标和实现大校园教育运动项目。借助于大单元的教学，才有可能使学生对体育课要实现的三位一体目标和核心素养有更丰富、更深刻的体验，对“体育”“运动”“身体”“集体”等形成更全面、更科学的认识。

（二）形成“一校一品”“一校多品”教学模式的政策要求

2012 年，国务院办公厅转发教育部等部门《关于进一步加强学校体育工作若干意见的通知》提出，要求“每个学生学会至少两项终身受益的体育锻炼项目，养成良好体育锻炼习惯和健康生活方式”。2016 年，《国务院办公厅关于强化学校体育促进学生身心健康全面发展的意见》（以下简称《意见》）提出：研究制定运动项目教学指南，让学生熟练掌握一至两项运动技能，逐步形成“一校一品”“一校多品”教学模式，努力提高体育教学质量。学生要学会至少两项终身受益的体育锻炼项目、学校要形成一校一品或多品教学模式，需要体育教学完善课程内容、构建课程内容进阶升级的衔接体系和制订运动项目大单元教学设计。

（三）推动学校体育教学改革发展的重要突破口

《意见》在“完善体育课程”一项中提出建立大中小学体育课程衔接体系，工作目标之一是到 2020 年教学、训练与竞赛体系基本完备，体育教学质量明显提高。中小学体育课程衔接和完备课程的载体，不会仅是课标，不会仅是教材，也不会仅是国家学生体质健康测试和体育考试要求，应该是将课标、教材、学生和考试进行综合分析后构建的大单元，大单元教学将是构建课程体系，创新体育活动内容、方式和载体的突破口，是改变体育教师对体育内在规律和教学过程研究的核心，是提高教学有效性的关键。

二、体育大单元教学设计的理论依据

大单元教学就是在落实政策要求和改革发展的基础上，把提高学生的综合素养、为学生终身体育学习打基础作为教学的宗旨，不仅注重在体育教学中完成知识技能的传授和能力的培养，更注重教学的大视野和整体性，推动学校体育改革发展，促进学生身心健康、体魄强健。

（一）符合运动技能学习和形成的规律

体育课程的目的就是锻炼青少年的身体，学习用于健身和娱乐的运动技能，利用体育的教材特性优化青少年的品行，[1]学习和掌握运动技能是体育课

程的核心目标和主线。体育动作技能形成是指学生对某一体育动作由不会到会，由初步会到会得臻于完善的过程。[2]因此，根据运动技能形成的初学形成、改进提高、巩固、自动化的阶段特征，要让学生掌握动作技能和专项运动技能，需要连锁的、系统的、可持续的大单元教学。

（二）运用系统论的整体原理

亚里士多德曾指出：整体大于各孤立部分的总和，部分的量变会引起整体的质变。学校体育目标、体育教学过程、体育教学内容都是一个有机整体。运用系统的整体原理编排教材、整体备课、组织教学，可以使每本教材、每个单元的技术点、知识点和渗透点不再零散，而是从全局、全面的视角形成一个“目标链”“知识链”，而这个整体就是大单元。可见，大单元教学是把握体育教学系统性、完整性和连贯性的核心，是培养学生整体运动能力的需要，是用大单元教学累积量变促进体育整体教学质变的内容载体。

（三）教学设计的合理性

单元的大小实质上是教学过程的长短和合理性的问题，国内外学者对单元的大小和规模都有一定研究。美国学者 Sidentop 认为，9 学时的单元只能是经验性的体验，容易造成过剩的初级体验，对单元规模的要求是 9 学时以上。中国学者毛振明等认为，单元过小是造成教材重复、学习无深度、学生厌学的重要原因，对单元规模的要求应扩大到 7 ~ 8 学时，并首次提出了“大单元教学”的改革设想，认为单元的规模和设计问题是影响体育教学改革和发展的重要问题。[3]可见，单元规模需要扩大，大单元教学设计可以将教学的诸要素联结起来，成为一个有机的整体，做到相互渗透、纵横贯通和整体联动。

三、体育大单元教学设计的实践需要

从单元教学到大单元教学，是把体育教学从“小单元”问题解放出来的需要，是把体育教学纳入大空间定位的需要，是把体育教学引到深入有效学习的需要，也是有效提高教学质量、建立多样化教学模式的需要。

（一）教深教透和掌握好 1 ~ 2 项运动技能的需要

在中小学体育教学中不难发现，体育教师设计出来的单元常态一般都是 2 ~ 4 学时，小学的单元最多不超过 6 学时，甚至还有1 ~ 2学时的超小单元，因此每个运动项目的教学时间总是很短，教学也就如同蜻蜓点水。在一本中小学体育教师指导用书中，在每个年级全年 63 个固定学时中，安排了 15 个教学单元的内容，也就是平均 4 个学时为一教学单元。学生只能进行“初步的体验”，难以达到技能的掌握和兴趣的提高，并导致学生不喜欢体育课。要改变这种教学内容多变、教学效果差的情况，需要有目标统领、内容统领的大单元教学，引导学生进行深入有效的学习，在较长的学习过程中切实掌握运动技术并形成爱好。

（二）选修模块教学和校本课程的基础

当下，诸多学校在体育课程改革中，为了发展学生的兴趣、爱好，体现办学特色，着眼于“从面向森林，变成面向每一棵树”，体育课开设了丰富多彩的俱乐部和运动专项的选修课，学生可以根据自己的兴趣进行项目内、项目间的自主选择。还有的学校根据自身学校特点和学生实际需求，开设了足球、篮球、跆拳道等各类校本课程，需要学校自行设计课程体系，需要体育教师自行集中分配教学内容。模块教学的基础就是大单元，校本课程构建的基础也是大单元，也就是可能以一个学期、一个学年甚至一个学段为一个单元，在大单元的基础上实现教学思想、教学内容、教学目标、教学模式、教学方法、教学评价的统整和再设计。

（三）建立运用多样教学模式的需要

随着新课程的推进和以学生为本的理念的提出，自主、合作、探究的学习方式成为体育教学改革的课程内容之一。同时，教学模式不断改进和丰富，如快乐体育教学模式、运动教育模式、SPARK 教学模式等，都需要用相对较长的时间进行，而形成团队集体并进行集体教育，都需要扩大单元教学，提倡大单元教学。如运动教育模式的教学单元叫一个赛季，一般由 20 节课组成，以较长时间的课程设计让学生能获得较多的技术学习时间、全面战略战术的体会，并通过比赛、裁判、记录的经验积累，提高对比赛的欣赏分析能力，培养学生的运动特长，提高学生的体育文化素养。

四、大单元作为体育教学主攻方向的基本设计思考

大单元教学设计旨在避免各运动项目在体育知识、运动技能上的孤立盲目与无序重复，以促进教学目标的明确、集中和有效落实。设计中，有几个基本问题需要在教学前清晰、在教学中调整和在教学后反思。

（一）大单元教学设计因素的思考

大单元教学设计是教学设计的一部分，是教学的顶层设计，是对教材的整体规划，也就是根据教学目的和教学条件，对某个过程如水平、学年、学期、阶段进行各方面的最优化的研究和设计，既要注意水平教学计划的整体构思又要关注学年学期上的有序安排，既要关注当下的发展需求又要着眼于未来的发展目标。这种大单元的体育教学设计牵涉的因素是多方面的，包含贯穿水平的教学内容、不同年级的学情定位、教学重难点的难度进阶、教法的层级进阶、区别对待的教学手段以及诊断性的教学评价等。[4]

（二）把体育元素渗透到大单元学习过程的思考

运动能力、健康行为、体育品德是体育学科的核心素养，体育课是实现它们的主渠道之一。学生在体育课中不仅需要练习，更需要提高体能；不仅需要学会练习的方法，更需要能在课外、社区等活动中运用这些方法；不仅需要兴趣，更需要乐趣。大单元教学的优势，就是在设计中可以融合其诸多要素，通过多种组合、多种搭配、多种变化来实现，使练习不枯燥、不单一，使课堂有强度、对抗还有趣味。

（三）运动项目和空间定位跨越迁移的思考

大单元教学，不仅指在一个相对较长而集中的时期内，对一个项目内容进行系统学习或阶段学习，也指在一个相对较长而分散或嵌入的时期内对一个教学目标迁移的学习。如投掷实心球，不一定就是在实心球教学单元中解决挥臂的速度与角度、蹬地的力量与速度、由下而上的发展顺序等问题，同样可以通过篮球由近到远的头上传接球、对墙传球、对地砸球比高等多形式的动作练习来解决。如提高学生身体素质大单元，需要天天练、常年练，需要课课练、课外练。

同时，大单元教学内容不仅限定在一个相对阶段，如中长跑，体育教师往往将其安排在每学年第二学期冬季时节，而在其他时间往往忽视对学生耐力、心肺功能的练习。可见，大单元教学需要突破“小单元”，运用迁移理论，将此项目学习与彼项目学习、课内学习与课外学习、体育与生活紧密联系起来，拓展学习外延，发挥学科优势，提高教学效率。

参考文献：

[1] 潘建芬，毛振明，陈雁飞. 体育教师论［M］. 北京：北京体育大学出版社，2014.

[2] 赖天德. 不要鄙薄体育教师的运动技能［J］. 体育教学，2003（1）：8-9.

[3] 毛振明. “大单元教学”——体育教学改革的突破口——体育教学改革思考之五［J］，浙江体育科学，1994（10）：5-8.

[4] 黄虹. 大单元教学视角下的初中耐久跑教学设计［J］. 中国学校体育，2017（9）：47-48.

中学地理“概念为本”教学的内涵与策略

李春艳① 刘金玲②

“概念为本”的教学区别于“主题为本”的教学。在中学地理教学中，“主题为本”的教学模式主要是按照教科书中的内容主题来组织章节内容的学习，教学目标主要集中在对内容主题中相关知识的理解，各知识之间的联系相对松散。美国学者林恩·埃里克森提出了“概念为本”的教学，强调教学必须超越具体事实和内容主题去建构更有深度的、可迁移的大概念体系，并丰富概念性理解，如此才能很好地解决教学中知识零散、思维表浅等问题。

一、“概念为本”教学的基本内涵

“概念为本”教学中的“概念”是指“大概念”。一般来说，可以将大概念进一步分解成一定数量的较小概念，较小的概念又可以进一步分解成更小的概念，以此类推；同样，任何较少现象适用的概念，也都可以联系到一个适用于更多现象的较大概念，较大的概念又可以归入一个更大的、更广泛的概念。理论上讲，这种将概念连接在一起而形成较大概念的过程，可以一直延续下去，直到归纳成数目很少的几个顶层概念，甚至可以用一个概念解释所有的事物现象。[1]可见，大小概念之间构成了以大概念为统领的层级式概念体系。这种大概念体系的逐级建构过程是揭示概念与概念间本质联系的高度概括过程，也是实现论据与结论之间论证关系的高阶思维过程。因此，“概念为本”的教学本质上是在事实的基础上逐级实现大概念的意义建构以及学习迁移的教学，其中，揭示概念间本质关系的概念性理解和实现上下位知识之间有机联系的协同思维尤为重要（图1）。

埃里克森将知识分为事实性知识和概念性知识。[2]事实性知识主要指图1中的“事实”和“主题”，概念性知识是指图1中的“小概念”“大概念”和大、小概念间的“概念性理解”。“概念为本”的教学是实现大概念体系建构

---

① 李春艳，北京教育学院数学与科学教育学院副教授。

② 刘金玲，北京市房山区四〇一学校教师，中学高级教师。

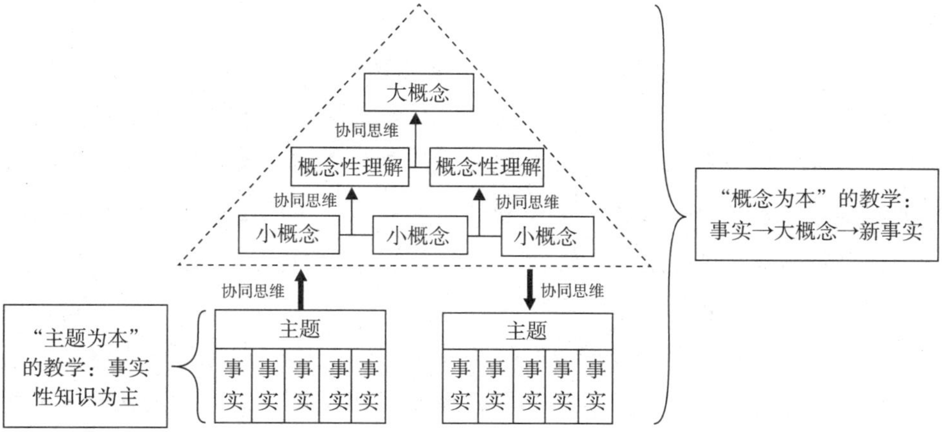

图1 "概念为本"的教学与"主题为本"的教学

的教学，是对概念性知识实现概念性理解的教学，概念性理解是对概念之间本质关系的陈述性表达，这种概念性理解在各级大概念建构的全过程中都有发生。大概念体系建构的目的是实现跨时间、地点和情境的学习迁移。在大概念的建构和迁移过程中协同思维起了关键作用。

"概念为本"的教学是以"理解"为目的，以"观点（陈述句）"为中心，推动学生从事实性知识走向概念性理解的学习[2]。在概念由小到大、一层一层归纳概括的过程中，概念性理解就一级一级地发生了。不同层级的下位概念和上位概念之间，只有发生概念性理解，上位概念才能真正形成，学习迁移才更容易发生，"概念为本"的教学才能真正实现。

二、"概念为本"教学的实施策略

在2019年的北京市中考地理试卷中有一道选择题，问巴西的大豆产区主要位于哪里。四个选项分别是：A. 沿海地区；B. 平原地区；C. 中纬度地区；D. 高原地区。很多学生选择了B，理由是农业要因地制宜发展，种植业主要分布在平原地区。可实际上，这道题的正确答案是D。学生选择错误，究其原因，一方面在于教师教学时并没有区分事实性知识与概念性知识，只将中国的农业分布的地理事实性知识教给学生，就让其直接迁移到巴西的农业分布的新的地理事实中；另一方面在于教师没有在概念性知识的概念性理解上做足文章，导致学生将大概念按着小概念的学习方式记忆下来，并生搬硬套。以此为例，中学地理教学该如何通过"概念为本"的教学来扭转这样的局面呢？

（一）区分学习内容层次并确定大概念体系

确定大概念体系是实现“概念为本”教学的关键一步，大概念体系的建立能为教师提供大概念的视角，并以此组织教学内容。确定大概念体系，首先要将学习内容区分为事实性知识和概念性知识，然后在概念性知识的基础上归纳概括出概念性理解和大概念，最终形成大概念体系。

以中国地图出版社义务教育教科书《地理》七年级下册第五章“中国的经济发展”的第一节“农业的分布和发展”一课为例，先将本课的内容进行事实性知识与概念性知识的层次区分，事实性知识要求记住，概念性知识要求理解。再将概念性知识进一步区分为：小概念、概念性理解、大概念，这样就明确了本课的大概念体系（表1）。

表1 “农业的分布和发展”一课的内容层次及大概念体系

<table>
<tr><td rowspan="3">概念性知识</td><td>大概念</td><td colspan="6">因地制宜发展农业</td></tr>
<tr><td>概念性理解</td><td colspan="6">1. 农业生产有不同的类型及不同的生产特点
2. 不同特点的农业生产对农业生产条件要求不同
3. 影响农业生产的条件既有自然条件也有社会经济因素
4. 农业生产一般都优先考虑并选择在自然条件能满足其生产需要的地方</td></tr>
<tr><td>小概念</td><td colspan="6">农业生产、种植业、畜牧业、农业生产条件，自然条件对农业生产和分布的影响，社会经济因素对农业生产和分布的影响，农业分布等</td></tr>
<tr><td rowspan="2">事实性知识</td><td>主题</td><td colspan="6">中国的农业分布</td></tr>
<tr><td>事实</td><td>各种粮食作物的分布</td><td>各种纤维作物的分布</td><td>各种油料作物的分布</td><td>各种糖料作物的分布</td><td>各种饮料作物的分布</td><td>畜牧业的分布</td></tr>
</table>

表1显示，用作本节课教学的大概念是“因地制宜发展农业”。这个大概念的下一级子概念就是表中的四个概念性理解，教材中“我国东部地区以种植业为主，粮食作物和经济作物集中分布在湿润和半湿润的平原、盆地和丘陵”就是基本的地理事实。教学中，教师如果不做知识层次的区分，学生很容易将大概念“因地制宜发展农业”处理成具体的小概念来记忆，那样就会削弱对大概念深刻内涵的理解，丧失对大概念的迁移力和解释力，导致将大概念作为具体知识点，通过记忆再现直接套用，出现类似“巴西的大豆产区主要在平原地区”这样的错误。

像这样，打破琐碎的地理现象和地理事实堆砌式的学习现状，建构有层级结构的地理概念体系，利于学生透过少而精的概念学习和理解，认识地理学科本质，迁移解释地理现象，提升地理素养[3]。

（二）促成大概念体系中上下位概念间的协同思维

协同思维是实现“概念为本”教学的核心和灵魂。[2]协同思维是寻找多个下位内容间相互作用从而产生数量较少的上位概念的思维过程，也就是用具体的事实案例来支撑小概念，用多个小概念来支撑大概念的思维过程，这个过程需要退后一步用更为批判性的、更为宽泛的视角去观察问题，深思熟虑地进行有论据支持的概括[2]。因此，协同思维能促进学生对大概念的深层理解，更易于其将思考逐步迁移到其他的时间、地点和情境中。

例如，在前面中考题的案例中，学生如果运用协同思维，就会将原有的“事实→事实”的不良思维过程（图2）转变为“事实→概念性理解→新事实”的协同思维过程（图3）。

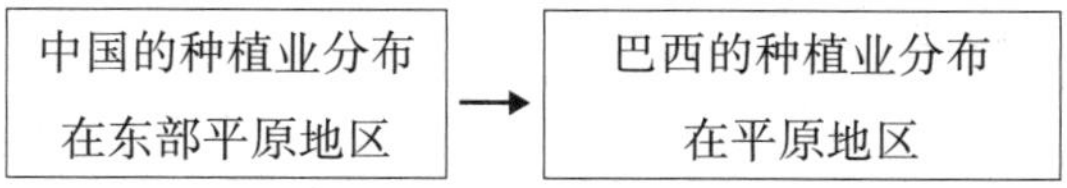

图2 “事实→事实”的不良思维过程

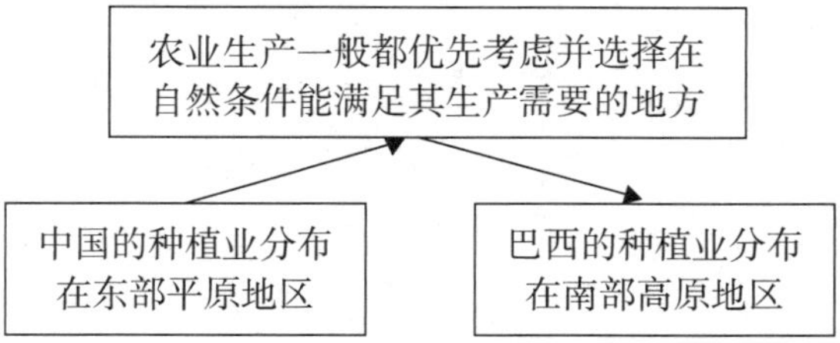

图3 “事实→概念性理解→新事实”的协同思维过程

可见，“农业生产一般都优先考虑并选择在自然条件能满足其生产需要的地方”成了“中国种植业分布”与“巴西种植业分布”两个地理事实之间的概念性理解的纽带，帮助学生用更多的地理事实来深化理解“因地制宜发展农业”这个大概念。初中地理关于“因地制宜发展农业”的大概念的概念性理解还有其他几个基本内涵，如果能对这些概念性理解有清晰的认识，学生在看待“中国种植业分布在东部平原地区”以及“巴西种植业分布在南部高原地区”这两种不同的地理事实时，会有更强的解释力。比如，中国种植业主要分布在东部平原地区，是这里的气候、地形、水源、土壤等多个自然因素综合作用的结果，其中气候是影响农业生产和分布的决定性因素。如果这样理解的话，巴西大豆为什么主要分布在高原地区就变得非常好理解了，因为那里的气候更适宜大豆的生长。

因此，教学中讲清地理事实性知识只是学习的逻辑开端，只有将不同的事实与概念性理解之间通过从归纳到演绎的协同思维联系起来，并在演绎的过程中不断清晰和修正概念性理解，大概念才不会变成生搬硬套的惰性知识，学生的学习过程和学习结果才能保证质量。

（三）提出能促进协同思维发生的基本问题

基本问题是开启“概念为本”教学之门的“钥匙”。提出基本问题需要首先澄清什么是基本问题、什么是非基本问题。关乎概念理解的是基本问题，而关乎知识记忆的是非基本问题[4]。比如，像“中国的种植业分布在哪里”这种通过直接调用单一信息即可得出正确答案的问题就是非基本问题；而“种植业一般分布在哪里”这个问题却不是一两句话所能回答的，需要调用气候、地形、水源、土壤等大量的信息并对信息进行综合组织，不同的人组织的结论可能还有所不同，但都能站在自己的视角进行有理有据的论证，这样的问题就是基本问题。

因此，基本问题一般具有以下几个特点[4]：一是基本问题要指向大概念。能为学生在已知的地理事实（如“中国种植业的分布”）与未知的大概念（如“要因地制宜发展农业”）之间建立起一种可能的通道，在基本问题的引领下，学生有机会尝试离开地理事实去触碰未知的地理大概念。二是基本问题的分析过程能聚焦于推理过程。基本问题不是能直接给出答案的问题，因此基本问题并不关注答案的对与错，而是要能激活学生的已有知识、生活体验与当前的学习内容之间的意义联系。在联系的过程中，问题反复出现，回答反复试错，思维反复推理，每一次反复推理都能澄清并加深对大概念的理解。三是基本问题可以有效架构起概念性理解。比如，针对表 1 中的四个概念性理解，可以设计的基本问题是：什么是农业生产？农业生产都一样吗？农业生产对自然条件有哪些要求？不同的农业生产会选择怎样的自然条件？等等。可见，基本问题不仅能引导学生建构概念性理解，还能通过问题之间的逻辑性来实现概念间的有机联系，进而不断形成更上位的大概念。四是基本问题的开放性为每位学生打开思维提供了可能。任何一个基本问题都不是直接能找到固定答案的，因此其具有开放性的特点。面对基本问题，所有的学生都不是正确答案的掌握者，他们彼此之间形成了协作互助的学习关系，每个人都要有向他人学习的心态，这便保证了问题能让所有的学生投入其中并尽可能充分地表达自己的观点，尽可能多地思考他人的观点，尽可能好地建构问题的理解和结论。

可见，基本问题是那些超越事实和主题，能在更宽泛的范围内，更长的时间里，更多次地迁移，以促进概念性理解，实现大概念建构的问题。

（四）设计用于学习迁移的表现性学习任务

表现性学习任务是对“概念为本”教学的效果检验。“概念为本”的教学追求的是对大概念的意义建构和学习迁移，怎样才能证明学生已经实现了对大概念的理解与建构呢？当学生能运用大概念、概念性理解及基本知识和基本技能完成新的具有挑战性的任务时，就证明他们理解了。因此，在单元教学结束后，设计并安排用于学习迁移的真实的表现性学习任务是检验“概念为本”的教学效果的有效手段。表现性学习任务不是学生通过对基础知识和基本技能的准确重复或熟练操作所能完成的，它应该是那些能够让学生更多更好地将概念性理解与现实世界的新情境建立起有机联系的任务。比如，学生学完“中国的农业分布”之后，能借助“因地制宜发展农业”的大概念以及表 1 中多个概念性理解去分析其他国家或地区的农业分布问题，就是表现性学习任务。如果学生能调用大概念和概念性理解解决这些问题，说明学生对大概念理解了；如果学生机械地记忆中国的农业分布的结论并将其直接运用到其他国家或地区的农业分布问题上，说明学生没有理解。

可见，表现性学习任务为学生提供了一个践行所学的机会，学生通过表现性学习任务将所学知识与现实世界建立起联系，并通过教师的评估反馈、学生的自我反思以及同伴间的互评反馈等，发现自己的不足并不断加以修改和完善，最终真正深度理解大概念。

“概念为本”的教学一方面改变了学生的知识结构，使其将原来散落的或网状的知识结构优化为层级式知识结构，这种层级式知识结构能够帮助学生利用层级式知识结构中的大概念来组织信息，并运用大概念来解决新问题；另一方面，“概念为本”的教学促进了学生高阶思维水平的提升，让其在跨时间、跨地点、跨情境的理解与迁移过程中整合思维，创造性地解决问题。

参考文献：

[1] 哈伦. 科学教育的原则和大概念［M］. 韦钰，译. 北京：科学普及出版社，2011.

[2] 林恩·埃里克森，洛伊斯·兰宁. 以概念为本的课程与教学：培养核心素养的绝佳实践［M］. 鲁效孔，译. 上海：华东师范大学出版社，2018.

[3] 李春艳. 中学地理课程中的概念建构与学习进阶［J］. 课程·教材·教法，2016，36（4）：38-43.

[4] 格兰特·威金斯，杰伊·麦克泰格. 追求理解的教学设计［M］. 闫寒冰，宋雪莲，赖平，译. 上海：华东师范大学出版社，2017.